Bertram Dickerhof
Vom Lieben und vom Sterben

Bertram Dickerhof

Vom Lieben und vom Sterben

Auf der Suche nach dem Kern des Christlichen

echter

„*Dass das wahre Gebet in den Religionen lebt,
ist das Zeugnis ihres wahren Lebens;
solang es in ihnen lebt, leben sie.
Entartung der Religion bedeutet
die Entartung des Gebets in ihnen.*"

Martin Buber[*]

---

[*] Martin Buber, Das dialogische Prinzip © 1999, Gütersloher Verlagshaus, Gütersloh, in der Penguin Random House Verlagsgruppe GmbH.

Inhalt

Zum Geleit 9

Prolog 11

I. Entstehung und Bedeutung des Osterglaubens 21
1. Der historische Gehalt des Lebens Jesu 24
2. Nachfolge – ein Abenteuer voll Ambivalenz und Spannung   26
   - MESSIAS 27
   - AMBIVALENZ 28
   - AUFERSTEHUNG 31
   - SPANNUNG UND ENTFREMDUNG STEIGEN 33
   - WACHSTUM UND SÜNDE 39
3. Auferstehung 43
   - 3.1 Der biblische Befund 43
   - 3.2 Die Entstehung des Konzepts „Auferstehung" 46
   - Exkurs: War das leere Grab tatsächlich leer? 58
4. Die Erkenntnis des göttlichen Glanzes auf dem Antlitz Jesu 61
   - 4.1 Eine neue Weisheit 63
   - 4.2 Eine neue Freiheit 65
   - 4.3 Eine neue Liebe 74
5. Die Ostererscheinungen im Neuen Testament 85

    5.1 Was an den Osterereignissen ist historisch? 90
    5.2 Eine Deutung der Ostererscheinungen 97
Der Kern des Christlichen I 104

II. Existenzielles Beten 107

1. Die basale Botschaft Jesu. 110
2. Text, Aufbau und Zentrum der Bergpredigt 113
3. Der Kern des Evangeliums: Beten im Geiste des
   Vaterunsers 128
      DIE „DU-BITTEN" 130
      DIE „WIR-BITTEN" 134
4. Entkoppelung als Befreiung zu Beziehung 146
5. Die Seligpreisungen
   als existenzielles Beten 156

    5.1 Selig, die arm sind vor Gott;
        denn ihnen gehört das Himmelreich 160

    5.2 Selig, die Trauernden;
        denn sie werden getröstet werden 161

    5.3 Selig die Sanftmütigen;
        denn sie werden das Land erben 163

    5.4 Selig, die hungern und dürsten nach der
        Gerechtigkeit; denn sie werden gesättigt werden 165

    5.5 Selig die Barmherzigen;
        denn sie werden Erbarmen finden 169

    5.6 Selig, die rein sind im Herzen;
        denn sie werden Gott schauen 173
      KONSTRUKTION UND DEKONSTRUKTION
      DER EIGENWELT 174
      DIE VERWANDLUNG. 176
      DIE SCHAU GOTTES 178

    5.7 Selig, die Frieden stiften;
        denn sie werden Kinder Gottes genannt werden 181

    5.8 Selig, die verfolgt werden um der Gerechtigkeit
        willen; denn ihnen gehört das Himmelreich. 184

    5.9 Zusammenfassung 186
6. Existenzielles Beten als Hören und Tun des Willens Gottes 191

Der Kern des Christlichen II 196

III. Der Alltag ist der Weg, auf dem Gott den Menschen zur immer tieferen Einheit mit sich führt 199

1. Alltägliche Geistliche Übungen 203
   - 1.1 Gebet in der Stillen Zeit 203
   - 1.2 Die Heilige Schrift in der Stillen Zeit 209
   - 1.3 Die tägliche Stille Zeit 214
   - 1.4 Der Alltag als Übungsfeld 221
   - 1.5 Der Alltag als Ort, aus dem Geist Christi zu handeln . 228
2. Die anderen 234
   - 2.1 Die anderen im Alltag 237
   - 2.2 Begleitung des Gebetes 243
3. Mein Leben: geführt 251
   - 3.1 Gottes Führung schafft eine Gelegenheit zum Danken 252
   - 3.2 Das Geschenk eines Symbols 256
   - 3.3 Führung Gottes – ein Prozess innerer Wandlung 264
   - 3.4 Der Alltag als Ort von Gottes Führung 277

Epilog 289

Dank 295

Literatur 297

Zum Geleit

„Was sucht ihr?"

Als ich über den Titel des vorliegenden neuen Buches von Bertram Dickerhof nachdachte, kam mir bald das erste Wort, das Jesus im Johannesevangelium sagt, in den Sinn: „Was sucht ihr?" (siehe Joh 1,35–39). Diese Frage richtet Jesus an die beiden Jünger, die ihm nachfolgen. Johannes der Täufer hat die beiden auf den vorübergehenden Jesus hingewiesen: „Seht, das Lamm Gottes!": Seht den, der durch sein Leben und Sterben die Welt von Sünde und Unheil erlösen und Versöhnung stiften wird! Dieser Hinweis des Johannes spricht die beiden Jünger an: Erlösung, Versöhnung – das ersehnen sie doch; das braucht doch die Welt. Und so machen sie sich auf den Weg und gehen hinter Jesus her.

Dieser wendet sich zu ihnen um und stellt die Frage: „Was sucht ihr?" Wozu seid ihr aufgebrochen? Was bewegt euch? Sie sollen sich darüber klarwerden, was sie bewegt. Sie antworten ebenfalls mit einer Frage, in der ihre Sehnsucht zum Ausdruck kommt: „Rabbi, wo bleibst du?" Wo ist deine Bleibe, dein Zuhause, deine Lebensmitte – oder auch im Wortlaut des Buchtitels: dein Kern? Jesus antwortet darauf nicht mit einer Erklärung, sondern lädt sie zu sich ein: „Kommt und seht!" Da gehen sie mit ihm „und sahen, wo er bleibt, und blieben jenen Tag bei ihm". Sie dürfen einfach bei ihm sein und sein Leben teilen. Es ist eine erfüllte Gegenwart, was auch dadurch ausgedrückt wird, dass die „Stunde" angegeben wird: „Es war um die zehnte Stunde."

Was die Jünger näherhin an diesem Tag erfahren haben, als sie bei Jesus blieben, wird nicht gesagt. Was ist die Bleibe, die Lebensmitte Jesu? Das wird im Weitergehen mit Jesus immer deutlicher. Es ist zutiefst die Gemeinschaft der Liebe mit Gott, seinem Vater. Er bleibt in der Liebe seines Vaters und lädt auch die Jünger und Jüngerinnen ein, mit ihm in und aus dieser Liebe zu leben. „Wie mich der Vater geliebt hat, so habe ich euch geliebt. Bleibt in meiner Liebe! ... Liebt einander, so wie ich euch geliebt habe!" (Joh 15,9.12). Die erlösende, versöhnende Liebe Jesu findet ihre Vollendung in seiner Hingabe bis zum Ende. Jesus stirbt in der bleibenden Liebe Gottes, seines Vaters, und er stirbt in sie hinein. So können die Jüngerinnen und Jünger im Schauen auf ihn in österlichen Erfahrungen ihm in neuer Weise begegnen. Sie können in seiner Liebe bleiben und gemeinsam weitergehen.

Die hier im Anschluss an das Johannesevangelium angedeutete Suchbewegung wird von Bertram Dickerhof in dem vorliegenden Buch auf breiter biblischer Basis (besonders der Bergpredigt und des „Vater unser") eindringlich entfaltet und auf menschliches Verhalten hin ausgelegt. Dieses kurze Geleitwort will ein Anstoß sein, das Buch erwartungsvoll in die Hand zu nehmen und sich in den einzelnen Teilen jeweils neu von der in Jesus bleibenden Liebe Gottes ansprechen und bewegen zu lassen.

Erhard Kunz SJ

Prolog

Zu allen Zeiten und in allen Gegenden der Welt verspürten und verspüren Menschen eine Sehnsucht, die durch nichts auf der Welt zu erfüllen ist, weil sie über alles Irdische hinausgeht. Sie kann erweckt werden durch Glück, das im Leben erfahren wird und nach Ewigkeit ruft. Oder durch im Alltag erlebten Sinn, der das Verlangen erweckt nach einem umfassenden und absoluten Sinn, der allem zu Grunde liegt. Irdische Ungerechtigkeit dürstet nach wahrer Gerechtigkeit, irdische Liebe ersehnt ewige Vollendung, irdisches Leid braucht verwandelnde Versöhnung der Existenz.

Die Schriften aller Religionen bezeugen die Erfahrungen und Einsichten von Menschen, die zu allen Zeiten einen Weg suchten zur Erfüllung dieser Sehnsucht. Diese Sehnsucht hat auch mich vor vielen Jahren ergriffen. Ich bin ihr gefolgt und habe dabei neu zum Christlichen gefunden. Bei aller Hochachtung für die anderen Religionen und bei aller Dankbarkeit für die Bereicherung durch sie ist das Christliche, ist Jesus von Nazareth der für mich maßgebliche Orientierungsrahmen. Ein solcher ist nötig. Denn die Sehnsucht hört nicht auf, und der Weg zu ihrer Erfüllung zieht sich durchs ganze Leben.

Die Grundzüge dieses Suchens finden sich bereits auf den ersten Seiten des Neuen Testaments in der Legende von den Sterndeutern, den Magiern aus dem Osten. Aus einem ganz anderen Kulturkreis stammend, stehen sie der Welt des Judentums vor 2000 Jahren ähnlich fremd gegenüber wie wir heute. Bar kultureller Eigenheiten betrifft ihre Suche das Menschsein überhaupt. So können wir uns in ihr wiederfinden und sie begleiten. Mit ihrer Geschichte soll unsere „Suche nach dem Kern des Christlichen" beginnen:

Als Jesus zur Zeit des Königs Herodes in Betlehem in Judäa geboren worden war, siehe, da kamen Sterndeuter aus dem Osten nach Jerusalem und fragten: Wo ist der neugeborene König der Juden? Wir haben seinen Stern aufgehen sehen und sind gekommen, um ihm zu huldigen. Als König Herodes das hörte, erschrak er und mit ihm ganz Jerusalem. Er ließ alle Hohepriester und Schriftgelehrten des Volkes zusammenkommen und erkundigte sich bei ihnen, wo der Christus geboren werden solle. Sie antworteten ihm: in Betlehem in Judäa; denn so steht es geschrieben bei dem Propheten: Du, Betlehem im Gebiet von Juda, bist keineswegs die unbedeutendste unter den führenden Städten von Juda; denn aus dir wird ein Fürst hervorgehen, der Hirt meines Volkes Israel. Danach rief Herodes die Sterndeuter heimlich zu sich und ließ sich von ihnen genau sagen, wann der Stern erschienen war. Dann schickte er sie nach Betlehem und sagte: Geht und forscht sorgfältig nach dem Kind; und wenn ihr es gefunden habt, berichtet mir, damit auch ich hingehe und ihm huldige! Nach diesen Worten des Königs machten sie sich auf den Weg. Und siehe, der Stern, den sie hatten aufgehen sehen, zog vor ihnen her. Als sie den Stern sahen, wurden sie von sehr großer Freude erfüllt. Sie gingen in das Haus und sahen das Kind und Maria, seine Mutter; da fielen sie nieder und huldigten ihm. Dann holten sie ihre Schätze hervor und brachten ihm Gold, Weihrauch und Myrrhe als Gaben dar. Weil ihnen aber im Traum geboten wurde, nicht zu Herodes zurückzukehren, zogen sie auf einem anderen Weg heim in ihr Land (Mt 2,1–12).[1]

---

[1] Bibeltexte werden stets kursiv gesetzt und stammen aus der Einheitsübersetzung der Heiligen Schrift, Katholische Bibelanstalt, vollständig überarbeitete Auflage, Stuttgart 2016. *[...]* bedeuten Umstellungen im zitierten Bibeltext, [...] Hinzufügungen des Autors.

Die „Magier aus dem Osten" – hier wohl deshalb mit Sterndeuter übersetzt, um das Missverständnis zu vermeiden, sie hätten etwas mit Magie zu tun – werden Angehörige der persischen Priesterkaste oder Philosophen östlicher Weisheit gewesen sein, die im Hellenismus, anders als in Israel, hoch im Kurs stand. Wenn man auch nichts Genaueres weiß, so handelt es sich bei ihnen jedenfalls um hochrangige und gebildete Menschen. Der Text ist gut gegliedert durch die zwei Stationen der Reise. Die erste Station in Jerusalem wird ausführlich geschildert, auf der zweiten in Bethlehem liegt dagegen das Gewicht: sie steht am Ende des Textes. Der gesamte Weg wird auf diese Weise in drei Abschnitte unterteilt, wobei die Anreise nach Jerusalem nur im Rückblick vorausgesetzt und die Rückreise nach Hause gerade eben erwähnt wird. Auch den Anlass der Reise erfahren wir nur in der Retrospektive: Die Magier haben einen Stern aufgehen sehen und ihn als Zeichen für den neugeborenen Judenkönig gedeutet. Nun wollen sie ihm huldigen.

Diese Erklärung verwundert. Was haben solche Magier mit dem Kleinkind des Herrschers eines weit entfernten Landes zu tun, das überdies von den Römern besetzt ist? Dass sie außerdem dem Baby „huldigen" wollen, ergibt auf der Ebene des Politischen, Sozialen, Kulturellen ... keinen Sinn. Auch kann der Stern kein Stern im Sinne eines „selbstleuchtenden Himmelskörpers großer Masse" (Wikipedia) sein. Der biblische Stern wird es nämlich fertigbringen, über der Geburtsstätte des neugeborenen Judenkönigs stehen zu bleiben. Naheliegender ist es aus diesen Gründen, den aufgehenden Stern mit einem Erleben dieser drei Menschen zu verbinden, das so bedeutsam für sie ist, dass es die Kraft hat, sie zu einer langen und gefährlichen Reise zu bewegen, an deren Ende sie erwarten, dem Gefundenen zu „huldigen", d.h. seine Größe anzuerkennen und sich ihm zu unterwerfen. Etwas vom ersehnten Ende ihrer Reise muss sie getroffen haben. Ist ihnen dabei vielleicht Transzendenz aufgegangen, die wir ohnehin mit dem Sternenhimmel, seiner Unendlichkeit, seiner Erhabenheit, seiner Unergründlichkeit und Unverfügbarkeit in Verbindung bringen? Womöglich haben sie etwas Ähnliches erlebt wie der russische Soldat, von dem die folgenden Zeilen stammen, die in den Kleidern des Gefallenen gefunden wurden:

„Hörst du mich, Gott? Noch nie sprach ich mit dir … Doch heute, heut will ich dich begrüßen. Du weißt, von Kindertagen an sagte man mir, dich gebe es nicht. Und ich, ich glaubte es. Narr, der ich war. Die Schönheit deiner Schöpfung ging mir niemals auf.

Doch heute Nacht nahm ich ihn wahr, vom Grund des aufgerissenen Kraters, den Sternenhimmel über mir. Und ich verstand staunend sein Gefunkel … dies Wunder, dass mitten in der schauerlichen Hölle das Herz mir leicht wurde und ich dich erkannte. Sonst weiß ich dir nichts zu sagen, nur, dass ich so froh wurde, als ich dich erkannte. Mir war so wohl bei dir."[2]

Immer wieder geschieht es, dass Transzendenz in den Alltag eines Menschen einbricht und sein Herz mit Glück, Schmerz und Verlangen erfüllt.

Haben unsere drei Magier eine solche Transzendenzerfahrung gemacht? Dazu würde ihre Deutung vom „neugeborenen König der Juden" passen. Der König wurde in besonderer Nähe zur Gottheit eines Volkes gesehen, in deren Sinn er ja regieren soll, und die Juden waren jenes Volk, das eine einzige transzendente Gottheit verehrte, die kein Bild darstellen und kein Name benennen konnte. Außerdem kann eine Transzendenzerfahrung die Sehnsucht wecken, zu suchen, was über alles hinaus ist, ihm zu huldigen und dabei auch bei seinem wahren Selbst anzukommen.

Auf Grund ihrer Deutung wissen die drei Magier, dass sie nach Jerusalem ziehen müssen, um den neugeborenen Judenkönig zu finden. Der Stern taucht bei diesem Teil der Reise nicht auf. Wozu auch? Die Magier brauchen ihn nicht. Sie meinen zu wissen, wohin sie zu gehen haben.

Und so scheitert ihre Suche. Jerusalem ist nicht ganz falsch, aber kein neugeborener König ist an ihrem Ziel. Niemand in Jerusalem weiß etwas von ihm. Die Botschaft, die ihr Fragen nach ihm enthält, ist schlecht für die Eliten: ein neugeborener

---
[2] Aus: Geist und Leben Nr. 43, 1970.

König könnte die Machtverhältnisse umkehren, die Gewohnheiten stören, die Besitzstände gefährden, jedenfalls eine Verschlechterung ihrer Verhältnisse bedeuten. Entsprechend ist Jerusalem Enttäuschung, Widerstand und Feindseligkeit für die Magier, die darauf mit Lähmung, Angst und Ohnmacht reagieren werden. Jedenfalls treten sie in der langen Textpassage, die in Jerusalem spielt, als Handlungssubjekte nicht mehr auf. Auf Veranlassung des Herodes finden die jüdischen Wissenschaftler den Geburtsort des neuen Königs aus ihren alten Schriften heraus. Niemand in Jerusalem ist daran interessiert, ihn zu suchen. Finden will ihn jedoch Herodes, um den etwaigen Konkurrenten auszuschalten: Auf unseren Abschnitt folgt bei Matthäus die Geschichte vom Kindermord in Bethlehem, den Herodes veranlasste, der zwar nicht historisch sein wird, aber die historische Machtgier und Grausamkeit dieses Königs unterstreicht. Zu diesem Zweck will der König die Magier als seine Spione verwenden. So teilt er ihnen heimlich den Geburtsort mit.

Die drei brechen auf – das ist die einzige Wirkung des konspirativen Treffens. Sie gehen nun nicht gezielt nach Bethlehem, sondern wandern in einer ganz neuen Weise: Der Stern ist wieder da. Von ihm lassen sie sich führen, nicht von eigenen Absichten oder der Anweisung des Herodes. Um dem Stern folgen zu können, müssen sie nachts unterwegs sein. Aber nachts kann man nicht reisen, schon gar nicht als Fremder im zerklüfteten Bergland von Judäa. Wenn ihre Reise nach Jerusalem noch eine historische Reise gewesen sein könnte, ihr jetziger Weg ist es sicher nicht: Er ist eine innere Reise, die punktgenau zum Gesuchten führt.

Worin liegt der Unterschied der beiden Wegabschnitte? Im ersten Abschnitt ihrer Suche suchen sie die Verwirklichung der Vorstellung, die sie sich von ihrem ursprünglichen Erleben gemacht haben: Das ist Jerusalem, und das finden sie. Was sie zu finden ersehnten, konnten sie nicht finden, weil sie sich von ihrem ursprünglichen Erleben zugunsten ihres Begriffs davon entfernt hatten. Jerusalem lehrt sie, ihre Vorstellung vom Gesuchten loszulassen und offen zu werden. Denn „etwas" im Sinne ihrer Vorstellungen und Begrifflichkeiten können sie nicht mehr suchen. Beim zweiten Teil der Suche ist der Stern wieder da, d. h. das ursprüngliche Erleben und die Sehnsucht, die sie zu ihrer Reise bewegt haben. Und nun reisen sie „nachts". Wer nachts reist, der sieht nichts, der hört nichts …, d. h., es gibt keine von der Gegenwärtigkeit des Sterns ablenkenden Sinneswahrnehmungen. Da ist nichts, was der Verstand zu Gegenständen verarbeiten könnte, mit denen er sich dann beschäftigt. Es ist still in ihnen. Sie sind ganz gesammelt. Es gibt lediglich ein offenes Gewahrsein ohne Objekte. Wer aber aufgegeben hat zu wissen, wonach er sucht, der kann nicht proaktiv suchen. Er kann kein Finden anstreben. Alles ist Offenheit, Empfänglichkeit und Sich-Überlassen. So kann der Stern die drei bewegen. Ein Weg, den sie in *sehr großer Freude* zurücklegen.

Wieso sind die Magier nicht von Anfang an so gereist? Ich nehme an, sie sind gar nicht auf die Idee gekommen, weil sie die Fähigkeit dazu auch nicht hatten. Zwischen Teil eins und Teil zwei der Suche liegt der lange Aufenthalt in Jerusalem; zumindest spielen etwa zwei Drittel des Textes dort. Jerusalem muss die Reisenden verwandelt haben. In Jerusalem muss ihnen die Fähigkeit zugewachsen sein, den Stern wiedersehen und ihm folgen zu können. Jerusalem ist jedoch die Erfahrung des Scheiterns, der Enttäuschung, des Widerstandes und der Ohnmacht. All dies haben sie ausgehalten. Sie sind nicht weggegangen, haben nicht aufgegeben. Gut, dass sie zu dritt waren und sich gegenseitig Mut machen konnten! Aktiv waren die Jerusalemer, auch in ihrer Ablehnung, um nicht zu sagen Feindschaft gegenüber den drei Suchenden. Der Anteil der Magier an den Vorgängen in Jerusalem war, zu warten, zu dulden, die Ohnmacht zu bejahen, Enttäuschung und Widrigkeiten zu durchleben.

30 Jahre später wird in derselben Stadt der König der Juden, nach dem die Magier jetzt als Neugeborenem suchen, am Kreuz scheitern und vollkommen eins werden mit dem Geheimnis des Seins. Das Hineingehen in die Grenzen, die das Leben den eigenen Vorstellungen und dem damit verbundenen Streben im-

mer wieder setzt, scheint die Weise zu sein, wie das Suchen nach bleibender Erfüllung und das endgültige und wahrhafte Ankommen bei sich selbst gelernt und verwirklicht werden.

Schließlich bleibt der Stern stehen. Dann ist die Stille in ihnen vollkommen. Alles ruht, alles Streben, alles Denken. Es gibt nur noch die Bewusstheit völliger Offenheit. So gelangen sie in das Haus, in dem das nicht mehr gesuchte Gefundene wohnt und sich zu sehen gibt. Was das ist, bleibt letztlich so unaussprechlich wie das Ursprungserleben der ganzen Reise. Doch ergreift es die drei derart, dass sie niederfallen und anbeten. Da es jedoch in unserer Geschichte symbolisiert wird durch *das Kind und Maria, seine Mutter*, liegt es nahe zu vermuten, dass die Leere ihres Bewusstseins von Liebe erfüllt ist. Vollkommene Stille, Leerheit und Fülle der Liebe fallen hier paradoxerweise in eins. Ins Haus gelangend sind sie zu Hause angekommen, bei ihrem ureigenen Grund, sind sie behütet und beschützt. Haben sie erlebt, was der Psalm 131 ausdrückt?

HERR, mein Herz überhebt sich nicht,
nicht hochmütig blicken meine Augen,
ich gehe nicht um mit großen Dingen,
mit Dingen, die mir nicht begreiflich sind.
Vielmehr habe ich besänftigt,
habe zur Ruhe gebracht meine Seele.
Wie ein gestilltes Kind bei seiner Mutter,
wie das gestillte Kind,
so ist meine Seele in mir.
Israel, warte auf den HERRN von nun an bis in Ewigkeit!

Die Liebe zwischen der irdischen Mutter und ihrem Kind vermittelt die unbedingte, selbstlose, sich hingebende Liebe Gottes, die ermöglicht, wahrhaft bei sich selbst anzukommen und eins mit ihr zu werden. Das Kind ist gestillt: Alle Unruhe, alles Streben, alles Verstehen-Müssen ist zur Ruhe gekommen. Das Ego ist gelassen, das Ich vergessen. Nichts fehlt. Pure Gegenwart, reine Begegnung, personales Sein.

Das Erwachen zur Einheit mit sich selbst und mit allem und dem Grund von allem mag von Glückseligkeit begleitet sein.

Sie wäre gewissermaßen der Tau des Geschehens auf den Gefühlen. Das Geschehen selbst ist rein geistiger Natur, Mitteilung von Geist und Leben. Es bewirkt ein nichtwissendes Wissen von hoher Gewissheit, das das Leben in der Tiefe verändert und seine bisherigen Werte umwertet. Wer solche Erfüllung seiner Sehnsucht erfahren hat, will sich nun dem Geheimnis der Liebe zur Verfügung stellen. Er möchte dienen und zum Boten der Liebe werden, die er empfängt und durch sich hindurchströmen lässt. Er hat verstanden, dass die Erfüllung die Suchenden sucht, die, wie die Magier, nur gefunden werden können, wenn sie ihr proaktives Suchen, Streben und Machen aufgeben, sich der Gegenwart öffnen und geschehen lassen, was geschieht. Der persische Mystiker Rumi (1207–1273) spricht diese Wahrheit folgendermaßen aus:

„Liebe,
wenn ich nach dir Ausschau halte,
merke ich, dass du mich suchst.
Wenn ich meine Blicke schweifen lasse,
finde ich die Locken deines Haars
in den eig'nen Händen wieder.
Ich glaubte stets, von deinem Wein berauscht zu sein,
und merke nun, dass er von mir betrunken ist."[3]

Von den Gaben, die die Magier dem Kind darbringen, hört der Leser hier zum ersten Mal. Auf ihrer inneren Reise können die drei Magier nichts mitnehmen, vielmehr müssen sie loslassen, was sie haben. So werden Gold, Weihrauch und Myrrhe, zu jener Zeit allerteuerste Luxusgüter, sinnbildlich zu verstehen sein für die Schätze, die sie auf ihrem Weg des Loslassens erworben haben: das Gold des Glaubens und der Hoffnung, das es möglich macht, weiterzugehen, auch wenn der Weg Risiken birgt und dem Pilger schwierige und leidvolle Etappen abverlangt; den Weihrauch des Gebetes als Wende nach innen in geschehen-lassendem, offenem Gewahrsein; die Myrrhe des Leidens als Fähigkeit, in Scheitern und Drangsal hineinzuge-

---
3 Rumi, Das Lied der Liebe, S. 105.

hen: Gaben, die auch der Beschenkte, Jesus, zu seiner Zeit sehr gut wird brauchen können.

Dass ihre Suche und ihre Begegnung mit der Liebe die drei Magier verwandelt hat, zeigt uns das Ende des Textes: Im Traum wird ihnen geboten, einen anderen Rückweg zu wählen. Sie haben die Fähigkeit erhalten, Gott in ihrem Inneren zu vernehmen und von allen anderen inneren Bewegungen zu unterscheiden. Sie sind ihm ähnlicher geworden und ihre Intuition wurde erschlossen. Verwandelt, wollen sie nicht auf demselben Weg zurückkehren. Sie spüren, dass irdischer Machtwille eines Herodes und göttlicher Liebeswille nicht zusammenpassen. Sie haben ihre Entscheidung getroffen für die Wirklichkeit der Liebe. Darin wollen sie leben. Überraschender ist in diesem Zusammenhang, dass sie überhaupt zurückkehren, dass sie nicht bleiben und dass das Verlassen des Hauses mit Maria und dem Kind in ihrem Schoß für die Geschichte eine Selbstverständlichkeit ist. Die Erfahrung der Liebe ist als solche nicht zu halten. Sie verblasst wie jede Erfahrung. Was aber bleibt, ist gewachsene Fähigkeit zur Begegnung: sich selbst sein und die göttliche Liebe wiedererkennen können. Die Präsenz dieser Liebe werden die Magier im Alltag immer wieder neu erfahren und sie denen vermitteln, die ihnen begegnen.

Die Geschichte enthält wichtige Hinweise auf den Kern des Christlichen:

- Die Erfüllung über alles Irdische und Vergängliche hinaus sucht den Menschen und führt ihn durch seine Sehnsucht zu sich.
- Die Erfüllung geschieht als Begegnung mit einer unbedingten und freilassenden Liebe, für die Jesus das Symbol ist; eine Liebe, die den Menschen bei sich selbst und seinem Grund ankommen lässt.
- Um zu dieser Begegnung zu gelangen, ist ein Weg zu gehen in einer Gemeinschaft von Reisenden, die sich von der gleichen Sehnsucht zum Ziel ihrer irdischen Reise ziehen und auf dem Weg wandeln lassen.

- Grenzerfahrungen wie Scheitern, Verlust, Enttäuschung, Feindschaft …, Erfahrungen also, dass die Wirklichkeit einer gegebenen Situation den eigenen Wunschvorstellungen von ihr widerspricht und diese damit begrenzt, werden zu Agenten der Verwandlung auf diesem Weg, insoweit die Wanderer wagen, ihre Grenzerfahrungen zu durchleben.
- Der Weg selbst ist letztlich ein innerer Weg, auf dem das bisherige Selbstverständnis stirbt und ein neues erwächst, das ausgerichtet ist auf eine unbedingte und freilassende Liebe.

Ihre Sehnsucht führt die drei Magier zu Jesus. So dürfen auch wir hoffen, zu ihm geführt zu werden und durch ihn zwei Dinge zu erfahren: erstens, noch etwas mehr über die Erfüllung unserer Sehnsucht, auch wenn damit zu rechnen ist, dass diese sich letztlich nicht angemessen in Worte fassen lässt. Und, zweitens, vor allem: mehr über den Weg zur Erfüllung der Sehnsucht.

I. Entstehung und Bedeutung des Osterglaubens

In der Mitte des Christlichen steht eine Person: Jesus aus Nazareth, sein Leben, sein Wirken, seine Lehre, sein Ende in Jerusalem. Wohltäter der Menschheit, Wunderheiler, Weisheitslehrer und Propheten hat es in der Geschichte immer wieder gegeben. Was Jesus aus ihrer Reihe heraushebt und einzigartig macht, ist eine 2000-jährige Tradition, die von ihm behauptet, er sei aus den Toten auferweckt worden und eins mit Gott. So habe er die Erfüllung der Menschensehnsucht erreicht, die über alles Irdische hinausgeht: die vollkommene Einheit mit dem geheimnisvollen Grund aller Wirklichkeit. Deswegen steht bei der Suche nach dem Kern des Christlichen im Mittelpunkt des Interesses die Frage, wie seine Zeitgenossen zur Erkenntnis seiner Auferstehung gelangt sind und welche Bedeutung sie für ihr Leben und ihre Suche nach Erfüllung – und damit auch für uns – hat.

Für diese Frage sind die Evangelien die wichtigste Quelle. Diese sind zwar keine Geschichtsschreibung, sondern Glaubensverkündigung. Doch kann auch eine Verkündigung es sich nicht leisten, vor noch lebenden Zeitzeugen Jesu grobe historische Unwahrheiten zu behaupten. Wenn die Evangelien auch erst 40 Jahre und mehr nach Jesu Tod erschienen sind, reichen sie doch viel näher an seine Zeit heran, weil sie sehr viel ältere Traditionen verarbeiten. Deswegen können die historischen Aussagen der Evangelien nicht in Bausch und Bogen als unglaubwürdig abgetan werden. Werden sie kritisch gewogen, dann tritt uns in ihnen folgende geschichtliche Gestalt des Jesus von Nazareth entgegen.

1. Der historische Gehalt des Lebens Jesu

Jesus – der Name bedeutet „Gott hilft" – wurde in Bethlehem zur Zeit des Königs Herodes, nach heutiger Rechnung etwa 6 v. Chr. (Mt 1–2; Lk 1–2) in der Familie des Handwerkers Joseph geboren. Seine Mutter ist Maria. Über Kindheit und Jugend Jesu ist nichts Sicheres bekannt. Jesus übte den Beruf eines Zimmermanns aus (Mk 6), bis seine Taufe durch Johannes im Jordan, die alle Evangelien berichten (Mt 3; Mk 1; Lk 3; Joh 1) und die als historisch gesichert gelten darf, seinem Leben eine Wende gibt: Er beginnt umherzuwandern und öffentlich zu wirken, vor allem um den See Gennesaret herum, dann auch im Raum Galiläa und in den angrenzenden heidnischen Gebieten, in Samarien und Jerusalem. Diesen geographischen Rahmen bezeugen alle vier Evangelien, jedoch mit unterschiedlicher Füllung und unterschiedlicher Dauer: Die synoptischen Evangelien von Markus, Matthäus und Lukas[4] sprechen von einem Jahr, das Johannesevangelium von zwei bis drei Jahren. Von dieser Zeitspanne handeln die Evangelien.

Jesus war Jude. Am religiösen Leben nimmt er teil. Wir finden ihn in den Synagogen und im Tempel in Jerusalem. Darüber hinaus tritt er an die Öffentlichkeit mit der Botschaft, dass das Reich Gottes in seiner Person nahegekommen ist. Auf dieses Reich als vollendetem Heil für alle hoffte ganz Israel. Viele konnten es im Wirken Jesu erleben: In der Weise, wie er predigte, wie er sich anderen zuwandte, vor allem gesellschaftlich abgewerteten Personen wie Kranken, Aussätzigen, Zöllnern und Sündern, Frauen und Kindern, einfachen Arbeitern, so dass Kranke gesundeten und Belastete aufatmen konnten. Er fand Anhänger und berief zwölf von ihnen in seine Nähe.

---

4 Diese drei heißen deswegen so, weil man sie „zusammenschauen" kann, da sie, grob gesprochen, folgendermaßen aufgebaut sind:
Mt ≈ Mk + Q + mt. Sondergut
Lk ≈ Mk + Q + lk. Sondergut
Dabei haben Mt und Lk ihre Quellen Mk und Q, die sogenannte Logienquelle, die vor allem Redetexte beinhaltet, jeweils bearbeitet.

Sie zogen mit ihm umher. Er lehrte sie und setzte sich mit ihnen, vor allem den Zwölfen, besonders auseinander. Der Anspruch, den die Verbindung seiner Botschaft mit seiner Person erhob, schuf ihm von Anfang an Gegner und führte schließlich zu seinem Tod, verraten von einem der Zwölf. Jesus hat diesen Tod aus Treue zu seiner Sendung und in der Hoffnung auf seine Auferstehung angenommen. Sein Tod am Kreuz „unter Pontius Pilatus" (Mt 24; Mk 15; Lk 23; Joh 19) ist das sicherste Datum seiner Biographie: der 14. oder 15. Nisan (7./8. April) des Jahres 30 (oder 33). Jesus wurde hingerichtet als „König der Juden", d.h. als politischer Aufrührer, der er aber nicht war.

Bemerkenswert ist, dass die Jesus-Bewegung damit nicht in Bedeutungslosigkeit versinkt, wie das üblicherweise der Fall ist: Anhänger wandern ab, die Bewegung zersplittert sich in Macht- und Richtungskämpfen. Auch wenn noch eine Weile ein fanatisiertes Grüppchen von sich reden macht, verliert es seine Basis in der breiten Bevölkerung. Hier aber ist das Gegenteil der Fall: Die restlichen elf Apostel bleiben nach Jesu Tod nicht nur mit weiteren Jüngern und Jüngerinnen Jesu zusammen, sie beginnen nun ihrerseits öffentlich aufzutreten und zu verkündigen, dass *Gott ... ihn zum Herrn und Messias gemacht [hat], diesen Jesus, den ihr gekreuzigt habt* (Apg 2,36). Diese Botschaft wird mit erstaunlichem Einsatz und Mut verbreitet. Ihre Verkündiger scheuen weder vor Mühsal und Gefahren noch vor Haft und Strafen zurück. Sie finden Zulauf, zunächst in Israel, dann auch bei Nichtjuden im ganzen Römischen Reich. Der Kern ihrer Botschaft ist, dass Jesus in noch nie da gewesener und unüberbietbarer Weise Gott vermittelt. Da keiner von uns Gott schauen kann, das verborgene und unverfügbare Geheimnis aller Wirklichkeit, sind wir auf eine Vermittlung angewiesen, in der es sich authentisch mitteilt. Genau dies ist in Jesus geschehen: *Und das Wort, durch das alles geworden ist, ist Fleisch geworden und hat unter uns gewohnt* (Joh 1,3.14). Das ist der Kern des Osterglaubens und der Verkündigung der Jünger. Deswegen nennen sie Jesus auch „Sohn Gottes".

2. Nachfolge – ein Abenteuer voll Ambivalenz und Spannung

Wir verlassen mit dieser Thematik den Bereich der historisch sicheren Fakten und wenden uns den Erfahrungen von Menschen mit Jesus zu, die die Evangelien berichten. Wie gesagt, sind diese nicht frei erfunden, doch ist ihre Darstellung eingefärbt von der Deutung des Geschehens aus dem Glauben heraus und von der Absicht, diesen Glauben den jeweiligen Adressaten zu verkünden.

Etliche junge Männer verließen damals ihre Familien aufgrund der materiell aussichtslosen Lage: Manche gingen in die Berge Galiläas, um gegen die Unterdrückung durch die Römer und die Ausbeutung der Landbevölkerung durch reiche Städter zu kämpfen; andere gingen ins Ausland, wo sie sich ein besseres Leben erhofften. Die Männer und Frauen, die Jesus folgen, spricht seine Botschaft an, dass eine große Wende bevorsteht, die Gott bewirkt: *Die Zeit ist erfüllt, das Reich Gottes ist nahe. Kehrt um und glaubt an das Evangelium* (Mk 1,15). Sie nehmen in Kauf, ihre Familien einer Arbeitskraft zu berauben und sie in Trauer, Schmerz und manchmal auch Zorn zurückzulassen. Sie erleben, wie durch Jesus Kranke gesund werden, *Blinde wieder sehen und Lahme gehen; Aussätzige rein werden und Taube hören; Tote aufstehen und den Armen das Evangelium verkündet wird* (Mt 11,5). Das Wirken Jesu erfüllt nicht nur diese Verheißungen des Propheten Jesaja (Jes 42,6f; 61,1); es lässt das Reich Gottes, das Jesus verkündigt, hier und jetzt Wirklichkeit werden. In Jesu respektvoller, mitfühlender und annehmender Zuwendung können Arme sich aufrichten, innerlich freier werden, Hoffnung und Selbstvertrauen schöpfen und zu Selbstachtung und neuem Lebensmut finden. Die Begegnung mit Jesus befreit Menschen von ihren Dämonen, von Zwängen und Obsessionen (Mt 12,28). Seine Predigten vermitteln den Zuhörern Größe und Würde, wenn er ihnen z. B. das erhabene Ethos von Edlen zutraut: Immer wieder vergeben! Frauen als Personen achten! Auf Vergeltung verzichten! Selbst Feinde lieben! Sich keine Sorgen um Essen, Trinken und Kleidung machen! ... (Mt 5–6). Jesus vermag das Herz der Menschen zu erreichen und ihre tiefste Sehnsucht zu berühren, wenn er etwa die Armen, die Hungernden und die Weinenden seligpreist oder Gott mit einem Vater vergleicht, der seinem gescheiterten Sohn entgegengeht und ihn annimmt, ohne ihm seine Verfehlungen vorzuhalten. Er vertraut darauf, dass die große Wende nicht durch Macht und Gewalt, sondern durch Gott herbeigeführt wird, der den Samen des Reiches Gottes in den Menschen wachsen, reifen und Frucht bringen lässt (Mk 4,26). So kommen seine Jünger zur Überzeugung, dass Jesus der von vielen Zeitgenossen herbeigesehnte Messias ist, *der Israel erlösen werde* (Lk 24,21).

MESSIAS

Was sich die Jünger unter diesem Titel vorstellen, ist nicht leicht zu sagen, da die alttestamentlichen Messiasvorstellungen keine eindeutige Gestalt umreißen und im Frühjudentum noch stärker auseinanderdriften. In der Zeit ab etwa 150 v. Chr. wuchs unter den Frommen die Hoffnung auf die Wiederherstellung der Theokratie mit einer Doppelspitze: ein Hoherpriester aus priesterlichem Geschlecht und ein König aus dem Haus Davids. Beide haben sie die Aufgabe, die Sünder im eigenen Volk zu züchtigen und Jerusalem von den Heidenvölkern zu reinigen. In den Qumrantexten, Zeugnissen des antiken Juden- und frühen Christentums aus den Jahren 250 v. Chr. bis 40 n. Chr., sind dagegen geistliche Würde und weltliche Kriegsführung auf die beiden Führer aufgeteilt: Während der priesterliche Gesalbte Sühne für das Volk schafft und es belehrt, richtet der als Spross Davids bezeichnete königliche Messias die Königsherrschaft Israels wieder auf. Auf diesen bezieht sich die Weissagung Bileams, eines auch außerbiblisch bezeugten heidnischen Propheten zur Zeit des Mose (Num 24,17): *Ich sehe ihn, aber nicht jetzt; ich schaue ihn, aber nicht von nahem. Es wird ein Stern aus Jakob aufgehen und ein Zepter aus Israel aufkommen und wird zerschmettern die Schläfen der Moabi-*

ter und den Scheitel aller Söhne Sets. Der königliche Messias ist zwar dem priesterlichen Gesalbten nachgeordnet, doch ist zur Zeit Jesu angesichts der realen Verhältnisse, d. h. der Herrschaft des fremdstämmigen Herodes und der römischen Vormacht, der kriegerische Messias aus dem Hause David in den Vordergrund getreten. Es liegt nahe, dass die Jünger Jesu im Großen und Ganzen im Mainstream der Erwartung eines politischen Messias lagen, der die Römer vertreibt, für Gerechtigkeit und Wirtschaftswachstum sorgt, alles zum Guten wendet und das Volk sammelt und heiligt. Damit ein aus den Menschen geborener Messiaskönig diese Mission erfüllen kann, geht die Apokalyptik (siehe S. 32) noch einen Schritt weiter: Sie verschmilzt den politischen Messias mit der himmlischen Gestalt des Menschensohnes (Dan 7), der nach dem Sieg, den Gott herbeiführt, ewige Herrschaft über alle Völker bekommt.

AMBIVALENZ

Bei diesen Perspektiven liegt es nahe, dass die Jünger die Frage beschäftigt, was es ihnen persönlich „bringt", dem Messias nachzufolgen: *Wenn die Welt neu geschaffen wird und der Menschensohn sich auf den Thron der Herrlichkeit setzt, werdet ihr, die ihr mir nachgefolgt seid, auf zwölf Thronen sitzen und die zwölf Stämme Israel richten. Und jeder, der um meines Namens willen Häuser oder Brüder, Schwestern, Vater, Mutter, Kinder oder Äcker verlassen hat, wird dafür das Hundertfache erhalten und das ewige Leben gewinnen* (Mt 19,28f). Bei dieser Perspektive ist es kein Wunder, dass die Zwölf über ihren Rang in der Gruppe der Apostel nachdenken, Konkurrenten von „außen", die sich nicht den Mühen und Spannungen der Nachfolge unterziehen, ausschließen wollen (Mk 9) und sich wünschen, zur Rechten und Linken des Messias zu herrschen, wenn dieser die Macht in Israel übernimmt (Mk 10).

Großartige Horizonte also auf der einen Seite. Auf der anderen Seite aber war der Weg mit Jesus immer wieder verunsichernd, eine Infragestellung der Vorstellungen der Jünger und alles andere als bequem. Er ist ein Stück Passion, in der ein Jünger Jesu grundsätzlich lebt: das Ertragen einer grundsätzlichen Ambivalenz. Eigentlich ist Ambivalenz ein Grundprinzip des Menschseins schlechthin. Es zu bejahen bedeutet, Spannung auszuhalten. Das vermeiden wir Menschen gerne. Die Jünger müssen es bei Jesus jedoch lernen: Sie folgen einem Mann nach, der selber nichts hat, der auf Mildtätigkeit und Gastfreundschaft angewiesen ist. Wie er haben auch sie *keinen Ort, wo sie ihr Haupt hinlegen* können. Tun, wozu man Lust hat, und das Leben genießen sieht anders aus. Also heißt es, sich in den Rahmen zu fügen und das „Sowohl ... alsauch ..." auszuhalten. Jesu Klarheit und Wahrheit fordern sie heraus: Immer wieder schilt er sie wegen ihres kleinen Glaubens, wenn sie sich z. B. Sorgen ums Essen oder ums Übernachten (Lk 9,56) machen. Oder er deckt ihren Wunsch nach Ansehen und Position auf (Mk 9,33), dem er entgegenhält: *Wer der Erste sein will, soll der Letzte von allen und der Diener aller sein* (Mk 9,35), statt andere zu unterdrücken oder seine Macht zu missbrauchen, wie es bei denen üblich ist, die Macht und Ansehen besitzen (Mk 10,42f). Und dann stellt er ihnen auch noch ein Kind, ein nutzloses, Kinderkrankheiten ausgesetztes und deshalb dem Tode nahes, damals gering geschätztes Kind vor Augen: *Wenn ihr nicht umkehrt und wie die Kinder werdet, könnt ihr nicht in das Himmelreich kommen* (Mt 18,3). Schluss damit, sich selbst dadurch aufzubauen, dass man auf andere herabblickt und den Splitter in ihrem Auge findet oder sie für seine Zwecke gebraucht: für seine Lust, seinen Profit, seine Bequemlichkeit.

Jesu Verkündigung konnte manchmal hart sein: Dass *eher ein Kamel durch ein Nadelöhr geht, als ein Reicher ins Reich Gottes gelangt* (Mk 10,25), jagt den Jüngern Schrecken ein: Streben nicht alle nach Sicherheit und nach dem Besitz der dazu nötigen Mittel? Da müssen sie auch um sich selbst fürchten, auch wenn sie alles verlassen haben, um Jesus nachzufolgen. Oder folgendes Wort aus der sogenannten Brotrede (Joh 6,53f): *Wenn ihr das Fleisch des Menschensohnes nicht esst und sein Blut nicht trinkt, habt ihr das Leben nicht in euch. Wer mein Fleisch isst und mein Blut trinkt, hat das ewige Leben und ich werde ihn auferwecken am Jüngsten Tag.* Viele konnten dieses Wort nicht verstehen – sollte das eine Anleitung zum Kannibalismus sein? – und wenn sie es verstanden, konnten sie nicht akzeptieren, dass das ewige Leben, das sie suchten, nur über Gleichwerden mit Jesu Tod zu finden sein sollte. Um den Tod zu finden, waren sie doch nicht mit Jesus gegangen: Sie wollten Leben in Fülle! So verließen ihn viele, die bisher mit ihm gewandert waren. Die Zwölf blieben, aber kaum unbeschwerten Herzens.

Oft verstanden sie ihn nicht: Wieso wehrte er ab, als Messias bezeichnet zu werden? Seine Gleichnisse musste er ihnen ebenso privat erklären wie sein Verständnis der damals von den Pharisäern gepushten kultischen Reinheit: Die wirkliche Unreinheit vor Gott kommt von den bösen Regungen des Herzens. Nicht der Dreck an Händen und Schüsseln trennt den Menschen von Gott, sondern Taten aus inneren Impulsen, in denen einer das Seine auf Kosten anderer sucht. Sie verstanden nicht, wieso Jesus die Gefährlichkeit der Lehren der Pharisäer und des Herodes mehr beschäftigte als die unmittelbar bedrängende Frage nach dem täglichen Brot für sie selbst (Mk 8,15). Nicht nur die synoptischen Evangelien, auch das Johannesevangelium lässt immer wieder durchblicken, dass die Jünger mit ihrem Verständnis Jesus hinterherhinken: Philippus möchte den Vater gezeigt bekommen und Jesus reagiert mit einer Spitze: *Schon so lange bin ich bei euch und du hast mich nicht erkannt, Philippus? Wer mich gesehen hat, hat den Vater gesehen. Wie kannst du sagen: Zeig uns den Vater* (Joh 14,9). In den sogenannten Abschiedsreden im Johannesevangelium (Joh 14–16), dem letzten Zusammensein mit Jesus, wollen die Jünger die letzte Gelegenheit nutzen, ihre offenen Fragen zu klären (Joh 14,5.8.22; 16,5.17), und glauben schließlich, Jesus nun endgültig zu verstehen. Doch erweist sich auch diesmal ihr Verstehen als vorläufig, und es hat auch nicht die Kraft in sich, dass sie in der Versuchung bei ihm bleiben können (Joh 16, 31f). Denn der Jünger muss immer weiter wachsen, um die Botschaft Jesu immer mehr *tragen* zu können (Joh 16,12). Ist das nicht merkwürdig, ja paradox, wenn eine frohe Botschaft getragen, ja ertragen werden muss? Das zu oberflächliche Erfassen oder gar Missverstehen von Wort und Person Jesu hat dann wohl eine Funktion, einen geheimen Zweck, der darin bestehen dürfte, keine Verunsicherung oder Angst ertragen zu müssen. Denn gründliches Verstehen setzt voraus, sich selber in Frage stellen zu lassen, dabei zu entdecken, dass manche eigenen Vorstellungen von der Welt einfach nicht stimmen, dass diesen entsprechende Bestrebungen Verfehlungen sind: Das kann das eigene Selbstverständnis schon sehr erschüttern, vielleicht es sogar sterben lassen.

Als Jesus den Weg nach Jerusalem einschlägt, spitzen sich Verunsicherung und Spannung der Jünger zu. Ja, eine gewisse Entfremdung tritt ein. Doch die Jünger bleiben dennoch bei ihm. Der Zwiespalt beginnt damit, dass Jesus ihnen offen mitteilt, *der Menschensohn müsse vieles erleiden und von den Ältesten, den Hohenpriestern und den Schriftgelehrten verworfen werden; er werde getötet, aber nach drei Tagen werde er auferstehen* (Mk 8,31). Spricht so ein Messias, der die Römer vertreiben und soziale Gerechtigkeit herstellen will? Das Wort vom „Auferstehen" beschäftigt sie, *und sie fragten einander, was das sei: von den Toten auferstehen* (Mk 9,10). Sie verstehen es nicht, können es nicht in sich verankern. „Auferstehen" muss ihnen deswegen aus dem Blick geraten und kann in ihrem Denken keine Rolle mehr spielen. Ihr Verständnis endet bei der Ankündigung des schmählichen Untergangs ihres Messias in Jerusalem. Das wäre der Zusammenbruch aller Hoffnungen der Jünger, der Zusammenbruch ihrer Vorstellung vom Messias.

AUFERSTEHUNG

Israel kannte vor dem Exil (587 bis 538 v. Chr.) in Babel keine Auferweckung der Toten. Die Verstorbenen waren in der Scheol in völliger Bewusstlosigkeit. Sie waren kraftlose, von Gott vergessene Schatten. Diese Auffassung änderte sich zunächst durch Exilspropheten wie Jesaja – *Deine Toten werden leben, die Leichen stehen wieder auf; wer in der Erde liegt, wird erwachen und jubeln* (Jes 26,19) – und Ezechiel – *So spricht Gott, der Herr: Ich öffne eure Gräber und hole euch, mein Volk, aus euren Gräbern herauf. Ich bringe euch zurück in das Land Israel* (Ez 37,12): Die Rückführung Israels aus dem Exil wird hier als seine Auferweckung begriffen. Die Weisheitsliteratur[5] wird sie ab dem 2. Jh. v. Chr. als leibliche Auferstehung Israels deuten. Die frühjüdische Apokalyptik, die wesentlich mit dem um etwa 165 v. Chr. geschriebenen Danielbuch verbunden ist, kommt in ihrer Konzeption zu einer individuellen Auferstehung der Toten: Auf Grund der aggressiven Hellenisierung, die alles Jüdische unter Todesstrafe stellte, zerbrach die Gewissheit, dass Jahwe sein Volk immer beschützt. Da die schreckliche Gegenwart nicht zukunftsfähig sei, so der Prophet Daniel, kann die Zukunft nicht in Kontinuität zur Vergangenheit stehen. Gott, der allein die Zukunft bewirkt, werde daher die gegenwärtige Geschichte beenden und einen neuen Äon der himmlischen Vollendung heraufführen, in den hinein Lebende und Verstorbene des Gottesvolkes gerettet würden. *Von denen, die im Land des Staubes schlafen, werden viele erwachen, die einen zum ewigen Leben, die anderen zur Schmach, zu ewigem Abscheu. Die Verständigen werden strahlen, wie der Himmel strahlt; und die Männer, die viele zum rechten Tun geführt haben, werden immer und ewig wie die Sterne leuchten. Du aber geh nun dem Ende zu! Du wirst ruhen und am Ende der Tage wirst du auferstehen, um dein Erbteil zu empfangen* (Dan 12, 2f.13). An dieser Stelle begegnet erstmals der Gedanke einer individuellen Auferweckung der Toten durch Gott am Jüngsten Tag. Nur die eindeutig Bösen werden für immer Tote bleiben, alle anderen werden auferstehen, um individuell, je nach ihren Taten, gerichtet zu werden.

Im Hellenismus gab es keine begründete Hoffnung auf ein persönliches Weiterleben nach dem Tod, außer im Gedächtnis der Angehörigen. Er schrieb den Lebensgenuss deswegen

---

5 Zur Weisheitsliteratur zählen die Bücher Ijob, Sprichwörter, Kohelet, Jesus Sirach und Weisheit; für sie ist wahrer Humanismus ohne Gottesfurcht undenkbar.

groß: „Bäder und Liebe und Wein, sie richten uns freilich zugrunde, aber Bäder und Liebe und Wein sind das Leben", war ein geflügeltes Wort. Jedoch kannte die griechische Mythologie Konzepte von Auferstehung in den Mysterienkulten und im Schicksal der Halbgötter Herakles, Asklepios, Dionysos, die nach ihrem Tod in den Himmel erhoben, unsterblich und vergöttlicht wurden, nachdem sie sich auf Erden verdient gemacht hatten. Die Sadduzäer, die Partei der Oberschicht und der Priester, lehnte den Gedanken sowohl eines neuen Äons als auch einer Auferstehung der Toten ab. Anders die Pharisäer: Sie waren eher die Partei der kleinen Leute und erhofften eine Auferstehung aller Toten zum Jüngsten Gericht.

SPANNUNG UND ENTFREMDUNG STEIGEN

Zurück zu Jesus und seinen Jüngern: Wenn Jesus von Auferstehung sprach, mussten die Jünger also annehmen, dass er die Auferstehung am Jüngsten Tag meinte. Damit gerieten sie in ein Dilemma: Stand der Weltuntergang unmittelbar bevor und damit auch ihr eigener Tod? War das aber nicht der Fall, was sollte dann Auferstehung bedeuten und was erbrachte sie für die Erwartung eines politischen Messias Jesus? Die Rede Jesu von seinem Ende und seiner Auferstehung musste die Jünger verwirren und verunsichern. Lieber wollten sie davon nichts wissen.

Insgesamt drei Versuche unternimmt Jesus nach den Synoptikern, um mit den Jüngern über sein Ende in Jerusalem und damit auch über den Konflikt mit Petrus ins Gespräch zu kommen: Petrus hatte auf Jesu erste Ankündigung seines Leidens und Todes in Jerusalem mit einer Zurechtweisung reagiert: *Das soll Gott verhüten, Herr! Das darf nicht mit dir geschehen!* (Mt 16,22). Da fährt Jesus ihn an: *Tritt hinter mich, du Satan! Ein Ärgernis bist du mir, denn du hast nicht das im Sinn, was Gott will, sondern was die Menschen wollen* (Mt 16,23). Ja, natürlich, wir Menschen wollen Leiden für uns selbst und unsere Lieben auf alle Fälle vermeiden. Gott etwa nicht auch? Für Petrus und die anderen Jünger muss sich hier ein erschreckender Abgrund auftun, in dem ihre und unsere Vorstellung eines „lieben Gottes" schlicht untergeht. Kein Wunder, dass die Jünger sich auf dieses Thema nicht einlassen. Sie blocken ab. Ob die „Drei"-Zahl hier tatsächlich die konkrete Anzahl der Leidensankündigungen Jesu bedeutet, ist fraglich. Eher könnte gemeint sein: Immer wieder macht Jesus Anläufe, bis er die Aussichtslosigkeit einsieht, mit den Jüngern über sein Ende sprechen zu können, und seine Versuche dann aufgibt. Wer aber das Gespräch verhindert, sorgt für Spannung in der Beziehung. Er bekommt an dem, was den anderen bewegt, keinen Anteil mehr und entfremdet sich ihm.

Allerdings gibt es auf der anderen Seite immer wieder Ereignisse, die die Jünger als Bestärkung ihres Glaubens an den politischen Messias auffassen: Hatten doch drei von ihnen Jesus in göttliches Licht getaucht im Dialog mit Mose und Elija auf dem Berg der Verklärung gesehen und die Stimme aus der Wolke gehört, die ihn ihren geliebten Sohn nennt, auf den die Jünger hören sollen (Mk 9,2–10). Oder als Jesus als messianischer Friedenskönig in Jerusalem einzieht und die Leute rufen: *Hosanna! Gesegnet sei er, der kommt im Namen des Herrn! Gesegnet sei das Reich unseres Vaters David, das nun kommt. Hosanna in der Höhe!* (Mk 11,9). Das war doch Wasser auf die Mühle ihres Messiasverständnisses. Gleichgesinnte und Gegner teilten ihre Vorstellung vom Messias Jesus, und seine Ankläger werden diesen Einzug nutzen, um Jesus vor Pilatus als politischen Aufrührer hinzustellen. Als Jesus Händler und Käufer aus dem Tempel warf und die Stände der Geldwechsler und Taubenverkäufer umstieß mit den Worten: *Heißt es nicht in der Schrift: mein Haus soll ein Haus des Gebetes für alle Völker genannt werden? Ihr aber habt daraus eine Räuberhöhle gemacht* (Mk 11,17) – war das nicht die Kampfansage des Messias an die Adresse der Hohenpriester und der Schriftgelehrten? Diese verstanden es jedenfalls so *und suchten nach einer Möglichkeit ihn umzubringen. Denn sie fürchteten ihn, weil alle Leute von seiner Lehre sehr beeindruckt waren* (Mk 11,15–19).

Schwankend zwischen Angst und Zuversicht, ob der „Menschensohn" – dieses Wort gebrauchst Jesus für sich selbst –

tatsächlich am Ende untergehen und sterben wird und sie als seine Jünger womöglich mit ihm (Joh 11,16) oder ob er als Messias und König von Israel mit ihnen zu seiner Rechten und Linken (Mk 10,37) die Herrschaft übernimmt, gingen sie mit ihm nach Jerusalem hinauf, ahnend, dass dort eine Entscheidung fallen wird zwischen leidendem Menschensohn und politischem Messias.

Alles in allem sind die Tage des galiläischen Frühlings und des ungebrochenen Vorschussvertrauens der Jünger in Jesus vorbei. Als eine Frau ihn mit kostbarem Öl salbt, fahren die Jünger[6] diese harsch an: *Wozu diese Verschwendung? Man hätte das Öl um mehr als dreihundert Denare verkaufen und das Geld den Armen geben können.* Indirekt treffen sie damit auch Jesus, der diese Verschwendung nicht nur zulässt, sondern auch verteidigt (Mk 14,4f). Tatsächlich entspricht die Summe von dreihundert Denaren dem, was ein Tagelöhner damals in einem Jahr verdienen konnte, heute etwa 24.000 Euro, wenn man einen Lohn von 10 Euro pro Stunde zu Grunde legt. Doch handelt es sich wirklich um eine Verschwendung? Oder ahnt die Frau, dass Jesu Tod am Kreuz als Hingabe seines *Leibes für euch* (1 Kor 11,24) derart verschwenderisch ist, jedes menschliche Maß so maßlos übersteigt, dass sie durch ihre „verschwenderische" Tat die Einzigartigkeit dieser Hingabe und dieser Person würdigen will? So scheint Jesus sie zu verstehen, wenn er sagt: *Die Armen habt ihr immer bei euch und ihr könnt ihnen Gutes tun, sooft ihr wollt; mich aber habt ihr nicht immer. Sie hat getan, was sie konnte. Sie hat im Voraus meinen Leib für das Begräbnis gesalbt* (Mk 14,7–8).

Wie weit die innere Entfremdung gediehen ist, zeigt folgende Begebenheit beim letzten Abendmahl: Als Jesus davon spricht, dass ihn einer der Zwölf verraten wird, *da wurden sie sehr traurig und einer nach dem andern fragte ihn: Bin ich es etwa, Herr?* (Mt 26,21). Sie zweifeln nicht nur an Jesus, sondern tragen ihm gegenüber auch Ablehnung und vielleicht sogar Hass in ihrem Herzen, so dass sich keiner sicher

---

6 Nach Joh 12,4 ist es Judas allein.

ist, ob nicht er selbst es sein wird, der Jesus verrät. Jeder hat Anteil an Judas, der den Behörden den Aufenthaltsort Jesu anzeigt. Als Jesus seinen Jüngern nur ein paar Stunden später ohne jeden Vorwurf voraussagt, dass sie Anstoß an ihm nehmen werden, was sie doch de facto schon seit längerem tun, reagieren sie darauf wie bei den Leidensankündigungen Jesu: Sie blocken ab – umso mehr, als sie sich ertappt gefühlt haben werden: Was als unangenehm und unpassend erscheint, was dem Anschein nach nicht sein darf oder peinlich ist, was stört oder gar Angst macht, wird unter den Tisch gekehrt. Es scheint dann weg zu sein. Petrus kann mit voller Überzeugung behaupten: *Auch wenn alle Anstoß nehmen – ich nicht! Jesus sagte ihm: Amen, ich sage dir: Heute, in dieser Nacht, ehe der Hahn zweimal kräht, wirst du mich dreimal verleugnen. Petrus aber beteuerte: Und wenn ich mit dir sterben müsste – ich werde dich nie verleugnen. Das Gleiche sagten auch alle anderen* (Mk 14,27–31). Sie möchten zu ihm stehen, gleich was kommt. Da ihr guter Wille aber mit ihren Zweifeln an Jesus, ihrem Unverständnis, ihrer Kritik an ihm, ja Ablehnung und ihrer Angst vor den Juden nicht verbunden ist, steht dieser Wille auf tönernen Füßen: Sie werden ihr Versprechen nicht halten können.

Und in der Tat ist es schon aus, als Jesus Petrus, Johannes und Jakobus bittet, ihm in seiner Todesangst beizustehen und mit ihm zu wachen. Wer würde das nicht für seinen Freund tun, wenn dieser in seiner Not so klar darum bittet? Dies wollen auch die drei Jünger im Garten Getsemani. Sie hatten eben erst versprochen, bei ihm zu bleiben. Sie wollen es, aber sie können es nicht. Sie vermögen einfach nicht mehr, sich wach zu halten. Zu groß ist die Spannung. *Die Augen waren ihnen zugefallen* (Mk 14,40; Mt 26,43), *vor Kummer erschöpft* (Lk 22,45). Sie sind am Ende. Aufgebraucht ist ihre Kraft, die vermiedenen und ungelösten Spannungen zu ertragen. Die Dämme, durch die sie sich selbst und ihre Liebe zu Jesus schützen wollten, brechen vollends ein, als die Häscher kommen. Sie kapitulieren und fliehen. Außer Petrus. Er reißt sich zusammen, überwindet seine Angst und setzt sich der feindlichen

Umgebung des hohepriesterlichen Hofes aus, um bei Jesus zu sein. Doch seine verdrängten Gefühle und Bedürfnisse unterminieren die Mauer aus Willen und Vorstellung: Petrus verleugnet Jesus dreimal mit wachsender Aggression gegenüber denen, die ihn in Frage stellen (Mk 14,71). Als er merkt, was geschehen ist, was er getan hat, bricht er zusammen und kapituliert ebenfalls.

Wir wissen nicht, was mit den Zwölfen – das war der Name für den Kreis der zwölf Apostel auch nach dem Weggang des Judas – geschieht. Es sind die Jüngerinnen Jesu, die Frauen, die unter seinem Kreuz stehen oder aus der Ferne Anteil an seinen Leiden nehmen und den Verstorbenen zu seinem Grab begleiten. Bei alledem sind die Zwölf nicht dabei![7] Ihr Fehlen mag Zeichen ihres mangelnden Mutes sein und Ausdruck des Anstoßes, den sie an Jesus nehmen. Doch geht die Bedeutung ihres Fernbleibens weit darüber hinaus: Denn bei Markus und Matthäus verschwinden die Zwölf als Handlungssubjekte komplett aus der Geschichte. Am radikalsten bei Markus: Kein einziger ihrer Namen taucht in seinem Evangelium noch einmal auf. Bei Matthäus finden wir sie erst Tage oder Wochen später wieder auf einem Berg in Galiläa, auf dem ihnen der Auferstandene erscheint, ein Widerfahrnis, das sich ohne ihr Zutun ereignet. Das Verschwinden der Zwölf als Akteure aus dem Evangelium erinnert an die Sterndeutergeschichte und das Verschwinden der Magier aus ihr in Jerusalem. Die Magier wie die Zwölf – sie sind wie aus der Geschichte gefallen, wie vom Erdboden verschluckt, wie gestorben und begraben mit dem, den sie suchten bzw. dem sie folgten. Und in der Tat wird dieses Ende Jesu den Zwölfen den Boden unter den Füßen weggezogen haben. Nicht nur ihre menschlich-allzumenschlichen Hoffnungen auf gutes Auskommen, Einfluss und Ansehen zur Rechten und Linken des regierenden Messias sind in den Abgrund des Nichts gefallen. Nicht nur erleiden sie den Verlust eines Menschen, der ihnen nahe war,

---

7 Außer im Johannesevangelium der Lieblingsjünger Jesu, bei dem es sich um Johannes selbst handelt.

den sie geliebt haben. Vielmehr ist alles in Frage gestellt, was sie in allen Zweifeln und Prüfungen bei Jesus bleiben ließ: die Verheißung ewigen Lebens, ihr Glaube, dass durch ihn das Reich Gottes kommt. Denn kein Gott tritt hervor und wendet das Blatt der Geschichte, vertreibt die Heiden und die Sünder, stellt das Reich Davids wieder her. Im Gegenteil: Römer und Herodes behaupten sich. Und das Rad der Geschichte dreht sich weiter, wie es sich immer gedreht hat, die Welt wird nicht gerichtet und anscheinend beginnt auch kein neuer Äon. Gott hat geschwiegen, hat Unrecht und Böses geschehen lassen. Wieder einmal, wie so oft. Oder hatte er gar Jesus verlassen (Mk 15,34)? Konnte es denn sein, dass „ihr" Jesus von Gott verflucht war, wie es in der Torah geschrieben steht: *ein Gehenkter ist ein von Gott Verfluchter* (Dtn 21,23c)? Sollte es denn möglich sein, dass Jesus, der doch *Worte ewigen Lebens* hatte, wie ihnen schien, sie nicht zu Gott, dem Ziel der menschlichen Sehnsucht, sondern in die Gottferne führte, in der sie ja nun tatsächlich saßen? War Jesus doch der Gotteslästerer, der sich zum Sohn Gottes gemacht hatte, als den der Hohe Rat ihn verurteilt hatte? Verwirrung, Angst, Ohnmacht, Sinn- und Perspektivlosigkeit … Passion und Tod Jesu befördern sie unversehens aus dem Raum des Außen und der historischen Ereignisse in den Raum des Innen, der Bewusstheit von Gedanken und Gefühlen, Empfindungen, inneren Bewegungen, geistigen Gegebenheiten, den sie bis dahin kaum kannten und so oft vermieden hatten. In der Tat hatten sie ja nichts wissen wollen vom Ende des Menschensohns in Jerusalem, von ihrer Entfremdung gegenüber Jesus, ihrer inneren Verwandtschaft mit Judas. Das Johannesevangelium berichtet anschaulich, dass *die Jünger aus Furcht vor den Juden bei verschlossenen Türen beisammen waren* (Joh 20,19). Damit schützen sie sich vor den Juden, liefern sich aber all den Empfindungen und Gefühlen aus, die die Ereignisse der letzten Stunden, Tage, Wochen in ihr Bewusstsein spülen. In deren Untergrund brodelt die Schlüsselfrage: Wer ist Jesus aus Nazareth in Bezug auf Gott wirklich und wie ist Gottes Reich zu verstehen?

WACHSTUM UND SÜNDE

Halten wir ein wenig inne, um das Geschehene nachwirken zu lassen. Wer meint, Nachfolge Christi sei nur ein leichtes und unbeschwertes Dahingleiten, wird angesichts des Weges der Jünger mit Jesus eines anderen belehrt: Ambivalenz von Glauben und Unglauben, Spannungen von Verstehen und Nichtverstehen, von Zeiten des Trostes und Durststrecken, von Verlust, Leid und Tod, von Vertrauen einerseits und Enttäuschung, Vorwürfen und Zweifeln andererseits. Ambivalenzen und Polaritäten gehören zu einem Glauben, der auf Wachstum angelegt ist: Man denke an Jesu Gleichnisse vom Senfkorn, das *das kleinste von allen Samenkörnern [ist]; sobald es aber hochgewachsen ist, ist es größer als die anderen Gewächse und wird zu einem Baum* (Mk 13,32), oder vom Sauerteig, *den eine Frau nahm und unter drei Sea Mehl[8] verbarg, bis das Ganze durchsäuert war* (Mt 13,33). Wachstum geht aber vonstatten nur in Spannungen und durch Krisen hindurch: Was bislang Sinn stiftete, plausibel erschien, Fundament des eigenen Lebens war, beginnt zu verblassen oder gar durch ein Ereignis auf einen Schlag zusammenzubrechen.

Die Hinrichtung Jesu war für die Jünger ein solches Ereignis. Unglück, Verlust und Leid bleiben ihnen nicht erspart. Ein Teil der dadurch ausgelösten Krise besteht darin, dass selbstverständliche Grundannahmen über das Leben, da sie nun nicht mehr funktionieren, zu Bewusstsein kommen können – wie z.B. die Vorstellungen der Jünger vom politischen Messias, vom Reich Gottes als einem Wohlfahrtsstaat, von einem Gott, der in die Geschichte eingreift wie eine innerweltliche Ursache. Es gilt, sich die Wahrheit einzugestehen und seine gewohnten, aber falschen Vorstellungen loszulassen und zu kapitulieren.

Der Kern dessen, was eine Krise aufdeckt, ist die Wahrheit der Sünde. Das zeigt uns das Beispiel des „verlorenen Sohnes" (Lk 15) im Gleichnis vom barmherzigen Vater, durch das wir versuchen wollen, diesen für die Schrift wichtigen, aber

---

[8] Das sind ungefähr 24 kg: Geduld ist also nötig, bis der Sauerteig diese Menge Mehl durchsäuert hat.

schwierigen und unmodernen Begriff „Sünde" zu verstehen. Der jüngere Sohn hat sein Vermögen durchgebracht und beneidet hungernd die Schweine um ihr Futter. Ähnlich wie die Jünger ist auch er eingeschlossen in einer ausweglosen Situation. Und so wird der Weg frei für das Entscheidende: *Da ging er in sich* ... (Lk 15,17). Er wird seiner unbewussten Vorstellungen vom Leben und seines diesen entsprechenden Strebens inne. Er erkennt sie als Verfehlung, als Sünde: *Ich habe mich gegen den Himmel und gegen dich, Vater, versündigt. Ich bin nicht mehr wert, dein Sohn zu sein* (Lk 15,18f). Das Wort „Sünde" ist weitgehend aus unserem Sprachgebrauch verschwunden, keineswegs aber das damit Gemeinte aus der Realität, wie wir gleich sehen werden, wenn wir den „verlorenen Sohn" weiter begleiten. Worin mag er seine Sünde sehen? Sein Erbteil zu fordern, wie er es tat, war rechtlich möglich, entsprach jedoch nicht den Gepflogenheiten in Israel und bürdete zudem der Familie einen finanziellen Aderlass auf. Vielleicht erkennt er Schuld darin, möglicherweise auch in dem *zügellosen Leben*, das er dann führte und bei dem er *sein Vermögen verschleuderte* (Lk 15,13). Sünde führt zu schuldhaften Taten, für die der Täter verantwortlich ist – aber Schuld macht das Phänomen Sünde nicht aus. Das Wesentliche der Sünde liegt verborgen hinter der Schuld. Sünde ist zuerst eine existenzielle Kategorie, nicht eine moralische.

Dem jüngeren Sohn muss es so erschienen sein, dass er sein Glück nur finden kann, wenn er restlos alles, was ihm zusteht, fordert – nicht etwa nur einen Teil, um so seiner Familie entgegenzukommen. Er begibt sich in die Fremde und schneidet damit alle bestehenden Beziehungen zu seiner Familie, seinen Freunden und zu seiner Heimat ab. Sein zügelloses Leben mag ihm Kumpane und Gespielinnen schaffen, es verhindert jedoch echte Begegnungen und personale Beziehungen. Der drohende finanzielle Ruin kann ihn nicht davon abhalten, sein Vermögen restlos durchzubringen. Wir können in diesem Verhalten des jüngeren Sohnes eine Fixiertheit auf die eigenen Vorstellungen und Bestrebungen sehen, die sich gegenüber berechtigten Anliegen anderer ebenso verschließt wie überhaupt gegenüber Beziehungen: Der jüngere Sohn will sich nicht stören und nicht in Frage stellen lassen. Er wirkt wie gefangen in einer Eigenwelt, die blind für die Wirklichkeit ist: Wie kann er glücklich sein, wenn ihm das Geld, das er für sein Glück braucht, zwischen den Fingern zerrinnt? Diese Eigenwelt hat zerstörerische Wirkungen auf andere, z. B. die Familie, und auch auf ihn selbst: Am Ende steht er völlig verarmt und von allen verlassen da. Diese Zerstörung bewirkt allerdings auch, dass seine Eigenwelt aufgedeckt und als Sünde erkannt werden kann, wie der Fortgang der Geschichte zeigt: Sünde ist die geistige Macht, die den Menschen verschließt und in eine starre, beziehungsfeindliche, eigentümliche Welt einsperrt, deren Boden Angst ist – denn Angst ist es, die Verschlossenheit und Starre bewirkt. Erfüllung, die im Menschen angelegt ist und sich durch Beziehungen entfaltet, wie an den lebendig machenden Begegnungen mit Jesus zu sehen ist, wird durch die Sünde verhindert. Durch die Sünde wird das Leben verfehlt, der Schöpfer dieses Lebens und auch der Mitmensch.

Dem „verlorenen Sohn" geht all das nun an diesem Karfreitag seines Lebens auf, als er die Schweine um ihr Fressen beneiden muss. Er kann in sich gehen und seine Sünde erkennen. Die Weise, wie er als Mensch bisher unterwegs war, stirbt dadurch. Er kann nicht mehr derselbe *Sohn* sein, der er war: *Mach mich zu einem deiner Tagelöhner!* (Lk 15,19). Das ist die Kapitulation: das Loslassen-Können des bisherigen naiv gewissen Lebensfundamentes, des bisher Plausiblen und Sinnstiftenden, um die Wirklichkeit, an der nicht mehr vorbeizusehen ist, annehmen zu können. Auch die Jünger werden sich ihre Sünde eingestehen müssen, die durch das Abblocken eines klärenden Gesprächs sie die Begegnung mit Jesus verfehlen, sich ihm entfremden und ihn verlassen ließ, so dass er ohne seine Freunde leiden und sterben musste. Die Sünde und ihre Macht sind jedoch nicht das Ende: Der „verlorene Sohn" gewinnt sich selbst als Person. Der barmherzige Vater nimmt den Sünder an. Er verleiht ihm eine neue Sohnschaft und Herrschaft. Das werden auch die Jünger erleben.

Die entscheidende Voraussetzung dabei ist Vertrauen. Der „verlorene Sohn" vertraut darauf, dass sein Vater ihn als Tagelöhner aufnehmen wird. Auch die Jünger können sich einen Rest an Offenheit bewahren durch ihre Erfahrungen mit Jesus und ihre Liebe zu ihm. In dem Maß allerdings, wie wir nicht vertrauen können, dass das Sterben in einer solchen kreuzigenden Lebenssituation in Auferstehung gewandelt wird, bleibt uns nur die Devise *„lasst uns essen und trinken; denn morgen sind wir tot"* (1 Kor 15,32; Jes 22,13).

3. Auferstehung

Auferstehung ist das Herzstück des christlichen Glaubens. Das hat schon Paulus klar erkannt: *Ist aber Christus nicht auferweckt worden, dann ist unsere Verkündigung leer und euer Glaube sinnlos* (1 Kor 15,14). Auferstehung durchzieht der Sache nach das gesamte Neue Testament, in 18 von 27 Schriften kommt sogar das Wort selbst vor. Versuchen wir zu verstehen, was die Schrift damit sagen will, damit dadurch auch uns diese Wirklichkeit erschlossen wird.

3.1 Der biblische Befund

Das älteste **schriftliche** Zeugnis der Auferstehung Jesu, etwa 50 n. Chr., findet sich in 1 Thess 1,10: *... Jesus, den er* [Gott] *von den Toten auferweckt hat ...* Solche eingliedrigen Auferweckungsformeln[9] müssen bereits vorher als mündliche Bekenntnisformeln in Gebrauch gewesen und damit deutlich älter sein. Sie besagen, dass Gott Jesus nicht in der Scheol, dem Totenreich, gelassen, sondern an ihm gehandelt, ihn erweckt hat. Darüber, wie es zu dieser Überzeugung kommt, besagen sie nichts.

Diese Lücke schließt 1 Kor 15,3–8. Dieser Text verknüpft die Auferstehungsbekenntnisse mit Erscheinungen des Auferstandenen, die damit zur Quelle des Wissens von der Auferweckung Jesu werden. 1 Kor 15,3–8 ist eine gebündelte Zusammenfassung von Traditionen und Inhalten der Auferweckungspredigt und reicht weit in die mündliche Überlieferung zurück: *Denn vor allem habe ich euch überliefert, was auch ich empfangen habe: Christus ist für unsere Sünden gestorben, gemäß der Schrift, und ist begraben worden. Er ist am dritten Tag auferweckt worden, gemäß der Schrift, und erschien dem Kephas, dann den Zwölf. Danach erschien er mehr als fünfhun-*

---

[9] Weitere Belege aus der Mitte des 1. Jahrhunderts sind: Gal 1,1; 1 Kor 6,14; 15,12.15.20; 2 Kor 4,14; Röm 4,24.

dert Brüdern zugleich; die meisten von ihnen sind noch am Leben, einige sind entschlafen. Danach erschien er dem Jakobus, dann allen Aposteln. Als Letztem von allen erschien er auch mir, dem Unerwarteten, der Missgeburt.

Paulus sieht seine eigene Bekehrung als Erscheinung des Auferstandenen an. „Ohne die Erscheinungen hätte es keine Zeugen und keine Zeugnisse für die Auferstehung des Herrn gegeben. Sie sind unersetzlich" (Scheffczyk). Wie diese Erscheinungen zu verstehen sind, wird uns später beschäftigen.

Zwanzig und mehr Jahre später, also ab etwa 70 n. Chr., sind die Ostererzählungen der Evangelien verschriftlicht worden. Diese sind keine historischen Berichte, sondern „Geschichten um Geschichte", d. h., sie enthalten Historisches, sind aber vor allem Verkündigung. Diese muss die Adressaten, Menschen des letzten Viertels des ersten Jahrhunderts, Juden- und Heidenchristen in unterschiedlichen Gemeinden an verschiedenen Orten der Welt, mit jeweils ihrem Vorwissen, ihrem Denkhorizont und ihren Fragen dort abholen, wo sie stehen. Auch das Verständnis der Verkündiger der Osterbotschaft hat sich entwickelt, vertieft und akzentuiert. So lassen sich ansatzweise die Unterschiede in den Osterevangelien verstehen. Gemessen an der fundamentalen Bedeutung der Osterbotschaft, sind die Texte der Osterevangelien spärlich; so spärlich, dass sie sich hier im Überblick präsentieren lassen:

- Das älteste Osterevangelium ist Mk 16,1–8, das um etwa 70 n. Chr. entstanden sein dürfte. Es schildert lediglich, wie ein weiß gekleideter junger Mann den Frauen, die auch bei Kreuzigung und Grablegung Jesu zugegen waren, im leeren Grab die Auferstehung Jesu mitteilt und ihnen den Auftrag gibt, seine Jünger nach Galiläa zu schicken, wo sie den Auferstandenen sehen werden. Die von Schrecken und Entsetzen gepackten Frauen fliehen vom Grab und sagen niemandem etwas. Dieses Ende des Evangeliums wurde als so unbefriedigend empfunden, dass es nach 100 n. Chr. durch eine Zusammenfassung aus den beiden anderen synoptischen Evangelien ergänzt wurde.

- Lk 24,1–53 ist in den frühen 80er Jahren geschrieben worden. Lukas benutzt Markus als Vorlage, aber bei ihm führen die Frauen den Auftrag der beiden Engel aus. Allerdings werden die Jünger nicht nach Galiläa geschickt, vielmehr sollen sie in Jerusalem bleiben. Darüber hinaus erzählt Lukas die Geschichte von den Emmausjüngern, in der sich die Gegenwart des Auferstandenen durch Schrift und Brotbrechen im Aufgehen der Augen und Brennen der Herzen vermittelt. Außerdem setzt Lukas sich besonders mit der Art der Leiblichkeit des Auferstandenen auseinander.
- Etwas später als Lukas ist Mt 28,1–20 entstanden, etwa 80–90 n. Chr. Auch Matthäus verarbeitet die Markusvorlage: Bei ihm eilen die Frauen nicht nur voll Furcht, sondern auch in großer Freude vom Grab davon, um den Jüngern die Auferstehung Jesu mitzuteilen und sie gemäß dem Auftrag des Engels nach Galiläa zu schicken. Auf dem Weg kommt Jesus selbst ihnen entgegen, grüßt sie und bestätigt den Auftrag seinerseits. Diesem am meisten jüdisch geprägten Evangelium liegt ferner die Universalität der Sendung der Jünger *zu allen Völkern* am Herzen und die Zusicherung des Auferstandenen, *bis zum Ende der Welt* bei ihnen zu bleiben. Ein weiteres Thema ist die Entstehung des Gerüchts, die Jünger hätten den Leichnam Jesu gestohlen, um dann angesichts des leeren Grabes seine Auferstehung zu behaupten.
- Eine eigene, von den Synoptikern unabhängige Tradition liegt im gegen Ende des 1. Jahrhunderts geschriebenen Kapitel 20 des Johannesevangeliums vor. Maria aus Magdala, die in allen Evangelien beim Kreuz Jesu steht, entdeckt das leere Grab und holt Petrus und den „anderen Jünger". Als sie dann schließlich selbst ins Grab hineingeht, erscheint ihr Jesus, den sie zunächst nicht erkennt (Joh 20,11–18). Am Abend erscheint der Auferstandene den Jüngern, die sich aus Furcht vor den Juden eingeschlossen hatten. Später wurde dem Johannesevangelium noch ein weiteres Kapitel als zweiter Schluss angefügt. Damit nehmen seine Erscheinungserzählungen mehr Raum ein als in den synoptischen

Evangelien, und mehr als dort werden Begegnungen und Dialoge des Auferstandenen mit Einzelpersonen – mit Maria Magdalena, Thomas, Petrus, dem Lieblingsjünger – berichtet.

Die Unterschiede zwischen den Osterevangelien und den Auferstehungszeugnissen der Bekenntnistradition sind auffällig: In allen Osterevangelien kommt das leere Grab vor, die ersten Adressaten sowohl der Osterbotschaft als auch der Erscheinungen des Auferstandenen sind Frauen.[10] Von einer Erscheinung vor Frauen im Sinne der Osterevangelien und von einem leeren Grab weiß Paulus nichts. Allerdings mag er, wo er in 1 Kor 15,3–8 von „allen Aposteln" spricht, auch an Junia (Röm 16,7) und Priska (Röm 16,3; 1 Kor 16,19; 2 Tim 4,19) gedacht haben. Und unter den 500 „Brüdern" könnten sich auch Frauen befunden haben, da das Maskulin für Männer und Frauen stehen dürfte. Ebenso fehlt bei Paulus die Emmauserzählung (Lk 24,13–35). Auf der anderen Seite kennen die Evangelien weder die Erscheinung vor 500 Brüdern noch vor Jakobus noch vor „allen Aposteln", womit Paulus nicht nur die Zwölf, sondern alle Verkünder des Evangeliums im Blick hat.

3.2 Die Entstehung des Konzepts „Auferstehung"

Wieso taucht in den Evangelien das leere Grab auf, von dem in der Bekenntnistradition nie die Rede war? Um die Zeit der Abfassung der Evangelien, also 70 bis 100 n. Chr., starben die letzten Zeitzeugen Jesu, die dann etwa auch in diesem Alter gewesen sein müssen. Deswegen könnte ein vertieftes Interesse an der Frage entstanden sein, wie jene zu ihrem Glauben an die Auferstehung Jesu gekommen waren. Den Aposteln stand, als Jesus starb, das Konzept „Auferstehung" nicht aktiv zur Ver-

---

10 Bei Johannes und Matthäus sind Maria Magdalena (Joh 20,11–18) bzw. diese und eine „andere Maria" (Mt 28,9f) die ersten, denen der Auferstandene erscheint.

fügung, denn sie hatten Jesus nicht verstanden, als er davon sprach, und auch nichts Genaueres wissen wollen. Es kommt ihnen auch nicht zu Bewusstsein, als die Frauen sie zum leeren Grab rufen. Tja! Es ist halt leer. Kein Licht geht ihnen auf: Der lukanische Petrus geht voll Verwunderung wieder nach Hause; das Johannesevangelium fügt erklärend hinzu, dass Petrus und Johannes *noch nicht die Schrift verstanden [hatten], dass er [Jesus] von den Toten auferstehen müsse* (Joh 20,9f). Die beiden werden sich wohl der naheliegenden Vermutung von Maria Magdalena anschließen, dass jemand den Leichnam Jesu aus dem Grab weggeschafft haben muss. Tatsächlich folgt aus der historischen Tatsache eines leeren Grabes nichts für die Auferstehung des darin beigesetzten Toten. Wie sollte nämlich jemand zur Erklärung des leeren Grabes auf die Idee kommen, der Tote sei deshalb nicht da, weil er auferweckt wurde und nun zur Rechten Gottes sitzt? Eine noch abstrusere Erklärung ist kaum denkbar. Das Faktum des leeren Grabes legt weder die Idee einer Auferstehung nahe noch ist es ein Beweis dafür, dass Jesus in einer vollkommen neuen Weise bei Gott lebt und von ihm zum *Herrn und Messias* gemacht wurde.

Im Kontext von „Auferstehung Jesu" ist das leere Grab nicht erforderlich. Denn es stimmt ja auch nicht, dass der tote Körper Jesu für dessen Auferstehung gebraucht würde: Weder ist Auferstehung eine Wiederbelebung des Körpers und seine Rückkehr in die irdische Geschichte, um dann am Ende des Lebens ein zweites Mal zu sterben, noch bedarf der Auferstehungsleib der Materie des Leichnams, um entstehen zu können. Paulus widmet der Frage *Wie werden die Toten auferweckt, was für einen Leib werden sie haben?* eine lange Antwort in 1 Kor 15,35ff: Irdischer und auferweckter Leib gehören zwei ganz verschiedenen Ordnungen an. Der Blumensamen, den wir in unseren Balkonkasten säen, hat in seiner Gestalt eines Korns nichts gemein mit der Gestalt der Blume. Same und Blume gehören unterschiedlichen Welten an, die lediglich im Tod des Samens einander berühren. Ohne diesen Tod keine Blume. *So ist es auch mit der Auferstehung der Toten. Was gesät wird, ist verweslich, was auferweckt wird, unverweslich.*

Gesät wird ein irdischer Leib, auferweckt ein überirdischer Leib.

So steht es auch in der Schrift: Adam, der Erste Mensch, wurde ein irdisches Lebewesen. Der Letzte Adam wurde lebendig machender Geist.

Der Erste Mensch stammt von der Erde und ist Erde; der Zweite Mensch stammt vom Himmel.

Wie wir nach dem Bild des Irdischen gestaltet wurden, so werden wir auch nach dem Bild des Himmlischen gestaltet werden.

Damit will ich sagen, Brüder: Fleisch und Blut können das Reich Gottes nicht erben; das Vergängliche erbt nicht das Unvergängliche.

Die notwendige Voraussetzung für Auferstehung ist der Tod. Jedoch hat der überirdische, himmlische, unverwesliche Auferstehungs„leib" – er ist Geist – mit dem irdischen, verweslichen Leichnam nichts zu tun.

Die Aussageabsicht der Texte Mk 16,1–8 und seiner Parallelen bei Lukas und Matthäus kann also nicht die Mitteilung der historischen Tatsache des leeren Grabes sein, weil aus ihr für eine Auferstehung nichts folgt. Doch was ist sie dann? Ich meine, dass es um die Einführung der Idee „Auferstehung" geht, sowohl als Konzept für den Tod Jesu, der in seine Auferstehung hineinstirbt, als auch als Beschreibung der Disposition, in der Menschen, Frauen, eine solche göttliche Idee einfallen und in ihnen aufgehen kann.

Gehen wir dieser Vermutung nach, indem wir uns zunächst die Lektüre des ältesten Osterevangeliums zu Gemüte führen: *Als der Sabbat vorüber war, kauften Maria aus Magdala, Maria, die Mutter des Jakobus, und Salome wohlriechende Öle, um damit zum Grab zu gehen und Jesus zu salben. Am ersten Tag der Woche kamen sie in aller Frühe zum Grab, als eben die Sonne aufging. Sie sagten zueinander: Wer könnte uns den Stein vom Eingang des Grabes wegwälzen? Doch als sie hinblickten, sahen sie, dass der Stein schon weggewälzt war; er war sehr groß. Sie gingen in das Grab hinein und sahen auf der rechten Seite einen jungen Mann sitzen, der mit einem weißen*

Gewand bekleidet war; da erschraken sie sehr. Er aber sagte zu ihnen: Erschreckt nicht! Ihr sucht Jesus von Nazareth, den Gekreuzigten. Er ist auferstanden; er ist nicht hier. Seht, da ist die Stelle, wohin man ihn gelegt hat. Nun aber geht und sagt seinen Jüngern und dem Petrus: Er geht euch voraus nach Galiläa; dort werdet ihr ihn sehen, wie er es euch gesagt hat. Da verließen sie das Grab und flohen; denn Schrecken und Entsetzen hatte sie gepackt. Und sie sagten niemandem etwas davon; denn sie fürchteten sich (Mk 16,1–8).

Auf den ersten Blick scheint unser Text wie ein Tatsachenbericht daherzukommen. Doch können bereits seine ersten Zeilen Zweifel daran wecken, ob er das wirklich ist: Die Salbung eines bereits in Tücher eingewickelten und beigesetzten Toten, also das, was die drei Frauen beabsichtigen, kam bei den Juden ganz und gar nicht vor.[11] Ihre Absicht ist jedenfalls als Ausdruck ihrer großen Sehnsucht und Liebe zu werten, Jesus nochmals zu berühren, intensiv einzutauchen in ihre Beziehung zu ihm. Zwar waren sie bei seinem Sterben und seiner Beisetzung zugegen. Doch diese musste ganz schnell erfolgen wegen des herandrängenden Sabbats. Zeit zum Abschiednehmen hatte es nicht wirklich gegeben. Das wollen sie nun nachholen. Möglicherweise spielt auch das Motiv mit, ihre Beziehung zu Jesus auf dem bisherigen Stand zu konservieren; immerhin wollen sie „etwas zur Erhaltung des Leichnams tun"[12]. Wie dem auch sei: Den sie berühren werden, ist ein Toter, kalt und starr. Er ist nicht mehr „ihr" Jesus. Wie immer ihre Motive sein mögen, ihre Aktion wird zu einem wichtigen Schritt dahin, das Gewesene los- und sich verwandeln zu lassen.

Um ihren Plan ausführen zu können, treffen sie Vorsorge: Am Abend des Sabbats kaufen sie die wohlriechenden Öle, die sie brauchen. Merkwürdig ist jedoch, dass ihre Vorsorge sich nicht auch auf den Stein erstreckt, mit dem das Grab Jesu verschlossen ist. Mit der Öffnung des Grabes steht und fällt doch

---

11 Gnilka, EKK II/2, S. 340.
12 Ebd.

ihr ganzes Vorhaben! Wieso beziehen die Frauen ihn nicht in ihre Vorkehrungen ein?

Als mein Bruder in der Ferne gestorben war, wollte ich den Toten unbedingt vor seiner Beisetzung sehen und Abschied nehmen. Ein leichter Gang war das dennoch nicht. Neben der Liebe war da auch tiefer Schmerz. Der Verlust tat so weh! Die Aussicht war schlimm, nun alleine weitergehen zu müssen, ohne seine Begleitung und sein Verständnis. Ich fühlte mich einsam und leer. So in etwa wird auch den Frauen das Wiedersehen mit dem Leichnam Jesu nicht leichtfallen, und der Verschlussstein steht für ihren Widerstand dagegen und die Kraft, die seine Überwindung kostet: vielleicht mehr, als sie aufbringen können. Diesen Widerstand schieben die Frauen gerade nicht weg, er ist ihnen bewusst, sie sprechen davon und halten ihn aus. Sie gehen ihren Weg, doch gehen sie ihn mit der Frage, wer ihnen hilft, ins Grab hineinzukommen, d. h., sie gehen ihn im Bewusstsein ihres Widerstandes.

Doch dann, am Grab, ist alles anders als gedacht: Die Sonne geht gerade auf und ein frischer Tag bricht an. Der Verschlussstein und damit die Last, die auf ihnen lag, ist weg. In ihnen breitet sich eine gewisse Leichtigkeit aus, durch die sie sich öffnen. Das aufgegangene Grab wirkt nun geradezu wie eine Einladung, hineinzugehen. Drinnen erblicken sie als Erstes einen jungen Mann in weißem Gewand und erschrecken. „Hier ist Göttliches am Werk", will die Geschichte uns vermitteln: Alles atmet Neubeginn, Reinheit, Zukunft, ist faszinierend und gleichzeitig erschreckend, das typische Erleben, wenn Menschen dem Göttlichen begegnen:[13] Rudolf Otto hat in seinem Klassiker[14] das Heilige als „Fascinosum et Tremendum", als faszinierend und erschreckend beschrieben. Einladung, Anziehung und Erschrecken charakterisieren das Erleben der Frauen, und ihnen geht auf: Jesus *ist auferstanden; er ist nicht hier.* Das ist keine Fantasie, keine Einbildung, kein Ergebnis eines schlussfolgernden Denkens. „Auferstehung" wird ihnen mit-

---

13 Ex 20,18–20; Jes 6,5; Lk 1,12.29.
14 Rudolf Otto, Das Heilige.

geteilt in einem göttlichen Einfall, den sie empfangen können, weil sie offen sind. Die aufgehende Sonne, der Tag, der neu anbricht, der junge Mann im weißen Gewand – all das beschreibt das innere Milieu der Frauen, in dem sie fasziniert und ins Tiefste getroffen die Botschaft von der Auferstehung Jesu erhalten. Eine Erfahrung dieser Art ist Menschen nicht unbekannt. Zum Beispiel beschreibt Ignatius von Loyola sie in seinen Geistlichen Übungen als beste Möglichkeit einer „heilen und guten Wahl". Diese ist dann gegeben, „wenn Gott, unser Herr, den Willen so bewegt und an sich zieht, dass eine Ihm ergebene Seele, ohne zu zweifeln oder auch nur zweifeln zu können, dem folgt, was ihr gezeigt worden ist."[15] Der „Seele", die offen und empfänglich ist, widerfährt etwas. Sie wird „bewegt" und „gezogen", und zwar zu Gott, d. h. ist erfüllt von dem Glück, das sie ersehnt. Ihr wird etwas „gezeigt", und dem folgt sie. Sie hat verstanden. Sie zweifelt nicht daran, ja, sie **kann es gar nicht**. Sie ist pure Einsicht und Zustimmung. Etwas in der Art werden auch die markinischen Frauen erleben. Durch die Art und Weise, wie die Idee der Auferstehung sich ihnen vermittelt, ist ihnen unmittelbar klar: Jesus gehört zur Sphäre des Himmels, er lebt bei Gott, er ist in das Göttliche eingegangen.

Doch damit ist der innere Weg der Frauen noch nicht zu Ende. Die Idee der Auferstehung, die zunächst in Spannung steht zu ihrer Alltagswirklichkeit, trachtet danach, integriert und damit in der Welt fruchtbar zu werden. Als Erstes können sie nun sehen, dass das Grab leer ist, dass der Leichnam Jesu nicht dort ist, wo er sein sollte. Das ist mehr als irritierend: Wie kann der Leichnam des Menschen Jesus plötzlich weg sein? Natürlich, weil er auferstanden ist. Es passt alles zusammen. Doch diese Ungeheuerlichkeit der Auferstehung drängt die Frage auf: Wer war der Jesus, mit dem nun derart Unerhörtes geschieht, wirklich? Kann das Bild denn stimmen, das die Jüngerinnen und Jünger sich aus ihren Erlebnissen mit ihm gemacht hatten? Oder waren ihre Deutungen zu kurz ge-

---

15 GÜ 175.

griffen, Werk ihrer eingeschränkten Sicht? Sollte Gott, der Jesus am Ende aus dem Tod in seine Herrlichkeit auferweckt, schon in Jesu irdischem Leben in einer bisher unvorstellbaren Weise „da" gewesen sein? Ihrem bisherigen Verständnis von Jesus, vom Ende der Toten im Schattenreich der Scheol, von Gott, den keiner geschaut hat und den sie doch in Jesus hätten sehen können, wenn sie nicht so blind gewesen wären …, wird der Boden weggezogen. Sie hatten die Welt, wie sie sie zu sehen gewohnt waren, selbstverständlich für die Wirklichkeit gehalten und merken nun, dass sie ihre Welt ist, ein Bild der Wirklichkeit, das sie sich gemacht haben. Der mittelalterliche Kirchenlehrer Thomas von Aquin (1225–1274) sieht in diesem Aufwachen eine Erkenntnis unseres Erkennens: „Was auch immer wahrgenommen wird, es wird auf die Weise des Wahrnehmenden wahrgenommen."[16] In der Tat werden Sinneseindrücke vielfach be- und verarbeitet – physiologisch, unbewusst, bewusst –, bis sie Baustein der Welt eines Menschen werden. Was ihm zu fremd ist, dafür hat er gar keinen Sensus, was ihn nicht interessiert, fällt raus, was ihm zu bedrohlich erscheint, verdrängt er; in Beziehungen überträgt er alte Beziehungserfahrungen und verkennt dabei die Person, mit der er hier und jetzt zu tun hat. Die Lücken seiner Welt schließt er durch Assoziationen und Verallgemeinerungen.[17] Unpassendes versucht er an seine gewohnte Welt anzupassen – die sich dabei verändert in dem Maße, wie er sich durch das Unpassende stören lässt.

Dass also die Jüngerinnen und Jünger Jesus in ihrem Bild von ihm verkannt haben, stellt nun sie selbst in Frage. Kein Wunder also, dass die Frauen von *Schrecken und Entsetzen gepackt* vom Grab fliehen. Doch nehmen sie als Aufgabe mit, nach Galiläa zu gehen, wo sie neu auf ihre Erlebnisse mit Jesus zurückblicken können in der Hoffnung, dass sie ihn *dort sehen werden, wie er es gesagt hat*. Dies alles den Aposteln mit-

---

16 „Quidquid recipitur per modum recipientis recipitur." Summa theologica I q. 12 a. 4.
17 Siehe zum Thema der Konstruktion einer Eigenwelt auch das Kapitel „Idiopolis" in meinem Buch „Der spirituelle Weg".

zuteilen, fürchten sie sich. Durch die Infragestellung ihres Welt- und Selbstverständnisses drohen sie, wie in einen Abgrund zu stürzen. Sie können nicht sprechen. Doch in Galiläa sollen sie ein neues, bleibendes Lebensfundament erhalten. Galiläa, wo alles angefangen hat. Galiläa, wo viele Orte mit Erinnerungen an das Wirken Jesu verbunden sind. Dorthin zu gehen ist die Chance, ihre damaligen Begegnungen mit Jesus nun im Licht der Auferstehungsbotschaft neu zu verstehen, eine Aufgabe, die sich allen Zeitgenossen Jesu stellt: *Auch wenn wir früher Christus dem Fleische nach gekannt haben, jetzt kennen wir ihn nicht mehr so. Das Alte ist vergangen, siehe, Neues ist geworden* (2 Kor 5,16f). Die Perspektive ist wahrhaft ungeheuerlich. Sie ist das Ende der Welt, in der sie bisher so selbstverständlich gelebt haben, in der Gott und Mensch, Gerechter und Sünder, Tod und Leben fein auseinandersortiert waren. In der neuen Welt wohnt Gott, der geheimnisvolle Grund aller Wirklichkeit, allem inne und ist damit allem näher und innerlicher, als es je sich selbst sein kann. Allen Gegensätzen widerfährt Gerechtigkeit, sie werden gewürdigt und doch in Barmherzigkeit miteinander versöhnt. Das Leben lernt schon jetzt eine Erfüllung kennen, die bleibt und zunimmt.

Halten wir einen Moment inne, um ein **erstes Fazit** aus unserem markinischen Osterevangelium zu ziehen: Die Idee „Auferstehung" ist nichts, was der menschliche Verstand logisch erschließen oder sich in irgendeiner Weise ausdenken könnte. „Auferstehung" ist eine vollkommen neue Möglichkeit, die mitgeteilt und empfangen werden muss. Das **leere Grab Jesu** wird zu einem dreifachen Symbol: Als **Grab** bezeichnet es zum einen die Grenze, die die Wirklichkeit dem Leben setzt: dem leiblichen Leben und immer wieder auch dem Leben, wie wir es uns vorstellen und wünschen. Wir stoßen an diese Grenze am Ende in unserem Sterben und während unseres Lebens in Enttäuschungen und Verlusten aller Art, in der Konkretheit einer geschichtlichen Situation, in der wir uns vorfinden, ob sie uns gefällt oder nicht. Aber gerade im Hineingehen in die Grenzsituation, im Annehmen der mit ihr verbundenen Gefühle, wie die Frauen das tun, wird das **Grab Jesu**, zweitens, zum Ort des Aufgehens göttlichen Lebens und göttlicher Wirklichkeit und zum Symbol einer beginnenden Verwandlung: Diese lässt das bisherige Selbst- und Weltverständnis zusammenbrechen. Das le e r e Grab wird so, drittens, auch zur Chiffre für das Sterben der eigenen Welt- und Selbstkonstruktionen.

Werfen wir noch einen Blick darauf, wie Matthäus und Lukas, die beide das markinische Osterevangelium verarbeiten, mit ihrer Vorlage umgehen: Matthäus macht aus dem *jungen Mann im weißen Gewand* gleich einen *Engel*. Seine Frauen sind nicht nur voll Furcht, sondern auch *voll großer Freude*. Anders als die markinischen Frauen *eilen* [sie] *zu seinen Jüngern, um ihnen die Botschaft auszurichten*. Auf dem Weg kommt ihnen Jesus entgegen. *Sie gingen auf ihn zu, warfen sich vor ihm nieder und umfassten seine Füße* (Mt 28,9). Der Auferstandene selbst erscheint ihnen, sie machen eine Erfahrung, es bleibt nicht bei der bloßen Idee und Möglichkeit von Auferstehung. Doch scheint der Prozess des Durchsäuert-Werdens des bisherigen Lebens durch den Sauerteig der neuen Wirklichkeit unverzichtbar. Denn der Auferstandene bestätigt die Aufforderung des Engels und schickt seine Jünger und Jüngerinnen nach Galiläa.

Lukas nimmt größere Veränderungen vor: Nicht Galiläa. Die Jünger sollen in Jerusalem bleiben (Lk 24,49), wo der Auferstandene ihnen *durch viele Beweise zeigt, dass er lebt; vierzig Tage hindurch ist er ihnen erschienen und hat vom Reich Gottes gesprochen* (Apg 1,3). Auf diese Weise findet in Jerusalem der Prozess statt, zu dem Markus und Matthäus die Jünger nach Galiläa schicken: die Integration der Auferstehung ins eigene Welt- und Selbstverständnis. In der Auferstehungsbotschaft durch *zwei Männer in leuchtenden Gewändern* wiederholt Lukas die Leidensankündigung Jesu auf dem Weg nach Jerusalem: *Der Menschensohn muss in die Hände sündiger Menschen ausgeliefert und gekreuzigt werden und am dritten Tag auferstehen* (Lk 24,7).

Dieses Wort hatten die Jünger bisher ganz und gar nicht verstanden. Um dieses Wort dreht sich nun die Geschichte von den beiden Jüngern, die am Ostertag nach Emmaus unterwegs sind (Lk 24,13–35). Unerkannt begleitet der auferstandene Jesus den Weg der beiden, so wie der irdische Jesus – unerkannt letztlich auch er – seine Jünger nach Jerusalem begleitet hatte. Der Unterschied ist, dass für die Emmausjünger inzwischen Wirklichkeit und damit besprechbar geworden ist, was für die Zwölf auf dem Weg nach Jerusalem unter keinen Umständen geschehen durfte und worüber nicht gesprochen werden konnte: der Tod Jesu. Dieser Tod erscheint nun, nachdem er eingetreten ist und die Jünger ihre Passion durchleben, in der Gegenwart des Auferstandenen nicht mehr nur als Verhängnis, sondern als göttliche Notwendigkeit: *Musste nicht der Christus all das erleiden und so in seine Herrlichkeit gelangen?* (24,26). Obwohl dieser Satz den Emmausjüngern Hoffnung und Perspektive eröffnet, braucht es den Gang durch die ganze Schrift, durch Mose und alle Propheten, damit sein Inhalt sie erreicht. Den beiden brennt das Herz. Doch erst am Abend, beim Brechen des Brotes, als im Zeichen vollzogen wird, was Jesus am Kreuz in Liebe und Barmherzigkeit ausgelitten hat, *gingen ihnen die Augen auf und sie erkannten ihn* (24,31). Jetzt erst werden sie der Präsenz inne, die „da war" auf ihrem ganzen Weg. Sie hatte sie Worte für das Selbstverständliche, das sie so sehr bewegt hatte, finden und aussprechen lassen. Sie hatte sie einander begegnen und ihre Herzen brennen lassen.

Was bedeutet nun dieser Satz: *Musste nicht der Christus all das erleiden und so in seine Herrlichkeit gelangen?*

Er besagt, dass nicht Vermeiden und Abwehren, sondern Hineingehen in die Grenzsituation und sie durchleben der Weg zu Erfüllung und Vollendung ist. Über Grenzsituationen verfügt man nicht, man kann sie nicht herstellen, sie kommen auf einen zu. In sie hineinzugehen und sie zu durchleben heißt, Enttäuschung oder Verlust zu erleiden, da die Grenze ja darin besteht, dass die eigene Wunschvorstellung von einer Situation sich nicht erfüllt. Dass darin der Weg zur Erfüllung liegen soll, ist dem „gesunden Menschenverstand" völlig entgegengesetzt. Es durchkreuzt das Prinzip, das Gefällige zu erstreben und das

Missfällige zu vermeiden oder abzuwehren. Unabhängig von Gesellschaftsschicht, Bildungsgrad, moralischem oder sozialem Status erschallt vor dem Kreuz Jesu unisono die Überzeugung, dass ein „echter" Messias vom Kreuz heruntersteigen könne und würde, d. h. die Macht habe, das Missfällige abzuwehren und das Gefällige herzustellen: *Die Leute, die* [vor dem Kreuz Jesu] *vorbeikamen, verhöhnten ihn, schüttelten den Kopf und riefen: Ach, du willst den Tempel niederreißen und in drei Tagen wieder aufbauen? Rette dich selbst und steig herab vom Kreuz! Ebenso verhöhnten ihn auch die Hohepriester und die Schriftgelehrten und sagten untereinander: Andere hat er gerettet, sich selbst kann er nicht retten. Der Christus, der König von Israel! Er soll jetzt vom Kreuz herabsteigen, damit wir sehen und glauben. Auch die beiden Männer, die mit ihm zusammen gekreuzigt wurden, beschimpften ihn* (Mk 15,29–32 par). Wer irgendeine Machtressource hat – dem Messias, dem König von Israel, dem Christus, müssten sie in Hülle und Fülle zur Verfügung stehen –, der nutzt sie, um Ohnmacht, Leiden, Schmerz, Tod zu entgehen; der steigt herab vom Kreuz; der lässt nicht geschehen, was geschieht, wenn es unangenehm oder gar leidvoll wird; der wehrt sich mit allen Kräften dagegen.

Nicht aber so Jesus Christus, der in das Missfällige – seine Passion – hineingeht und so – und nur so – seine Herrlichkeit erlangt, die jedes Gefällige über-erfüllt.

Das heißt nun nicht, dass das Evangelium uns ganz generell zum Leiden auffordert. Es geht ihm nicht um eine süßliche Leidenssüchtigkeit; eine solche ist schräg! Es geht auch nicht um die Anpreisung von Opfern, die man suchen und bringen soll. Sondern, und darin besteht das **zweite Fazit** aus unserem Osterevangelium, es geht um die Entmachtung des Prinzips, das Gefällige zu erstreben und das Missfällige zu vermeiden oder abzuwehren. Die Jüngerinnen und Jünger Jesu waren vor Ostern selbstverständlich in diesem Prinzip gefangen. Auferstehung kann jedoch nur vernehmen und erfahren, wem die Fesseln dieses Prinzips gelockert worden sind. Insofern geht es dem Evangelium um die **Entkoppelung** einer gegebenen, irgendwie unangenehm anmutenden Situation von einem s p o n ‑ t a n e n , q u a s i a u t o m a t i s c h e n Verhalten, das darauf zielt, die von der Situation ausgelösten Empfindungen nicht spüren und erleben zu müssen. Durchbrochen werden soll die Automatik. An ihre Stelle sollen Bewusstheit und Freiheit treten. Die Bergpredigt (Mt 5) ist voll von Beispielen solcher Automatismen, die im nächsten Kapitel ausführlicher untersucht werden: Da ist ein Feind – und sofort wird er gehasst und bekämpft; da kränkt mich einer – und spontan schimpfe ich auf ihn; da ist meine Partnerschaft unbefriedigend – und schon will ich ihn oder sie loswerden. Bei alledem ist die Aufmerksamkeit dessen, der in der missfälligen Situation ist, draußen: beim andern, bei den zu ergreifenden Maßnahmen ... überall, nur nicht bei sich selbst und den eigenen Empfindungen. Die Entkoppelung besteht daher gerade darin, i n n e z u h a l t e n , d. h. sich nach i n ‑ n e n z u w e n d e n und seiner inneren Bewegungen, also seiner Gedanken, Gefühle, Impulse, Wünsche i n n e z u w e r d e n , die mit der unangenehm anmutenden Situation verbunden sind. In den Beispielen: die Wirkung der Feindschaft oder der Kränkung in seinen Gefühlen und Impulsen zu merken und dabei auszuhalten; den Ärger zu durchleben, statt ihn abzureagieren; sich die Frustration über die unbefriedigende Partnerschaft eingestehen, um zur Frage nach dem eigenen Beitrag gelangen zu können. Unsere Frauen aus den Osterevangelien sind ein Vorbild, was diese Entkoppelung angeht. Sie gehen in i h r e Passion hinein. Sie setzen sich dem Kreuzestod Jesu aus; sie sind bei seiner Beisetzung dabei; ja, sie gehen in sein Grab hinein und erleiden dort ungeschützt alles, was die Endgültigkeit ihres Verlustes in ihrem Inneren auslöst. Sieht Markus in diesem entkoppelten Verhalten, das in das Unangenehme des Lebens aus Liebe und Sehnsucht hineingeht, die entscheidende Disposition für das Entstehen des Osterglaubens? Jedenfalls scheint es so, denn er lässt sein Evangelium mit dem Hineingehen ins Grab enden. Dennoch bedeutet Entkoppelung nun nicht, für immer in seinen negativen Gefühlen festzusitzen und auf jedes Handeln zu verzichten. Im Spüren, Fühlen, Erleben, Wahrnehmen seiner inneren Bewegungen bewusst zu verweilen verwandelt den Menschen. Der zweite Schluss des Markusevangeliums (Mk 16,9–20) zeigt dies: Die Verwandlung der Hineingehenden befähigt sie zur Begegnung, in der sich die Erscheinung des Auferstandenen im Alltag realisiert und letztlich das Tun vollzieht, das der Auferstandene ihnen aufträgt: *Geht hinaus in die ganze Welt und verkündet das Evangelium der ganzen Schöpfung!* (Mk 16,15).

Und schließlich ist noch ein drittes Fazit aus dem markinischen Osterevangelium zu ziehen: In das Missfällige hineingehen wie die Frauen, indem sie beim Kreuz Jesu stehen, bei seiner Grablegung dabei sind und schließlich sogar in das Grab selbst eintreten, kann nur, wer sich genügend sicher fühlt. Bei den Frauen ist eine „Stimmung" da, die überzeugt ist, dass ihnen letztlich nichts passieren kann, was immer auch geschieht. Sie fühlen sich angenommen und bejaht. Sie reden sich das nicht ein oder reißen sich zusammen. Es geschieht mit ihnen. Unser Text drückt dies aus durch diese kleinen Fügungen: Der Stein, der Sorge bereitet hatte, ist weg; die ganze Szenerie atmet Neubeginn, Frische, Energie: Alles Dunkel ist vertrieben; im Grab werden sie geleitet von dem *jungen Mann* bzw. *Engel*, der sich ihnen verständnisvoll zuwendet. Durch all das teilt sich den Frauen ein Gefühl unbedingten Gehalten- und Angenommenseins mit, göttliche Liebe, die Basis des ganzen Prozesses. Damit stellt sich die Frage, wieweit die Sehnsucht nach der Erfüllung über alles hinaus letztlich Sehnsucht nach dieser unbedingten Liebe ist.

Exkurs: War das leere Grab tatsächlich leer?

Diese Frage konnte bisher offenbleiben, weil der Osterglaube sich nicht aus dem Faktum eines leeren Grabes ableiten lässt. In der Tat spielt das leere Grab weder in den Osterzeugnissen vor Paulus noch bei Paulus selbst eine Rolle. Röm 6,4 und 1 Kor 15,4 sind die beiden einzigen paulinischen Stellen, die überhaupt das Begraben-Sein Jesu erwähnen. Die Frage, ob das Grab am Ostermorgen leer war oder nicht, kommt in den neutestamentlichen Texten erst nach 70 n. Chr. auf. Für uns heute ist sie nicht eindeutig zu beantworten. Der Sachverhalt ist nicht mehr zu überprüfen. Aber die Argumente zu den möglichen Positionen sollen vorgestellt werden, so dass Leserin und Leser sich selbst ein Bild machen können.

Für die moderne Wissenschaft wird das Grab Jesu am Ostermorgen schwerlich leer gewesen sein. Aber auch die Wissenschaft kennt Irregularitäten. Ob das Licht als Welle oder als Teilchenstrom gedeutet wird, in jedem Fall gibt es Phänomene, die gegenüber der jeweiligen Deutung irregulär sind. Quanten, kleinen Materieteilchen, ist keine genaue Raum-Zeit-Stelle zuzuordnen. Der Urknall selbst ist eine Irregularität, nur seine Auswirkungen sind wissenschaftlicher Forschung zugänglich, nicht aber er selbst. Hinzu kommt, dass Wissenschaft nur allgemeine Aussagen machen kann: Der Einzelfall kann von der allgemeinen Gesetzmäßigkeit abweichen.

In seiner Pfingstpredigt (Apg 2,29–32) insinuiert Petrus die Leerheit des Grabes Jesu: David habe prophezeit, dass einer seiner Nachkommen, im Gegensatz zu ihm selbst, nicht der Unterwelt preisgegeben und *sein Leib die Verwesung nicht schauen werde* (Ps 16,10). Dieser Nachkomme sei Jesus, und sie, die Apostel, seien Zeugen dafür. Daraus folgt, dass Jesu Leib *die Verwesung nicht schaut*, sein Grab also leer ist, auch wenn das ausdrücklich nicht gesagt wird.

Wäre das Grab nicht leer gewesen, hätte es mit der Verkündigung der Auferstehung schwer werden können. Denn der Hebräer unterscheidet traditionell nicht zwischen Leib und Seele. Eine Auferstehung von den Toten ist für ihn mit der Belebung seines irdischen Leibes verbunden. Noch im nach 160 v. Chr. geschriebenen 2. Buch der Makkabäer (2 Makk 7) finden wir einen Niederschlag dieser Überzeugung. Ein Gefolterter hofft, zu ewigem Leben auferweckt zu werden, und zwar mit unversehrtem irdischem Leib. Wäre Gegnern der Auferstehungsverkündigung der Nachweis gelungen, dass der Leichnam Jesu im Grab liegt, hätte die Botschaft dann Glauben finden können? Von den daraus sich ergebenden Kontroversen findet sich jedoch in der Überlieferung keine Spur.

Andererseits hat natürlich auch in Israel hellenistisches Gedankengut Einzug gehalten, das Auferstehung ohne Wiederherstellung des irdischen Leibes denken konnte. So erhofft Ijob bereits im spätestens 200 v. Chr. vorliegenden gleichnamigen Buch (19,25–27) die Schau Gottes außerhalb eines irdischen Leibes: *Ohne meine Haut, die so zerfetzte, und ohne mein Fleisch werde ich Gott schauen.* Und im zwischen 80 und 30 v. Chr. erschienenen Buch der Weisheit wird von den *Seelen der Gerechten* gesprochen, die *in Gottes Hand sind und* [die] *keine Qual ... berühren [kann]. Sie sind in Frieden ... ihre Hoffnung ist voll Unsterblichkeit* (Weish 3,1–4). Diese Texte können ein Leben nach dem Tod ohne den irdischen Leib denken. Und auch Jesus geht unter Zustimmung eines pharisäischen Schriftgelehrten (Mk 12,28) davon aus, dass die von den Toten Auferstandenen wie Engel im Himmel sind (Mk 12,25) und nicht mehr benötigen, was einmal ihr irdischer Leib war. Darf man nach über 300 Jahren hellenistischer Beeinflussung annehmen, dass für die meisten Zeitgenossen Jesu die Frage des leeren Grabes nicht mehr relevant war? Schon gar nicht angesichts der Verkündigung einer Auferstehung, deren Ton ja nicht auf dem persönlichen Fortleben Jesu liegt, sondern darauf, dass dieser Jesus aus Nazareth der *Herr und Messias* (Apg 2,36) ist, [den ihr] *durch die Hand von Gesetzlosen ans Kreuz geschlagen und umgebracht* (Apg 2,23) habt, dass er der Sohn Gottes ist, der Kunde gebracht hat vom „Vater", der Gottheit, deren Namen kein Zeitgenosse Jesu wagte auszusprechen.

Das ist ungefähr der Stand der Diskussion. Die Frage ist nicht zu entscheiden, für mich selber und meinen Glauben ist sie nicht relevant, ein historisch leeres Grab wäre kein Gewinn. Doch hat die Botschaft vom „leeren Grab" eine Bedeutung immer gehabt: Sie lässt aufmerken und fordert zur Auseinandersetzung heraus.

4. Die Erkenntnis des göttlichen Glanzes auf dem Antlitz Jesu

Den Evangelien liegen unterschiedliche Darstellungskonzepte ihrer Botschaft zu Grunde. Für Johannes ist Jesus von der ersten Seite an das *fleischgewordene Wort, das im Anfang bei Gott war, das Gott ist, durch das alles geworden ist* (Joh 1,1.3.14). Dies lässt er seinen Lesern im Leben und Wirken Jesu aufleuchten, damit diese Jesus so sehen lernen wie Johannes. Über siebzig Mal lässt er Jesus sagen „Ich bin ..."[18]: *Ich bin das Brot des Lebens* (Joh 6,48). *Ich bin das Licht der Welt* (Joh 9,5). *Ich bin die Tür* (Joh 10,9). *Ich bin der gute Hirt* (Joh 10,11). *Ich bin die Auferstehung und das Leben* (Joh 11,25). *Ich bin der Weg und die Wahrheit und das Leben* (Joh 14,6) ... Jesus ist – so wie Gott ist, der sich Moses im brennenden Dornbusch mit diesem Namen vorstellt: *Ich bin* (Ex 3,14).

Die Synoptiker blicken eher fragend auf Jesus: Wer ist der, der sie in seinem Leben, seinem Tod und seiner Auferstehung immer wieder überrascht, ihrem Verstehen stets voraus ist? Damit die Zwölf den Auferstandenen überhaupt erfahren können, muss sich in ihnen eine Idee davon bilden und ein Interesse daran entwickeln können. „Man erblickt nur, was man schon weiß und versteht", hat Goethe erkannt.[19] Wovon man keine Ahnung hat, daraufhin kann es keine Erwartung geben, ob und wie es ist, kein Interesse. Ohne die Idee der Auferstehung kann diese nicht erfahren werden. Auch wenn das Erlebnis gegeben wäre, es ließe sich nicht aus dem Strom des Erlebens herausheben. Selbst wenn der Geist die verschiedenen Elemente gewahrte, er könnte sie nicht in einer Gestalt sehen und erkennen.

---

18 Bei Mk habe ich 4, bei Mt 12, bei Lk 6 solcher Selbstaussagen gezählt.
19 Goethe, J. W., Gespräche. Gesellschaft bei Goethe, 24. April 1819, in: Goethes Gespräche.

An dieser Stelle kommen die Frauen ins Spiel mit ihrem Zeugnis und der Botschaft des Engels. Sie haben Erschütterndes erlebt, sind voll Schrecken, Erregung und Freude. Was sie sagen und wie sie es sagen können, hat die Chance, den Aposteln die Idee der Auferstehung Jesu zu geben und ihr Interesse zu wecken, zumal sie anknüpfen können an die Verheißungen Jesu, er werde nach seinem Leiden auferstehen.

Bei Lukas lässt sich der Prozess der Rezeption der Botschaft der Frauen verfolgen: Die Apostel halten sie zunächst für Geschwätz. Doch immerhin lässt sich Petrus in Bewegung bringen: Er steht auf und geht zum Grab. Und im Report der Emmausjünger klingt das Ganze schon anders: *Einige Frauen aus unserem Kreis haben uns in große Aufregung versetzt. Sie waren in der Frühe beim Grab, fanden aber seinen Leichnam nicht. Als sie zurückkamen, erzählten sie, es seien ihnen Engel erschienen und hätten gesagt, er lebe. Einige von uns gingen dann zum Grab und fanden alles so, wie die Frauen gesagt hatten. Ihn selbst aber sahen sie nicht* (Lk 24,22–24). Das Interesse der Apostel ist geweckt. Sie kommen in Bewegung. Das wiederum ist die Disposition, die sie zu Adressaten von Begegnungen mit dem Auferstandenen macht, welche das Neue Testament „Erscheinungen" nennt.

Diese Erscheinungen sind bei Lukas und Matthäus unterschiedlich akzentuiert: Lukas betont die Initiative des Auferstandenen. Durch die Erscheinungen werden den Jüngern die Augen geöffnet für das Reich Gottes, über das er mit ihnen bis zu seiner Himmelfahrt spricht und ihnen in diesen 40 Tagen beweist, dass er lebt (Apg 1,3). Die Begegnung mit dem Auferstandenen braucht eine Nacharbeit, um das Erlebte zu verarbeiten und so des Pfingstereignisses fähig zu werden. Bei Matthäus trägt der Auferstandene den Aposteln durch die Frauen auf, nach Galiläa zu gehen, um am Ende dieses Weges ihm zu begegnen, sozusagen als ihr Erwachen zur Erkenntnis der Identität Jesu. Matthäus betont die Arbeit an der eigenen Disposition, um der Erscheinung des Auferstandenen fähig zu werden, mit der sein Evangelium dann auch endet.

Die matthäischen Apostel, die wir nun begleiten wollen, treten den Weg nach Galiläa in einer bestimmten inneren Verfassung an: Der Tod Jesu hat sie von den Scheuklappen ihrer Erwartung, Jesus sei der Messiaskönig, der sie zu Amt und Ehren bringt, schon schmerzlich befreit und sie mit ihrem Versagen gegenüber Jesus konfrontiert. Sie werden etwas demütiger sein und hinreichend verunsichert, so dass sie mit einer neuen Offenheit und neuem Interesse schauen können, wer Jesus wirklich gewesen ist: ob sie in seinem Leben und Wirken Hinweise entdecken können, die nahelegen, dass Jesus wirklich zu Gott gehört; ob sein Leben und Wirken von der bleibenden Erfüllung geprägt ist, die über alles hinausgeht, und diese vermittelt. Um das herauszufinden, genügt es nicht, Jesus von Nazareth an ihren eigenen Vorstellungen und Maßstäben von Gott zu messen. Das ist der Start, aber das Festhalten daran würde diese verabsolutieren und die Prüfenden zu Gott machen. Also werden sie sich neu mit Jesus und mit sich selbst auseinanderzusetzen haben, um sich für die Möglichkeit zu öffnen, den *göttlichen Glanz* (2 Kor 4,6) auf Jesu Leben und Wirken zu entdecken.

In Galiläa hatte alles angefangen mit Jesus; fast jeder Weg, jeder Ort lässt Erinnerungen aufsteigen an Begebenheiten mit ihm. Damals hatten sie ihn oft nicht verstanden; nicht im Traum hatten sie an seinen Tod gedacht, schon gar nicht an einen Tod am Kreuz. Was für ein Jesus wird ihnen und uns nach all den Erfahrungen von seinem Ende in Jerusalem und der Auferstehungsbotschaft der Frauen nun in Galiläa entgegentreten?

4.1 Eine neue Weisheit

Das Erste, worauf die Jünger treffen, ist Jesus als Prediger: Im Verkündigen sah er seine Aufgabe. Und dabei zog er viele Menschen an. Diese investierten oft weite Wege und viel Zeit, um ihn zu hören. Offenbar hatte er seinen Zeitgenossen etwas zu sagen, „eine neue Lehre mit Vollmacht" (Mk 1,27). Eine stattliche Zahl – 70 Männer und Frauen – begleitete ihn auf seinem Weg, zwölf davon hatte er in seine engste Nachfolge berufen. Glaubt man dem Lukasevangelium, gab es anfangs in Galiläa einen regelrechten „Hype" um Jesus. Kein Wunder, dass schnell auch die im Hohen Rat vertretene und damit einflussreiche Partei der Pharisäer auf ihn aufmerksam wurde. Sie entsandte eigens Gelehrte aus Jerusalem nach Galiläa, um ihn zu beobachten. Die Botschaft Jesu wurde also ernst genommen. Und in der Tat berührte sie das Innerste im Menschen, traf mitten in sein Herz. Wenn Jesus über das Reich Gottes sprach, hatten die Zuhörer das Gefühl, dass Gegenwart wurde, sich hier und jetzt ereignete, wovon er sprach, vor allem, wenn Kranke dabei gesund wurden. Die Menschen, die das miterlebten, staunten über die Vollmacht, in der er handelte und verkündete. Er wirkte wie einer, der „weiß". Faszinierend war auch, wie das ganze Leben, alles, was sich zutrug, für Jesus zum Bild oder Gleichnis des Reiches Gottes wurde. Alles war für ihn durchsichtig auf den Allerhöchsten hin, den er als „Vater" empfand. Und er vermochte das alles in einfachen Worten zu sagen, so dass seine Hörer ihn verstehen konnten, auch die kleinen Leute unter ihnen: *Er verkündete ihnen das Wort, so wie sie es aufnehmen konnten* (Mk 4,33). Er diente dem Wort, statt das Predigen für seine Selbstdarstellung zu missbrauchen.

Woher hatte er diese Weisheit? Diese Frage stellten sich insbesondere seine Mitbürger in Nazareth, unter denen er sein bisheriges Leben verbracht hatte. Sie kannten ihn und seine Familie, sie wussten, dass er nur die Dorfsynagoge besucht hatte und Zimmermann geworden war. Und dennoch gerieten sie, als sie ihn hörten, *außer sich vor Staunen und sagten: Woher hat er diese Weisheit und die Machttaten?* (Mt 13,54). Da hatte er in der Synagoge gesagt, dass sich heute in ihm erfülle, was er gerade aus Jesaja vorgelesen hatte: *Der Geist des Herrn ruht auf mir; denn er hat mich gesalbt. Er hat mich gesandt, damit ich den Armen eine frohe Botschaft bringe; damit ich den Gefangenen die Entlassung verkünde und den Blinden das Augenlicht; damit ich die Zerschlagenen in Freiheit setze und ein Gnadenjahr des Herrn ausrufe* (Lk 4,18f; Jes 61,1f).

Jesus hat das nicht nur gesagt, er hat es tatsächlich in Menschen bewirkt. Den Armen, Menschen in konkreten Notlagen, hat er einen Weg in die Seligkeit des Himmelreiches gewiesen (Mt 5,3–12). Besessene hat er von ihrer Obsession geheilt, dem in Gier und sozialem Ausschluss gefangenen Zachäus die Umkehr ermöglicht (Lk 19,2). Er hat Blinden das Augenlicht gegeben – sowohl dem körperlich blinden Bettler Bartimäus (Mk 10,46) als auch den im übertragenen Sinn Blinden, indem er ihnen durch seine Predigten ein neues Verständnis des Lebens eröffnete. Hatte er nicht die Gnade Gottes ausgerufen mit unglaublichen Worten: Der Vater im Himmel *lässt seine Sonne aufgehen über Bösen und Guten und er lässt regnen über Gerechte und Ungerechte* (Mt 5,45), und damit viele aufgerichtet, z. B. auch die Sünderin im Hause des Pharisäers Simon (Lk 7,36–50)? Wie kann Gott als Geber des Gesetzes und als Garant des Guten nun plötzlich auch die Bösen und Ungerechten lieben, die Sünder? Die Menschen könnten ihrerseits Kinder dieses Vaters werden, wenn wir uns wie dieser Vater verhalten: *Ich aber sage euch: Liebt eure Feinde und betet für die, die euch verfolgen, damit ihr Kinder eures Vaters im Himmel werdet* (Mt 5,44f).

Wie kann Jesus so reden, so klar und eindeutig und vollmächtig? Woher ist sein Wissen? Woher stammt dieses reine Licht einer Lehre, in der es keine Dunkelheit gibt, in der jeder Mensch, gleich, wie er ist, eingeborgen ist in der Liebe und Wertschätzung des Vaters im Himmel?

4.2 Eine neue Freiheit

Auf dem Weg zurück nach Galiläa wird die Jünger die Frage beschäftigt haben, wie Jesus in Jerusalem sich in den Tod geben konnte, einen Tod am Kreuz! Er hatte gewusst oder zumindest geahnt, dass sein Ende in Jerusalem gewaltsam sein würde. Dennoch war er nach Jerusalem hinaufgegangen. Er wusste, dass der Hohe Rat nach ihm fahnden ließ, er wusste, dass Judas ihn verraten würde. Er hätte sich noch in der Nacht, in der er verhaftet wurde, vom Ölberg aus in Sicherheit bringen, aus Jerusalem verschwinden können. Er hat es nicht getan. Er musste Verhaftung, Prozess und Tod in Kauf genommen haben und hat sich dann alledem entschlossen gestellt, als es auf ihn zukam. In seiner Todesangst hielt er aus: *Jetzt ist meine Seele erschüttert. Was soll ich sagen: Vater, rette mich aus dieser Stunde? Aber deshalb bin ich in diese Stunde gekommen* (Joh 12,27). Er hat sich von seiner Angst nicht binden lassen. Es gab weder äußeren noch inneren Zwang bei seiner Entscheidung. War seine Hingabe in den Tod äußerster Erweis seiner inneren Freiheit?

Zu dieser Frage der Freiheit Jesu werden den Jüngern viele Begebenheiten eingefallen sein, eine ereignete sich sogar auf dem Weg nach Jerusalem hinauf, den sie damals durch Samarien genommen hatten. Gewöhnlich vermieden Reisende nach Jerusalem dieses Gebiet und zogen über Jericho. Denn die Samariter ließen die Jerusalempilger ihre Abneigung gegen die „wahren Israeliten" dort spüren, die mit Dünkel auf sie als von der Torah abgefallenen Völkermischmasch herabschauten. Die Atmosphäre war vergiftet. Manchmal flogen auch Steine. Kein Wunder also, dass ein samaritanisches Dorf Jesus und seinen Jüngern die Aufnahme verweigert. Die Jünger, gefangen in Ressentiment, Ärger und Müdigkeit, wollen das Dorf mit Feuer vom Himmel (Lk 9,54) vernichten, das Spiel von Schuld und Vergeltung weiterspielen. Jesus nicht: Er geht einfach weiter ins nächste Dorf.

Auf den Spuren Jesu kann man nicht nach Galiläa kommen, ohne auch seinen Wohnort Kafarnaum zu besuchen. Dort musste man sich an den Abend eines Sabbats ganz zu Beginn seines öffentlichen Wirkens erinnern, an dem Jesus unzählige Menschen heilte (Mk 1,21ff). Die ganze kleine Stadt war vor Aufregung auf den Beinen und brachte ihre Kranken zu ihm. Am nächsten Morgen suchten ihn alle. Doch Jesus war schon in aller Frühe aufgestanden, um an einem einsamen Ort zu beten. Er hätte so viel Gutes tun können in Kafarnaum, er hätte eine Gemeinde aufbauen, sich dadurch eine Machtbasis schaffen, es zu Ansehen, Geld und einer gesicherten Existenz bringen können. Aber nein, Jesus zog weiter: *Lasst uns anderswohin gehen, in die benachbarten Dörfer, damit ich auch dort verkünde; denn dazu bin ich gekommen* (Mk 1,38). Er ließ sich weder durch die Erwartungen der Leute, die er nun brüskierte und denen er seine Hilfe versagte, noch durch die Vorstellungen der Jünger noch von Wünschen nach Sicherheit, Wohlleben, Anerkennung, Einfluss …, die er doch wie jeder Mensch kennen musste, von seiner Bestimmung abbringen. Offenbar „wusste" er, wer er war, und war identisch und im Kontakt mit sich selbst – was alles uns so oft abgeht. Das Gebet in der Einsamkeit hatte dieses Wissen in der gegebenen Situation für ihn spürbar gemacht und zum Fundament einer Entscheidung verdichtet, durch die er tun konnte, was seinem wahren Selbst entsprach. Wer sich selbst besitzt, hat die Freiheit, sich zu bestimmen. Wer nicht zu sich selbst befreit ist, wird halt irgendwie reagieren und dabei dem folgen, was aus seiner Gebundenheit, moduliert durch seine Überlegungen, resultiert.

Predigen war Jesu Bestimmung. *Er zog durch ganz Galiläa, verkündete in ihren Synagogen und trieb die Dämonen aus* (Mk 1,39). Er heilte viele – aber nur die, die auf irgendeine Weise seinen Weg kreuzten. Er suchte die Kranken nicht systematisch auf. Wenn ihn aber jemand um Hilfe bat, dann ließ er sich in seinen Plänen stören und machte auch Umwege. Seine Bestimmung schien ihm offenbar Freiheit zu gewähren; das Predigen, zu dem er gekommen war, ließ ihm Luft.

Einmal hatte er Mitleid mit einem Aussätzigen, einem Menschen, der wegen seiner Unreinheit zu einem Leben in Ausschluss und Armut gezwungen war. Jesus berührt ihn, der Mann wird gesund und erzählt überall, was mit ihm geschehen ist. Die Folge: Jesus konnte sich in keiner Stadt mehr zeigen; er hatte sich unrein gemacht und konnte sich angesteckt haben. *Er hielt sich nur noch an einsamen Orten auf. Dennoch kamen die Leute von überallher zu ihm* (Mk 1,45). Wenn Jesus seinen Verkündigungsdienst als seine Arbeit ansah, so ließ er sich weder von ihr beherrschen noch war er fixiert darauf. Er blieb frei auch ihr gegenüber, weil wohl seine Bestimmung tiefer und umfassender war als ihre Manifestation in der Arbeit.

Da Jesus sich ausschließlich *zu den verlorenen Schafen Israels* gesandt sah, brachte er es eines Tages fertig (Mk 7,25ff), eine syrophönizische Mutter abzuweisen, eine Nichtjüdin also, die ihn um die Heilung ihrer Tochter bat. Doch dann beeindruckt ihn der Glaube dieser Frau so sehr, dass er seine abweisende Haltung aufgibt. Ja, Jesus war keiner, der B bloß deswegen sagen musste, weil er schon A gesagt hatte. Er musste nichts durchziehen, um seine Stärke zu demonstrieren, und war nicht abhängig davon, ob andere ihm seine klare Haltung übelnehmen bzw. seinen Schwenk als Umfallen ansehen konnten. Seine geistige und psychische Beweglichkeit sorgte immer wieder für überraschende Wendungen, und doch blieb er dabei ganz und gar mit sich selbst und seiner Sendung identisch.

Frei war Jesus auch im Zusammenleben mit seinen Jüngern. So konnte er seine Rolle als Lehrer ganz wahrnehmen: Er erklärt den Jüngern geduldig immer wieder alles, was sie nicht verstanden hatten, rettet sie aus ihrer Angst (Mk 4,37), weiht sie in seine Sendung ein, indem er sie als seine Boten vorausschickt. Und er kann ihnen immer wieder kritisches Feedback geben wegen ihres Unverständnisses, ihres Kleinglaubens, ihres Streits um den Rang innerhalb der Gruppe, ihrer Missachtung der Kinder und ihrer Missgunst und Kontrolle gegenüber einem ihnen Fremden, der im Namen Jesu heilte (Mk 9,38–40). Aber er definiert sich nicht durch seine Rolle. Er nimmt sie wahr als Person: Die Jünger sind seine Freunde, denen er alles mitteilt, *was ich von meinem Vater gehört habe* (Joh 15,15), nicht Knechte, die ohne viel Verständnis Anweisungen ausführen. Der *Meister und Herr* wäscht die Füße der Schüler und lässt sie teilhaben an seiner Todesangst. Hier ist kein Meister, der die Fassade seiner Rolle aufrechterhalten muss, sondern eine Person, die so sehr in sich selbst ruht, so stark und frei ist, dass sie Nähe leben, Schwäche zeigen und sich selbst im Dienst erniedrigen kann.

Überhaupt sind in seinem Verhalten keine starren Muster zu entdecken. Grundsätzlich lebte er arm, abhängig von Geld und Gastfreundschaft anderer, und konnte doch an Essen und Trinken seine Freude haben (Mt 11,19). Er suchte die Einsamkeit und liebte Gesellschaft. Er konnte annehmen, wenn andere ihn würdigten, wie zum Beispiel die Frau in Betanien, die ihn in verschwenderischem Luxus mit kostbarem Nardenöl salbte (Mk 14,3; siehe Seite 35), aber er selbst strebte nicht nach Ruhm oder Ansehen oder Gunst von anderen. Wie ein Arzt zu den Kranken, wusste er sich zu den Armen und Sündern gesandt und muss doch nicht die Reichen und Mächtigen verachten oder bekämpfen. Er hatte Jünger auch unter ihnen, den Pharisäer Nikodemus z. B., *einen führenden Mann unter den Juden* (Joh 3,1) oder Joseph von Arimathäa, *ein vornehmes Mitglied des Hohen Rats* (Mk 15,43). Er konnte sich von Frauen mit Geld oder Naturalien unterstützen lassen (Mk 15,41), seinen Jüngern seine Sendung anvertrauen. Obwohl er hart arbeitete und manchmal keine Zeit zum Essen fand (Mk 6,31), konnte er das sich abzeichnende Scheitern seines Lebenswerks annehmen (Mt 11,20–26). Ein beachtenswerter Vorgang, wenn man bedenkt, wie sehr wir Menschen oft an Posten, Erfolgen, überhaupt an unserer Arbeit hängen können … Er lehnte die Tendenz zur Veräußerlichung bei den Pharisäern ab, ohne die Gemeinsamkeiten mit ihnen zu übersehen und ohne sie alle in einen Topf zu werfen (Mk 12,34).

Fähig zu unterscheiden, welches Wort oder welche Tat einer konkreten Situation und ihm selbst entsprachen, flexibel und innerlich frei, so war Jesus. Und dafür gibt es viele weitere Beispiele. Einige wenige seien genannt: Einem reichen Mann, der bleibende Erfüllung sucht, empfiehlt er, seinen Besitz an die Armen zu verschenken und ihm nachzufolgen. Nicht Reichenhass, Neid oder ideologische Verbohrtheit sind da am Werk. *Da sah ihn Jesus an, und weil er ihn liebte* (Mk 10,21), gibt er ihm diesen Rat. Jesus erkennt die konkrete Person und ihre Situation und versteht, dass sie lernen muss, dass wahre Erfüllung nur im Sein zu finden ist und der Weg dahin darin besteht, sich dem Leben auszusetzen und Entkoppelung zu üben. Aber dazu sind die Sicherheiten und Genüsse, die das Haben gibt, loszulassen.

Ein anderes Mal wurden Pharisäer und Anhänger des Herodes mit der Frage zu Jesus geschickt, ob man dem Kaiser Steuern zahlen dürfe. Die Frage war brisant, und man hatte ihn damit hereinlegen wollen: Mit einem Ja hätte er die römische Besatzung mit ihrer Gewalt, Unterdrückung und wirtschaftlichen Ausbeutung legitimiert und viele gegen sich aufgebracht. Ein Nein aber wäre Aufruhr gegen die Römer gewesen. Dieser Falle entgeht er mit einer Antwort, die man als ein politisches Bravourstück ansehen könnte: Er lässt sich eine Steuermünze zeigen, weist auf das Bild des Kaisers auf ihr und sagt: *Gebt dem Kaiser, was dem Kaiser gehört, und* – vielleicht hat Jesus hier eine kleine Pause gemacht, denn das Folgende ist das Entscheidende – *Gott, was Gott gehört!* (Mk 12,17). Wichtiger als Politik ist es, Gott zu dienen! Damit werden die Frager an ihren Grund, ihre Identität als Israeliten erinnert, die *der* HERR, *dein Gott, ... aus dem Land Ägypten geführt hat, aus dem Sklavenhaus*, so dass sie den Geboten dieses Gottes verpflichtet sind, z. B. dem dreifaltigen Liebesgebot, gegen das sie gerade mit ihrer Hinterhältigkeit gefehlt haben. Da die Reaktion der Frager jedoch ist, dass *sie sehr erstaunt waren über ihn*, also positiv ausfällt, wird seine Antwort ohne jede Selbstgefälligkeit gewesen sein, wie sie bei einem Bravourstück zu erwarten wäre. Sie war einfacher und authentischer Ausdruck seiner selbst, dem als Israelit in der Tat das Wichtigste war, in der Beziehung zu Gott zu leben, dessen Reich zwar nicht von dieser Welt, aber doch von fundamentaler Bedeutung für sie ist. Keine Angriffe, kein Toben, kein Verstummen von Seiten Jesu: Was für einen Stand in sich selbst muss er haben, welchen Mut, welche Lauterkeit und welch innere Freiheit muss er besitzen und wie unabhängig von den Spielen um Einfluss und Ansehen muss er sein, um so antworten zu können?

Ein ähnlicher Vorfall ereignete sich mit einem Gesetzeslehrer (Lk 10,25–37), der Jesus auf die Probe stellen will mit der Frage, was zu tun sei, um das ewige Leben zu erben. Jesus verweist auf das Gesetz, in dem die Antwort zu finden sei, und gibt die Frage an den Fachmann zurück. Der antwortet mit dem Gebot der Gottes- und Nächstenliebe. Da Jesus dem zustimmt, hat der Gesetzeslehrer das Bedürfnis, seine Frage zu rechtfertigen, und wirft das Problem auf, wer eigentlich der

Nächste ist. Jesus antwortet mit dem Beispiel des guten Samariters, nach dem mein Nächster jeder Mensch ist, der hier und jetzt meine Barmherzigkeit braucht. Damit muss dem auf die Probe stellenden Gesetzeslehrer klar werden, dass er an Jesus nicht zum Nächsten geworden ist und damit nach seiner eigenen Überzeugung das ewige Leben in dieser Situation verfehlt hat.

Lebte Jesus, im Grunde genommen, nicht selbst so wie der gute Samariter im Gleichnis vom unter die Räuber Gefallenen? Der *Samariter ..., der auf der Reise war, kam zu ihm; er sah ihn und hatte Mitleid* (Lk 10,33), versorgt ihn und organisiert die weitere Pflege auf seine Kosten. Er selbst geht seinen Verpflichtungen nach, doch schaut er bei nächster Gelegenheit wieder nach dem Verwundeten. Er findet einen kreativen Mittelweg zwischen der Bereitschaft, sich einerseits durch die Not, der er begegnet, berühren und stören zu lassen, und andererseits der Notwendigkeit, seinen Alltagspflichten nachzukommen. Dazu ist er bereit, sein Geld einzusetzen. Mit der gleichen Offenheit und Freiheit, dem gleichen Mitleid (Mt 9,36; 14,14; 15,32; 20,34) und der gleichen Flexibilität und Wendigkeit verfolgte Jesus seine Sendung.

In der Tat war Jesu innere Freiheit nicht Folge davon, dass er emotional nicht zu berühren und wenig beziehungsfähig gewesen wäre: Im Gegenteil, und das haben die bisherigen Beispiele auch schon gezeigt, er war ein sensibler Mann, zugewandt, der mit anderen mitfühlen konnte und vieles wahrnahm, was anderen verborgen blieb. Mitten im Gedränge merkt er, dass eine Frau ihn zu ihrer Heilung berührt (Mk 5,30). Er erspürt im Unterschied zu seinem Gastgeber, was die „Sünderin", die ihm die Füße wäscht, wirklich bewegt (Lk 7,36ff; siehe Seite 76). Die Trauer der Schwestern um ihren verstorbenen Bruder Lazarus erregt und erschüttert ihn im Innersten (Joh 11,33). Jesus war auch nicht naiv. Johannes sagt über ihn: *Er kannte sie alle und brauchte von keinem ein Zeugnis über den Menschen; denn er wusste, was im Menschen war* (Joh 2,24f). Er hat durchaus verstanden, wenn er aufs Glatteis geführt oder geprüft werden sollte oder Drohung in der Luft lag.

So war es z. B. in der Synagoge von Kafarnaum, wo er am Sabbat einen Kranken heilt, obwohl er wissen musste, dass er dabei unter kritischer Beobachtung der Pharisäer stand. Für sie war, was er tat, ein Verstoß gegen das Sabbatgebot. Das war kein Kavaliersdelikt; die Sabbatheiligung ist eines der Zehn Gebote, ihre Verpflichtung von höchstem Rang. War doch die ganze Schöpfung auf die Sabbatruhe ausgerichtet, die der Hochgelobte selbst bei seinem Schöpfungswerk einhielt! Sie machte den Bund Jahwes mit Israel sichtbar und war damit auch ein wichtiges Unterscheidungsmerkmal gegenüber den anderen Völkern. Der Bruch der Sabbatruhe konnte mit der Todesstrafe geahndet werden (Num 15,35). Daher hat diese Begebenheit besondere Bedeutung: *Als er* [Jesus] *wieder in die Synagoge ging, war dort ein Mann mit einer verdorrten Hand. Und sie* [die Pharisäer] *gaben Acht, ob Jesus ihn am Sabbat heilen werde; sie suchten nämlich einen Grund zur Anklage gegen ihn. Da sagte er zu dem Mann mit der verdorrten Hand: Steh auf und stell dich in die Mitte! Und zu den anderen sagte er: Was ist am Sabbat erlaubt – Gutes zu tun oder Böses, ein Leben zu retten* [das des Kranken durch ihn, Jesus] *oder es zu vernichten* [das Leben Jesu durch die Pharisäer]? *Sie aber schwiegen. Und er sah sie der Reihe nach an, voll Zorn und Trauer über ihr verstocktes Herz, und sagte zu dem Mann: Streck deine Hand aus! Er streckte sie aus und seine Hand wurde wiederhergestellt. Da gingen die Pharisäer hinaus und fassten zusammen mit den Anhängern des Herodes den Beschluss, Jesus umzubringen* (Mk 3,1–6).

Ist das nicht unglaublich? Er scheut nicht vor der Konfrontation mit den Pharisäern zurück und hat die Freiheit, sein Leben einzusetzen für das, wovon er erfüllt gewesen sein muss: der Liebe zu dem Kranken und der Überzeugung, dass Gott vor allem Güte und Barmherzigkeit ist. Der Sabbat ist eine Gabe dieser Güte. Wenn ein leidender Mensch am Sabbat jedoch nicht geheilt werden darf, obwohl das möglich ist, dann kann der Sabbat diese Güte hier und jetzt nicht mehr zur Erfahrung bringen. Deshalb durchbricht Jesus nun das Sabbatgebot. Wegen der Güte und Großzügigkeit Gottes ist das Wichtigste im

Gesetz *Recht, Barmherzigkeit und Treue* (Mt 23,23) und ist das erste Gebot das dreifaltige Liebesgebot (Mt 22,36–40). Letztlich ist das aber nicht durch die Einhaltung von Regeln und Vorschriften zu leben, wie die Szene gerade zeigt.

In einer konkreten geschichtlichen Situation mit einmaligen Personen und Umständen treten vielfältige Kräfte auf, die die Freiheit des Handelnden binden, so dass er zunächst nicht weiß, was Barmherzigkeit und Recht nun von ihm verlangen, oder, wenn er es weiß, dazu nicht fähig ist. Trotz seiner Sensibilität und emotionalen Berührbarkeit lässt Jesus sich aber nicht binden: nicht von Erwartungen, nicht von Ablehnung, nicht von Autoritäten wie den Schriftgelehrten oder den Sadduzäern, der Partei der mächtigen Leute Israels, oder dem Hohen Rat, vor dem er als Angeklagter steht. Er lässt sich nicht einschüchtern von der psychischen Energie Besessener, von der Heiligkeit des Tempelkults oder der Macht der vorherrschenden Gesetzesauslegung. Er trauert um das Scheitern seiner Mission: *Jerusalem, Jerusalem, du tötest die Propheten und steinigst die Boten, die zu dir gesandt sind. Wie oft wollte ich deine Kinder sammeln, so wie eine Henne ihre Küken unter ihre Flügel nimmt; aber ihr habt nicht gewollt* (Mt 23,37; siehe auch den Weheruf über die galiläischen Städte: Mt 11,20ff) – und führt sie dennoch in Treue fort. Er erlebt seine Todesangst, lässt sich durch sie nicht zur Flucht verleiten und entscheidet sich dafür, die Angst auszuhalten und dem nicht auszuweichen, was auf ihn zukommt. Jesu Handeln kommt aus seinem Inneren, das sich im Durchleben all dieser Bindekräfte klärt und durchsichtig wird auf seinen Grund. Diesen Grund nennt er „Vater". Der johanneische Jesus beschreibt den Prozess des Durchlebens als Hingabe, zu der er die Macht hat, und das Handeln, zu dem dieser Prozess ihn befreit und ermächtigt, als Auftrag des Vaters, in dem er sein Leben nimmt: *Deshalb liebt mich der Vater, weil ich mein Leben hingebe, um es wieder zu nehmen. Niemand entreißt es mir, sondern ich gebe es von mir aus hin. Ich habe Macht, es hinzugeben, und ich habe Macht, es wieder zu nehmen. Diesen Auftrag habe ich von meinem Vater empfangen* (Joh 10,17f). Was Jesus in seinem Grund begegnet, sind göttliche Liebe und göttliches Eins-Sein. Das spüren die Menschen. Weit mehr als uns ist dieser Grund ihm nah und steht ihm offen. Weit mehr als wir hat er die Macht, sein Leben im Durchleben der bindenden Mächte hinzugeben. Und er hat die Macht, aus seinem Grund heraus zu handeln, welcher Freiheit und Liebe ist.

4.3 Eine neue Liebe

Wer war Jesus wirklich? Diese Frage, die die Jünger nach Ostern wiederum bewegt und nach Galiläa geführt hat, beschäftigte auch die Zeitgenossen Jesu zu seinen Lebzeiten. Etliche hielten ihn für einen der großen alten Propheten, Elija oder Jeremia, die in ihm wiedergekommen sein sollten. Vielen war jedenfalls klar, dass Jesus in besonderer Weise mit dem Hochgelobten zu tun haben musste. Auch Johannes der Täufer hatte diese Frage: *Bist du der, der kommen soll, oder sollen wir auf einen anderen warten* (Mt 11,3)? Johannes hatte in Jesus den Messias gesehen, der kommen soll. Doch im Gefängnis bekam er Zweifel. Er hatte sich einen Messias vorgestellt, durch den das göttliche Zorngericht ergeht, der *die Schaufel in der Hand hält, um seine Tenne zu reinigen und den Weizen in seine Scheune zu sammeln;* [der] *die Spreu aber in nie erlöschendem Feuer verbrennen wird* (Lk 3,7–17). Nein, Agent eines göttlichen Zorngerichts war der Mann aus Nazareth wahrlich nicht. Was man sehen konnte, war etwas anderes, nämlich: *Blinde sehen wieder und Lahme gehen; Aussätzige werden rein und Taube hören; Tote stehen auf und Armen wird das Evangelium verkündet* (Mt 11,5). Jesus diente dem Aufblühen des Lebens. Obwohl Israel weiterhin unter Fremdherrschaft stöhnte und die Welt weder heil noch ein Schlaraffenland war, vermittelte sich durch Jesus eine Gegenwart, die erfüllt war von Sinn, vom Wunder einer mit Gerechtigkeit versöhnten Barmherzigkeit (z. B. im Falle des Zachäus; siehe unten S. 77f), von Respekt und damit von neuem, frischem Leben; eine Gegenwart, die Menschen in Berührung bringen konnte mit ihrem wahren Grund, dem geheimnisvollen Grund allen

Seins: Gott ist es, den die Zeugen von Jesu Wundern stets loben und preisen, weil sie gespürt haben, dass Gott es ist, der hier gewirkt hat. Insbesondere denjenigen wandte Jesus sich zu, die ihre schlechte Lage als Fluch infolge eines Bruches des Gottesbundes verstehen mussten, auf die die „gute" Gesellschaft von oben herabschaute: Sünder, Bettler, Tagelöhner, Besessene, Kranke, Migranten ... Jesus sah diese Menschen als bevorzugte Empfänger des Reiches Gottes an: *In jener Zeit sprach Jesus: Ich preise dich, Vater, Herr des Himmels und der Erde, weil du das vor den Weisen und Klugen verborgen und es den Unmündigen offenbart hast ...* (Mt 11,25). Was ist es, was den demütig Gewordenen offenbar wird und gerade in den Armen jene Freude entstehen lässt, die den Weisen und Klugen so oft fehlt? Ist es die Unmittelbarkeit zur Quelle des Lebens, die Erfahrung puren, unzerstörbaren Sein-Dürfens, die aus dem Grund durchlebten Mangels erwächst und nüchtern lässt? So wird es wohl sein. Die demütig Gewordenen können nämlich das Ethos von Königen aufnehmen, das Jesus verkündet. Im Empfangen der Selbstmitteilung des Vaters können sie kleinliches und egomanes Verhalten hinter sich lassen und sich Dialog und Versöhnung, Respekt und Mitleid, Wahrhaftigkeit und eigene Infragestellung, ja selbst Feindesliebe leisten (Mt 5,21–48). Sie erleben dabei, was sie sind: *Kinder eures Vaters im Himmel.* Der Jubel, den dieses einfache Sein-Dürfen auslöst, findet sein Echo bei Paulus: *Ist Gott für uns, wer ist dann gegen uns? Denn ich bin gewiss: Weder Tod noch Leben, weder Engel noch Mächte, weder Gegenwärtiges noch Zukünftiges noch Gewalten, weder Höhe oder Tiefe noch irgendeine andere Kreatur können uns scheiden von der Liebe Gottes, die in Christus Jesus ist, unserem Herrn* (Röm 8,31.38f).

Jesus begegnete den Menschen mit Respekt, ohne Scheuklappen der Vorurteile. Er, der wusste, wer er war, stellte sie, bildlich gesprochen, über sich: so, wie ein Diener zu seinem Herrn aufschaut – nicht wie ein Staatsanwalt, der auf einen Angeklagten herabblickt. Das galt auch für sein Verhalten gegenüber Frauen und Kindern. Die Kinder wurden vor allem unter dem Aspekt der Last und des Nutzens für die Familie beurteilt. Jesus aber hatte einen anderen Blick. Er sah in ihrem Vertrauen, in ihrer Hingabe an den gegenwärtigen Augenblick, in ihrer Offenheit ... Haltungen, die für das Reich Gottes entscheidend sind: *Wahrlich, ich sage euch: Wenn ihr nicht umkehrt und werdet wie die Kinder, so werdet ihr nicht ins Himmelreich kommen* (Mt 18,3).

Dieser andere Blick Jesu, von unten nach oben, offen und unvoreingenommen, voller Respekt und einer Annahme, die den anderen zu sich selbst befreit, ist das nicht eigentlich ein Blick der Liebe?

Daher waren auch Frauen für Jesus nicht Besitz, den der Mann bei Nichtgefallen leicht wieder loswerden konnte, sondern Personen, mit denen er Freundschaft pflegte – wie z. B. mit Maria und Marta (Lk 10,38ff; Joh 11,5) –, von denen er Unterstützung für seine Aufgabe annahm oder sie als seine Schülerinnen akzeptierte (Lk 8,2). So betrachtete Jesus (Lk 7,36–50) auch eine „Sünderin", die seine Füße küsste, salbte und mit ihren Haaren trocknete, als er bei einem Pharisäer namens Simon zu Gast war, mit anderen Augen als dieser: Simon empfand nur Abscheu auf Grund seiner Wahrnehmung der Szene und stellte sich sogleich über Jesus, weil der die „Sünderin" nicht zurückwies: *Wenn dieser wirklich ein Prophet wäre, müsste er wissen, was das für eine Frau ist, die ihn berührt.* Die unreine Frau und mit ihr den „Tölpel" Jesus, der sich von ihr unrein machen lässt, urteilt er ab. Der „reine" Simon hingegen kann sich überlegen und bestätigt fühlen.

Ganz anders Jesus: Er spürt, dass es Liebe ist, die die Frau zu ihrem Handeln bewegt, keine erotische oder sexuelle Liebe, sondern Liebe, die aus einer tiefen Versöhntheit kommt. Und er stellt sich unter den Pharisäer, indem er sich Mühe gibt, ihm die Augen dafür zu öffnen. Er versucht es mit einem Gleichnis: *Ein Geldverleiher hatte zwei Schuldner; der eine war ihm fünfhundert Denare schuldig, der andere fünfzig. Als sie ihre Schulden nicht bezahlen konnten, schenkte er sie beiden. Wer von ihnen wird ihn nun mehr lieben? Simon antwortete: Ich nehme an, der, dem er mehr geschenkt hat. Jesus sagte zu ihm: Du hast recht geurteilt* (7,41–43). Im Klartext: Simon, du meinst von oben herunter auf die anderen schauen zu können. Dabei fehlt dir das Wichtigste: die Erfahrung der Vergebung, die Erfahrung unbedingter Annahme, die diese Frau geschenkt bekommen hat. Und weil dir das fehlt, ist auch deine Gastfreundschaft lieblos: *Als ich in dein Haus kam, hast du mir kein Wasser für die Füße gegeben ... Du hast mir keinen Kuss gegeben ... Du hast mir nicht das Haupt mit Öl gesalbt* (Lk 7,44–46). Paulus hat über die Liebe geschrieben, dass sie sich nicht zum Zorn reizen lasse und das Böse nicht nachtrage. *Sie freut sich nicht über das Unrecht, sondern freut sich an der Wahrheit* (1 Kor 15,5f). Das erleben wir hier: Jesus trägt Simon weder die lieblose Gastfreundschaft nach noch seine Aburteilung. Er lässt sich nicht nur nicht zum Zorn reizen, sondern versucht Simon die Augen für das zu öffnen, was dieser (noch) nicht sehen kann.

Ähnlich verhält es sich mit Zachäus (Lk 19,1–9). Zachäus war ein Zollpächter. Das waren damals selbständige Unternehmer, die für Herodes und die Römer arbeiteten. Sie machten sich dabei nicht nur unrein, sondern auch unbeliebt, weil ihre Auftraggeber den Leuten zuwider waren und die Zöllner den festgesetzten Zoll nicht nur um das für sie Lebensnotwendige erhöhten, sondern ihre Stellung dazu missbrauchten, Geld zu machen. Als Oberzöllner in Jericho, wo Zachäus zu Hause war und sein Amt ausübte und wo sich wichtige Handelsstraßen kreuzten, war Zachäus auf diese Weise richtig reich geworden. Von Wuchs war er klein und musste auf einen Baum klettern, um Jesus, der durch die Stadt kam, sehen zu können. Ein lächerlicher und ärgerlicher Anblick, den dieser verhasste Neureiche seinen Mitbürgern bot. Und ausgerechnet bei ihm kehrt Jesus ein: nicht bei den Anständigen, nicht bei denen, die ihn mit Geld oder Lebensmitteln unterstützten. *Und alle, die das sahen, empörten sich und sagten: Er ist bei einem Sünder eingekehrt.* Auch hier nimmt Jesus anders wahr: Wieso hat Zachäus es nötig, auf einen Baum zu steigen und sich lächerlich zu machen, statt seine Nachbarn bitten zu können, ihn in der Menge nach vorne durchzulassen, so dass er wie alle anderen Jesus sehen kann? Da er klein war, hätte er ja niemandem die

Sicht versperrt. Jesus sieht die soziale Isolation des Zachäus, in die seine Gier ihn geführt hat. Zachäus muss sich seiner Lage so halb bewusst gewesen sein: In der Tat exponiert er auf dem Baum seine vage Hoffnung auf eine Veränderung und verbirgt gleichzeitig sein Unglück, seine Schuld, seine Scham in dessen Blättern. Jesus jedoch erkennt, wie es in Wahrheit um Zachäus bestellt ist. Indem er die Gastfreundschaft des Zachäus in Anspruch nimmt, durchbricht er seine Ausgrenzung. Er reicht dem Sünder die Hand und tritt eine Entwicklung los, auf die das Leben des Zachäus geradezu gewartet zu haben scheint: Zachäus vermag sich von seinem Besitz zu lösen, kann einen Teil den Armen geben und zu viel geforderten Zoll erstatten. Es genügt die Begegnung mit Jesus und seine barmherzige Gegenwart, damit in Zachäus sich etwas lösen und er sich und seine bisherige Ausrichtung loslassen und der Gerechtigkeit Genüge tun kann. Es muss die Gegenwart einer demütigen und annehmenden Liebe sein: *Die Liebe ist gütig, sie bläht sich nicht auf, trägt das Böse nicht nach,* wird Paulus den Korinthern die Liebe erklären.

Die Szene mit Zachäus erinnert an das Gleichnis vom „verlorenen Sohn" (Lk 15). Diesem geht der gute Vater weit entgegen, kaum dass dieser seinen Umkehrweg beginnt, hier kehrt Jesus bei einem Zachäus ein, noch bevor in diesem der Entschluss zur Umkehr Gestalt gewinnt. Der gute Vater bzw. Jesus bestätigen durch ihr Verhalten die Hoffnung, die der „verlorene Sohn" bzw. Zachäus als zartes Pflänzchen in sich tragen müssen, nämlich dass ihnen eine Hand ausgestreckt wird – voll hinaufschauenden Mitleids (Lk 19,5; 15,20) und ohne jede Verurteilung. Nur so kann Loslassen geschehen.

Wenn Jesus sich mit dem guten Vater aus Lukas 15 vergleichen lässt und dann tatsächlich die gültige Vermittlung Gottes ist, dann wäre Gott einer, der uns Menschen, insbesondere denen, die sich ihrer Not, ihrer Sünde, ihres Mangels ... bewusst sind, eine rettende Hand entgegenstreckt und nicht der Erste im Chor der uns verurteilenden Stimmen. Gott wäre auf unserer Seite und tatsächlich derjenige, *der seine Sonne aufgehen [lässt] über Bösen und Guten und der regnen [lässt] über Gerechte und Ungerechte* (Mt 5,45). Und umgekehrt: Ist das barmherzige Aufschauen Jesu zu denen, die ihr Herz anklagt, nicht tatsächlich *göttlicher Glanz auf dem Antlitz Christi* (2 Kor 4,6)?

Wenn Jesus, der gekommen ist, nicht *um das Gesetz und die Propheten aufzuheben, ... sondern um* [sie] *zu erfüllen* (Mt 5,17), sich über die Klassifizierung in rein und unrein, Sabbat und Alltag, Gerechter und Sünder hinwegsetzt, dann rührt das an die Grundpfeiler der sozialen und religiösen Ordnung der jüdischen Gesellschaft seiner Zeit. Das Gleichnis vom „verlorenen Sohn" illustriert, dass der Ort, an dem die Liebe Gottes erscheint – *Holt schnell das beste Gewand und zieht es ihm* [dem in sich gegangenen „verlorenen" Sohn] *an, steckt einen Ring an seine Hand und gebt ihm Sandalen an die Füße! Bringt das Mastkalb her und schlachtet es; wir wollen essen und fröhlich sein* (Lk 15,22f) –, der Mensch ist, dem, wie dem „verlorenen Sohn", die Scheuklappen seiner Illusionen über sich selbst abfallen und dem aufgeht, dass er dabei ist, sein Leben, sich selbst und wirkliche Beziehungen letztlich zu verfehlen. An dieser Sünde haben alle Menschen Anteil in unterschiedlichem Maß. Absurd und kontraindiziert sind daher alle Versuche, vor Gott als rein und gerecht dastehen zu wollen (Lk 18,1–14). Das hindert nicht daran, dass sie unternommen werden, wie es z. B. der ältere Bruder des „verlorenen Sohnes" versucht: *Siehe, so viele Jahre schon diene ich dir und nie habe ich dein Gebot übertreten* (Lk 15,29). Auch der *reiche Mann* (Mk 10,17ff) ist überzeugt, alle Gebote gehalten zu haben. Komisch nur, dass er so unerfüllt ist! Angesichts des Ungeheuren, dass gerade dem Menschen, der annimmt, Sünder zu sein, der Übergang ins wahre Leben, die Befreiung zum wahren Selbst, das Leben aus dem eigenen Grund geschenkt werden, sind solche Rechtfertigungsversuche, wie auch wir sie immer wieder unternehmen, Akte erbärmlicher und naiver Selbstgerechtigkeit, die blind sind für ihr eigenes Scheitern.

Wenn der in sich gehende und umkehrende „verlorene Sohn" das Modell ist für die beseligende Annahme durch Gott und wenn dies Jesu innerste Überzeugung ist, dann ist sein Wirken Aufruhr. Und er war sich dessen bewusst, ein Aufrührer zu sein: *Denkt nicht, ich sei gekommen, um Frieden auf die Erde zu bringen! Ich bin nicht gekommen, um Frieden zu bringen, sondern das Schwert. Denn ich bin gekommen, um den Sohn mit seinem Vater zu entzweien und die Tochter mit ihrer Mutter und die Schwiegertochter mit ihrer Schwiegermutter; und die Hausgenossen eines Menschen werden seine Feinde sein* (Mt 10,34–36). Sein Schwert ist nichts anderes als unbedingte Liebe, die zur Befreiung einlädt. Diese Liebe ist nur in der Annahme der eigenen Wahrheit möglich und deckt damit die Lüge und Selbsttäuschung auf, in der die Menschheit gefangen ist und die sie im Streben nach Konsum, Herrschaft und öffentlicher Anerkennung zu erhalten sucht. Die aus Jerusalem nach Galiläa gekommenen Apostel beginnen zu ahnen, dass Person und Werk Jesu weit hinausgehen über die Rolle eines politischen Messias, dass es Jesus um Liebe und Wahrheit und das Menschsein überhaupt geht, nicht um Herrschaft und Anerkennung.

Auch andere sahen sehr schnell, wie sehr Jesus die ganze überkommene Ordnung der Gesellschaft durcheinanderbrachte: Teile der Pharisäer (Mk 3: siehe S. 72) und Herodes[20] wollen ihn töten (Lk 13,31). Was tut Liebe, wenn sie abgelehnt wird? Sie bleibt sich treu. Sie flieht nicht, und sie greift nicht zur Gewalt. Sie begibt sich in die wachsende Spannung hinein und bleibt im Dialog, bis die letzte Chance zur Einsicht vertan ist. Dann lässt sie geschehen, was geschieht. Dieses Programm lässt Jesus Herodes ausrichten: *Siehe, ich treibe Dämonen aus und vollbringe Heilungen, heute und morgen, und am dritten Tag werde ich vollendet. Doch heute und morgen und am folgenden Tag muss ich weiterwandern; denn ein Prophet darf nicht außerhalb Jerusalems umkommen* (Lk 13,31–33).

Er geht also nach Jerusalem hinauf, lehrend, Dämonen austreibend, heilend – die Liebe lebend.

Und er rechnet damit, dort umzukommen.

---

20 Herodes sah sich durch Jesus an Johannes den Täufer erinnert und damit an sein schlechtes Gewissen, das er wegen der Frau seines Bruders und des Todes des Täufers hatte.

Nach seinem triumphalen Einzug in Jerusalem und seiner Tempelreinigung suchen auch die Hohenpriester und ihre Schriftgelehrten, die Führungsriege also, nach einer Möglichkeit, Jesus mit List – Aufsehen sollte vermieden werden – in ihre Gewalt zu bringen, um ihn zu töten (Mk 14,1f). Denn es ist *besser für euch …, wenn ein einziger Mensch für das Volk stirbt, als wenn das ganze Volk zugrunde geht* (Joh 11,50).

Jesus aber sieht dieses Ende als seine Vollendung: In der Tat ist es besser, wenn er aus Liebe für die Menschen und in Treue zu seiner Sendung stirbt, als dass die ganze Menschheit zugrunde geht.

In Jerusalem hat er selbst den Rahmen für das letzte Mahl mit seinen Jüngern organisiert. Offenbar war ihm das sehr wichtig. Und dies, obwohl der Weg nach Jerusalem und die Zeit dort zu einer wachsenden Spannung mit den Jüngern geführt hatten. Beim Mahl übernimmt Jesus die Rolle des Sklaven, der den Gästen die durch den Weg auf verschmutzten Straßen dreckig gewordenen Füße zu reinigen hat. Wie kann man auf Polstern liegend festlich speisen, wenn die Füße staubig und mit Unrat beschmiert sind? Alle werden das Problem bemerkt – und ignoriert haben: „Ich mach doch nicht den Diener für die anderen!" Jesus aber sieht im Fehlen des Sklaven die Chance, seinen Jüngern seine Liebe zu erweisen. Allen wäscht er die Füße, keinen lässt er aus, auch nicht Judas Iskariot, von dem er weiß, dass er ihn verrät. Da ist sie wieder, diese respektvolle Zuwendung zu anderen, die aus dem Sein kommt. Denn Jesus wird nicht klein, wenn er die anderen ehrt. Er weiß, wer er selbst ist – *der Meister und Herr* (Joh 13,13) –, der aus einem Grund lebt, der als Grund aller Wirklichkeit Liebe ist, und hofft, in ihm vollendet zu werden.

Die Gäste bei diesem letzten Abendmahl sind die Zwölf, deren Treue Jesus sehen und würdigen kann: *Ihr … habt in meinen Prüfungen bei mir ausgeharrt* (Lk 22,28), obwohl er weiß, dass sie auch voller Ignoranz, voller Zweifel, voller Vorbehalte sind. Solche treuen Untreuen sind nicht die Festgesellschaft, die ein Gastgeber sich wünscht, schon gar nicht beim feierlichen Bankett vor seinem Tod. Und dennoch geschieht hier etwas tief Berührendes: *Jesus, der Herr, nahm in der Nacht, in der er ausgeliefert wurde, Brot, sprach das Dankgebet, brach das Brot und sagte: Das ist mein Leib für euch. Tut dies zu meinem Gedächtnis! Ebenso nahm er nach dem Mahl den Kelch und sagte: Dieser Kelch ist der Neue Bund in meinem Blut. Tut dies, sooft ihr daraus trinkt, zu meinem Gedächtnis! Denn sooft ihr von diesem Brot esst und aus dem Kelch trinkt, verkündet ihr den Tod des Herrn, bis er kommt* (1 Kor 11,23–26).[21] Dem Verräter Judas und elf Wackelkandidaten, die ihn, sich selbst und die Situation verkennen, gibt er sich hin und liefert sich ihnen aus: „Mein Leib für euch."

Man muss hier einen Moment innehalten, um das Große, das sich hier ereignet, an sich herankommen zu lassen: Unsere Liebe pflegt sich an der Schönheit oder an den Tugenden, jedenfalls am Wertvollen des Geliebten zu entzünden. Beim letzten Abendmahl begegnet uns in Jesus wiederum eine andere Liebe: Sie braucht nicht die Liebenswürdigkeit der Adressaten, um sich zu entzünden. Denen Jesus sich hier hingibt sind sein Verräter und elf halbherzige Jünger, die ihn letztlich nicht verstehen. Und das weiß er. Seine Liebe ist völlig nüchtern und klarsichtig. Voller Wahrheit steigt sie aus dem Sein auf. Sie ist Verstehen und Annahme ohne Vorwürfe und Klagen, ohne Drohungen und Betteln. Sie ist Fürsorge, die den andern nicht nach den eigenen Erwartungen schmieden will. Sie respektiert seinen Willen und bleibt gerade so sich selbst treu.

Jesus versucht weiterhin, die Jünger vorzubereiten auf das, was kommt: So hatte er ihnen immer wieder sein Ende angekündigt. Nun sagt er Petrus dessen Verleugnung voraus. Allen Elfen prophezeit er, dass sie Anstoß an ihm nehmen (Mk 14,26–31), sich also von ihm distanzieren werden. Wieder macht er ihnen keine Szene, sondern gibt ihnen die Perspektive, dem Auferstandenen in Galiläa zu begegnen. Im Moment, in dem diese Begebenheit sich ereignet, haben die Zwölf wohl kaum verstanden, was Großes da gerade vor sich geht.

---

21 Dieser Text ist der älteste Einsetzungsbericht der Eucharistie, der uns überkommen ist.

Sie mussten erst selbst ihrer Enttäuschung und Kränkung Ausdruck verliehen haben, indem sie Jesus allein ließen an seinem Kreuz auf Golgota, um erkennen zu können, wie anders Jesus war, den sie ebenfalls enttäuscht und gekränkt haben mussten: Obwohl er sie erkannt hatte in ihrer ganzen Ambivalenz, Schwäche und Schuld, hatte er sie geliebt und dafür gesorgt, dass sie die Krise durchleben konnten, in die sein Tod sie stürzen würde. Wenn Paulus später (1 Kor 13,4–7) die Liebe als langmütig und gütig zeichnet: *Sie ... lässt sich nicht zum Zorn reizen, trägt das Böse nicht nach ... Sie erträgt alles, glaubt alles, hofft alles, hält allem stand,* so nimmt er Maß an Jesus, der diese Liebe gelebt hat. Die Jünger haben sie am eigenen Leib erfahren.

Und nun stirbt dieser Aufrührer der Liebe am Kreuz. Jesus wird die Schmerzen, die Scham, das Unvorstellbare dieser moralischen, sozialen, psychischen und physischen Vernichtung erlebt haben wie andere Gekreuzigte auch, bis hin zur Gottverlassenheit (Mk 14,24). Und wieder blickt er auf zu den anderen, wenn er Gott für „sie" um Vergebung bittet (Lk 23,34). Ob er selber in diesem Moment ihnen nicht vergeben kann? Dieses „sie" ist offen für alle, die mit seiner Ablehnung, seiner Verurteilung und seiner Kreuzigung zu tun haben; es reicht von den Verantwortungsträgern bis hin zu den kleinen Schergen, die nur deren Befehle ausführen, von den Jüngern bis zum Mob, der die Kreuzigung erzwungen hat. Stirbt da nicht wirklich ein Liebender, der seine Ablehnung bis zum Ende geschehen lässt? Wenn dem so ist, dann hat er „bis zur Vollendung" geliebt. „Vollendung" meint das Ende am Kreuz, das gleichzeitig die Vollendung der Liebe ist, höchste Liebe, die nicht mehr überboten werden kann. *Es gibt keine größere Liebe, als wenn einer sein Leben für seine Freunde hingibt* (Joh 15,13). Der Liebende stirbt, damit die Liebe bleibt, endgültig und vollendet, *alles in allem* ist (1 Kor 15,28).

Die Weisheit, Freiheit und Liebe, als die die Apostel das Leben und Wirken Jesu schließlich sahen, konnte nicht Inszenierung, nicht Produkt von Absicht und Willen sein. Jesus w a r diese Weisheit, Freiheit und Liebe vom Grund seiner Existenz her. Aber wie konnte er das sein? Der eigene Grund, den sie erahnen, vielleicht gelegentlich berühren konnten, vor allem in der Beziehung zu Jesus berührt haben, dieser eigene Grund musste Jesus in einer Weise offenstehen, dass er sich aus ihm vollziehen konnte. Sein Leben und Handeln war die Entfaltung dieses Grundes in die unterschiedlichsten Alltagssituationen, auch in seine Passion hinein. Da sein Leben freilassende Liebe war, ist dann auch der Grund, aus dem er lebte und der jedes Menschen und jeder Wirklichkeit Grund ist, Liebe, Freiheit und Weisheit: Jesus ist das Antlitz dieses uns Menschen unzugänglichen Geheimnisses und Grundes aller Wirklichkeit. Freilassende Liebe ist dann also Grund und Erfüllung aller Wirklichkeit.

Diese Einsichten der matthäischen Jünger sind Frucht ihrer Auseinandersetzung mit ihren Erfahrungen mit Jesus und mit sich selbst im Licht der Botschaft seiner Auferstehung. Nach 40 Tagen sind sie dabei auf einen Berg gelangt, auf dem ihnen der Auferstandene erscheint. Als sie *Jesus sahen, fielen sie vor ihm nieder, einige aber hatten Zweifel* (Mt 28,17). In dem, was sich ereignet, erkennen sie Jesus, und zwar als Herrn, da sie vor ihm niederfallen. Doch ist das ganze Geschehen so, dass es sie frei lässt: Es überflutet sie nicht, es beraubt sie nicht ihrer selbst; es ist möglich zu glauben, dass Jesus das Antlitz des Grundes aller Wirklichkeit ist, und daran zu zweifeln. So ist die Reise nicht zu Ende; sie setzt sich fort in der Sendung, die er ihnen gibt, die erfüllt ist von seiner Gegenwart: *Ich bin mit euch alle Tage bis zum Ende der Welt* (Mt 28,20). Die Jünger werden lernen, sie mehr und mehr zu gewahren und aus ihr zu leben.

5. Die Ostererscheinungen im Neuen Testament

So weit das Matthäusevangelium. Doch was erfahren wir von den Erscheinungen des Auferstandenen überhaupt aus dem Neuen Testament? Ziemlich wenig. Die Bekenntnistradition behauptet nur das „Dass" der Erscheinungen. In den Osterevangelien bekommen wir ein paar Ortsangaben – am Grab, unterwegs, im geschlossenen Raum, in Emmaus – und ein paar Daten – am Morgen des ersten Tages der Woche, am Abend –, aber es gibt keine Beschreibung, wie die Erscheinungen sich denn nun genau ereignen. Eine gewisse Ausnahme ist die Bekehrung des Paulus, die er selbst als Erscheinung Christi ansieht. Sie ist begleitet von himmlischem Licht, dem Sturz des Paulus, einer Stimme, die mit ihm spricht (Apg 9,1ff), und erfährt in Apg 26,12ff weitere Ausschmückungen. Aber weiter hilft uns das auch nicht.

Die Kargheit der Berichte von den Ostererscheinungen in den Evangelien zentriert die Aufmerksamkeit auf die Botschaften, die den Texten wesentlich sind und die sie vermitteln wollen. Das sind vor allem drei.

Erstens: Die Ostererscheinungen sind personale Begegnungen, die den Jüngern widerfahren. Das drücken die Evangelien mit der Leiblichkeit des Erscheinenden aus. Wie ein Mensch, sozusagen von außen, kommt er auf die Jüngerinnen und Jünger zu. Sie treten in Beziehung mit ihm, indem sie ihm antworten, mit ihm sprechen, ihn verehren, spüren Freude und Frieden oder wie ihr Herz brennt. Was in der Erscheinung geschieht, ist nicht nur Informationsaustausch auf der Sachebene, sondern berührt die Person des Adressaten als Ganzes. Wie bei jeder Begegnung bleiben die Beteiligten frei, wie sie verstehen, was sie erlebt haben. Die Initiative zur Begegnung liegt immer beim Auferstandenen und die Adressaten können ihn nicht festhalten. Als den Emmausjüngern die Augen aufgehen, ist der Auferstandene auch schon verschwunden.

Zweitens: In den Erscheinungen begegnet Göttliches. Das Neue Testament verwendet das schon mündlich überlieferte Wort „ophthe": „Er gibt sich zu sehen." Dasselbe Wort verwendet die Septuaginta zur Umschreibung von Gotteserscheinungen (vgl. Gen 12,7; 17,1; 26,2; 35,9; 48,3; Ex 3,2; 16,10). Wenn die ersten Christen dieses Wort verwenden, setzen sie die Erscheinungen des Auferstandenen offensichtlich in Parallele zu Gotteserfahrungen und wollen somit sowohl die Unverfügbarkeit der Erscheinungen als auch die Zugehörigkeit des Auferstandenen zum göttlichen Grund aller Wirklichkeit ausdrücken. Vertrautheit und Fremdheit des Auferstandenen sind gleichermaßen gesteigert und durchdringen sich gegenseitig. Auf der einen Seite trägt er die Wundmale des gekreuzigten Jesus von Nazareth. War dieser seinen Jüngern Vertraute ihnen immer auch fremd, der Auferstandene ist es noch weit mehr: Die Jünger erschrecken, wenn er erscheint, halten ihn für ein Gespenst, für den Gärtner, erkennen den nicht sogleich, der durch verschlossene Türen gehen kann. Diese gesteigerte Fremdheit liegt nicht daran, dass der Auferstandene entstellt wäre oder ihnen als ein fremder Mensch begegnen würde. Die gesteigerte Fremdheit drückt die Zugehörigkeit des Auferstandenen zu Gott, dem unsagbaren Geheimnis aller Wirklichkeit, aus. Der Erscheinende ist so, dass die Adressaten seines Erscheinens vor ihm niederfallen und ihn als Herrn und Gott anbeten. Diese Göttlichkeit des Auferstandenen ermöglicht nun umgekehrt eine Innigkeit der Beziehung, die über die Vertrautheit der Jünger mit dem irdischen Jesus hinausgeht. Ein Beispiel ist die Reaktion des Thomas, der die Wunden Christi berühren (!) darf. Sein Bekenntnis „Mein Herr und mein Gott!" drückt die Vertrautheit und Innigkeit aus, die Thomas gegenüber dem empfindet, der ihm innerlicher ist als sein Innerstes.[22] Jesus steht damit in der Sphäre Gottes, der in seiner völligen Andersartigkeit und Transzendenz nun umgekehrt ebenfalls nah und vertraut wird.

---

22 „Du aber warst noch innerer als mein Inneres und höher als mein Höchstes." Augustinus, Confessiones III,6.

Da in den Begegnungen mit dem Auferstandenen sich Gott mitteilt, kann es keine Beschreibung der Erscheinungen geben. Das Göttliche ist eben nicht in Worten zu begreifen. Der deutsche Mathematiker, Philosoph und Theologe Nikolaus von Kues (1401–1464) versteht Gott als einfache Einheit, in der alle Gegensätze eingefaltet sind, die wir in unserer Welt als entfaltet kennen. Eine Erfahrung dieses Göttlichen wäre dann wie ein Zusammenklang gegensätzlicher Elemente, z. B. von Glück und Schmerz, von Erhebung, die zugleich Bewusstsein der Unwürdigkeit ist, von Erfüllung aller Sehnsucht in Ernüchterung, von Freiheit in Hingabe, von Sterben seiner selbst, das Ankommen bei seinem wahren Selbst ist usw. Wie soll ein solcher Klang zu beschreiben sein?

Drittens: Die Begegnung mit dem Auferstandenen verwandelt. Bei Johannes ist sie Empfang des Heiligen Geistes: *Jesus hauchte sie an und sagte zu ihnen: Empfangt den Heiligen Geist!* (Joh 20,22).[23] Dieser Geist, der den Menschen verwandelt, ist ein Geist der Liebe, der Annahme und der Vergebung. Denn das erleben die Jünger in der Begegnung mit dem Auferstandenen, in der sich sein Geist ihnen mitteilt. Der Auferstandene trägt ihnen nichts nach. In den Texten[24] findet sich kein Vorwurf, keine Spitze, kein Schatten, keine Abwertung oder Düpierung, sondern nur Offenheit, Nähe, Annahme. In der Begegnung mit ihm begegnet ihnen unbedingte Liebe, die durch keine Verfassung des Menschen gehindert wird, voll Freude und Stolz zu diesem aufzuschauen: *Gott sah alles, was er gemacht hatte, und siehe: es war sehr gut* (Gen 1,31). Die Jünger fühlen sich angekommen im Grund der Wirklichkeit, in ihm gegründet, so wie der Auferstandene *zu meinem Vater und eurem Vater, zu meinem Gott und eurem Gott* (Joh 20,17) gehört.

---

23 Bei Lukas empfangen sie zunächst nur die Verheißung, die an Pfingsten sich erfüllt. Mk und Mt kennen den lebenslangen Aneignungsprozess der Auferstehung in Galiläa.
24 Nur im Nachtragsschluss bei Markus tadelt der Auferstandene ihren Unglauben und ihre Verstocktheit.

Der Heilige Geist ist sodann der *Geist der Wahrheit, der für immer bei euch bleiben soll* (Joh 14,16f). Er deckt die Wahrheit auf und stößt damit eine Verwandlung an. Für Maria Magdalena beispielsweise besteht die Wahrheit darin, dass ihr aufgeht, dass sie an anderen, Jesus etwa, klammert und durch dieses Klammern die Begegnung verhindert, die sie in Wirklichkeit ersehnt. *Halte mich nicht fest* (Joh 20,17) lautet daher die befreiende neue Ausrichtung, die ihr in der Begegnung mit dem Auferstandenen zuteilwird. Thomas darf seinem Wunsch folgen und die Wunden des Auferstandenen berühren und darin seinen Zwang zur Distanz überwinden: Das Johannesevangelium zeichnet Thomas als einen emotional wenig betroffenen Beobachter, der ein Stück weit abseits steht; es ist kein Zufall, dass er bei der ersten Begegnung des Auferstandenen mit seinen Jüngern fehlt (Joh 11,16; 14,5; 20,24). Die Christophanie vor Damaskus enthüllt dem Saulus, dem es alles bedeutet, vor Gott gerecht zu sein, dass er in Wahrheit der Verfolger des HERRN ist. Seine bisherige Identität bricht zusammen. Saulus stirbt, er wird zu Paulus, der versteht, dass Gott eine Liebe ist, die Vertrauen, Offenheit und Empfänglichkeit belebt und Furcht und Gewalt dahinschmelzen lässt: *Furcht gibt es in der Liebe nicht, sondern die vollkommene Liebe vertreibt die Furcht* (1 Joh 4,18).

Der Geist deckt also Wahrheit auf, die mit dem zu tun hat, was wir oben (S. 39ff) als „Sünde" erkannten. Er versetzt zugleich in die Lage, diese Wahrheit zuzulassen und anzunehmen. Die Integration der aufgedeckten Wahrheit ins Leben ist Annahme der unbedingten Liebe als Grund aller Wirklichkeit. Sie verwandelt das Selbstverständnis des Menschen allmählich radikal. Wir sehen das an Petrus und der dreimaligen Frage des Auferstandenen, ob Petrus ihn liebe. Ja, sagt dieser, *du weißt, dass ich dich liebe!* Beim dritten Mal fügt er hinzu: *Du weißt alles; du weißt, dass ich dich liebe* (Joh 21,15–17). Der impulsive Petrus hatte erfahren, dass er scheitert und versagt, wenn er sich auf sich selbst und seine eigene Liebesfähigkeit verlässt. Im Prozess seiner Umkehr nach dem Tod Jesu fängt er an, Distanz zu seinem bisherigen Selbst zu gewinnen und sich einer Liebe zu überlassen, die *alles weiß* und annimmt: seine Liebe und seinen guten Willen, aber auch seine Selbstüberschätzung, seine Hinfälligkeit und Sünde. So lebt und liebt in Petrus der Grund aller Wirklichkeit selbst. *Wenn jemand mich liebt, wird er mein Wort halten; mein Vater wird ihn lieben und wir werden zu ihm kommen und bei ihm Wohnung nehmen* (Joh 14,23). Und das Wohnen Gottes im Menschen ist die Quelle seiner Sendung.

Anzunehmen, dass Gott als Sünder annimmt, wem seine Sünde bewusst wurde, bedeutet eine Schwerpunktverlagerung für das Selbstverständnis des Menschen: Es rückt näher zum Pol „Sein" und entfernt sich vom entgegengesetzten Pol „Haben". Durch Haben ist kein innerer Friede zu gewinnen. Es kann ja von allem immer noch mehr gehabt werden. Wer sich selbst versteht durch das, was er hat, bei dem wohnen Mangel und Ungenügen, die das ruhelose Streben in Gang halten. Mit dem Pol des Seins sind *Freude* und *Frieden* (Lk 24,41.50; Joh 20,19.21) verbunden. Hier darf die Person im Wissen, dass sie genügt, sie selbst sein und braucht ihre Mängel nicht vor sich zu verbergen. Der Prozess der Integration befähigt sie daher zu Begegnung und Vergebung.

Ein weiterer Aspekt der Verwandlung ist die Öffnung des Menschen, die der Geist Gottes bewirkt, wie der Prophet Ezechiel verheißt: *Ich [GOTT] gebe euch ein neues Herz, und einen neuen Geist gebe ich in euer Inneres. Ich beseitige das Herz von Stein aus eurem Fleisch und gebe euch ein Herz von Fleisch* (Ez 36,26). Das Herz, das die Angst um sich selbst und krampfhaftes Streben verschlossen hatten, wird geöffnet, es wird weich und empfänglich. Das kann es sich leisten, weil es seinen Grund in sich selbst hat und nicht außerhalb seiner selbst in dem, was zu haben noch aussteht. Mit der Öffnung des Herzens einer geht die Öffnung der *Augen für das Verständnis der Schrift* (Lk 24,45). Diese enthält ein Potential an Sinn, das unser Verständnis nicht ausschöpfen kann. Das liegt nicht am fehlenden exegetischen Wissen, sondern daran, dass Gottes Wege und Gedanken *hoch erhaben sind ... über eure*

Wege und ... eure Gedanken (Jes 55,9). Geöffnet-Werden für das Verständnis der Schrift ist daher, dem Wesen Gottes gleichförmiger zu werden.

Das hat Auswirkungen auf die Weltsicht der Jünger und ihre Werte: Sie beginnen zu verstehen, dass sie *Fremde und Gäste auf Erden sind* (Hebr 11,13), die *nun nach einer besseren Heimat, nämlich der himmlischen, streben* (Hebr 11,16). Das bedeutet Abstand zu den irdischen Angelegenheiten. Dieser schützt vor blinder Verstricktheit und macht Verantwortung und Selbstbestimmung in Freiheit überhaupt erst möglich. So wird die Offenheit für Begegnung gewahrt, in der die Jünger an der Sendung Jesu teilhaben: *Wie mich der Vater gesandt hat, so sende ich euch* (Joh 20,21).

Und doch bleiben die Verwandelten auch die Alten. Paulus muss das Evangelium gelegentlich mit der Rigorosität eines Saulus verkünden. Petrus kann weiterhin erst übers Ziel hinausschießen, um dann zurückzurudern (Gal 2,12). Auch Unverständnis, Kleinglauben und Zweifel stellen sich wieder ein: Denn *als Glaubende gehen wir unseren Weg, nicht als Schauende* (2 Kor 5,7). Die Erscheinung des Auferstandenen hebt das Leben der Jünger auf eine neue Stufe, schafft eine neue Wirklichkeit, doch ist der Ostersonntag nicht das Ende der Entwicklung. In keinem Evangelium ist der Osterglaube mit einer einmaligen Erscheinung des Auferstandenen vollendet. Es ist der Alltag, durch den er immer mehr an Fleisch gewinnt.

5.1 Was an den Osterereignissen ist historisch?

Mit der Frage, wie der Osterglaube der Jünger entstanden ist, haben wir unser Augenmerk auf die Empfänger der Erscheinungen des Auferstandenen gerichtet, auf die Jünger und Jüngerinnen, die etwas in der Geschichte erfahren haben, das ihr Denken und ihre Persönlichkeit verwandelt hat. Offen geblieben ist bisher die Frage, welche der Begebenheiten der Auferstehung historisches Faktum sind. Dazu werden generell drei Hypothesen vertreten:

1. Das leere Grab und die Erscheinungen des Auferstandenen sind historisch; den Adressaten der Erscheinungen ist etwas Dingliches begegnet.
2. Historisch ist nur, dass die Jünger Visionen hatten. Die Erscheinungen des Auferstandenen sind Visionen ihrer Empfänger.
3. Historisch ist gar nichts. Auferstehung ist Betrug.

Für die erste Meinung spricht, dass die Apostel eine Auferstehung verkündeten, die bleibende Erhöhung des Gekreuzigten zu Gott war und damit in wesentlichen Punkten den gewohnten Auffassungen ihrer Mitwelt widersprach:

- Wenn es in Gottes eigenem Gesetz heißt, *wer am Pfahl hängt, ist verflucht* (Dtn 21,23), dann kann Gott nicht Jesus, einen solchen von ihm Verfluchten, als Herrn auferwecken. Er widerspricht sich damit selbst!
- Ein Messias, der durch seinen Untergang in Leiden und Tod die Welt rettet, widerspricht allen Messiasvorstellungen, die je in der Geschichte Israels aufgetaucht sind.
- Dass eine einzelne Person vor der allgemeinen Auferstehung am Jüngsten Tag auferweckt wird, ist aus der jüdischen Apokalyptik nicht abzuleiten (wenn auch in Mk 6,14 einige Leute Jesus für den von den Toten auferweckten Johannes den Täufer halten). Nach der Torah gibt es überhaupt keine Auferstehung.[25]
- Die Antike kennt Erscheinungen von Toten als flüchtige Abstecher aus der Totenwelt.[26] Dass ein solcher Toter über einen längeren Zeitraum vielen Menschen erscheint, ist ihr neu.

Auf uns Nachgeborene kommt der Osterglaube als Tradition in der Geschichte zu. Viele Menschen vor uns haben an die Auferstehung Jesu geglaubt, über sie nachgedacht, sie als ver-

---

[25] Die Sadduzäer, die Partei der Priester und der Oberschicht, die allein die Torah, nicht aber die Prophetenbücher anerkennen, halten an dieser traditionellen Sichtweise fest (Mt 22,23ff).

[26] Z. B. berichtet 1 Sam 28,7–12 eine Erscheinung des toten Propheten Samuel vor Saul.

nünftig angesehen und sie als Hilfe im Leben und im Tod erfahren. Ohne zu sehen (Joh 20,29), können wir sie annehmen. Aber die Erstzeugen selbst? Mussten sie Jesus nicht auch in seinem verwandelten, unverweslichen Auferstehungsleib mit ihren natürlichen Sinnen wahrnehmen können? Hätte nicht dies allein ihnen die Gewissheit geben können, die sie für eine überzeugende Verkündigung brauchten? Wäre eine allein innere Erfahrung des Auferstandenen, die anfällig ist für Selbsttäuschungen, für psychogene Phänomene, für phantastisches Halluzinieren, nicht ein zu unsicheres Fundament, das einen Glauben an die Auferstehung des Gekreuzigten weder erwecken noch tragen kann? Sollen all die Textstellen bei Matthäus, Lukas und Johannes, denen zufolge Jesus mit den Jüngerinnen und Jüngern spricht, mit ihnen isst, ihnen seine Wunden zeigt, sich berühren lässt, nur bildhaft verstanden werden dürfen? Natürlich ist Auferstehung keine Wiederbelebung des toten Körpers Jesu, sondern die Verwandlung seiner ganzen Person in ein neues, unvergängliches Leben solcher Art, dass die Jünger die Beziehung, die sie mit Jesus aus Nazareth hatten, fortführen konnten.

Viele Theologen, Exegeten und Historiker führen die Osterzeugnisse des Neuen Testaments aufgrund einer historisch-kritischen Analyse auf ein reales Geschehen am getöteten Jesus zurück.[27] Viele halten auch das leere Grab gerade wegen der Zeugenschaft von Frauen für ein historisches Faktum, schreiben der Zeugenliste (1 Kor 15,3–8) Beweiskraft zu und halten Aussagen zur Auferstehung Jesu in den Predigten der Apostelgeschichte für glaubwürdig.

Die Argumente für die Historizität von Ostern sind jedenfalls ein Grund, sich mit dem Leben des Jesus von Nazareth auseinanderzusetzen. Beweisen lässt sich die Historizität der Erscheinungen allerdings nicht: Hinter das Zeugnis der Apostel führt kein Weg zurück. Das ist vielleicht nicht nur als Nach-

---

27 Diese Position vertreten laut Gary Habermas etwa drei Viertel von etwa 1400 seit 1975 erschienenen Publikationen europäischer und nordamerikanischer Autoren zu diesem Thema. Aus URL [21.06.2019] https://de.wikipedia.org/wiki/Auferstehung_Jesu_Christi#cite_ref-50.

teil anzusehen. Denn so wird schon im Ansatz verhindert, die Erscheinungen des Auferstandenen auf den Raum des Außen, der Dinge und der historischen Ereignisse, und den Auferstehungsglauben damit auf ein Für-wahr-Halten reduzieren zu können. Der Glaube an die Auferstehung ist in seinem Kern ein personales Geschehen. In der Begegnung mit dem Auferstandenen, wie immer sie sich vermittelt, wird der Mensch geöffnet für die wahre Wirklichkeit, die größer ist als die Summe aller Dinge, Ereignisse und ihrer Erklärungen, größer und anders als die Welt, die er kennt: Er wird hineingenommen in die Welt des Geistes, in der die Dinge und Ereignisse sich in einem neuen Licht darstellen und einen neuen, ungeahnten Sinn bekommen.

Da sich die Historizität der Erscheinungen des Auferstandenen nicht beweisen lässt, siedeln andere heutige Exegeten diese auf der Ebene innerer Erfahrungen der Adressaten an. Mit den natürlichen Sinnen war demnach nichts zu sehen und niemand zu berühren. Nicht die Erscheinungen des Auferstandenen seien historisch, wohl aber die „Visionen" ihrer Adressaten. Dies erscheint ihnen als ausreichender Beleg dafür, dass Gott wirklich an Jesus aus Nazareth gehandelt und ihn auferweckt hat.

Vor allem seit der Aufklärung gewinnt die dritte Hypothese an Bedeutung, wonach Auferstehung Betrug ist. Nichts davon sei historisch oder glaubwürdig. Das leere Grab wird durch einen Betrug der Jünger oder den Scheintod Jesu erklärt. Die Erscheinungen werden für ganz und gar psychogen gehalten. Sie seien Verarbeitung des Todes Jesu, Vermeidung des eigenen Zusammenbruchs, Wunschdenken, Halluzinationen. Später hätten die Jünger ihre Visionsberichte mit mythischen und apologetischen Motiven ausgestaltet, um das innerlich Erlebte als äußere Realität darzustellen: etwa dass Jesus als göttliches Wesen durch verschlossene Türen kam und ging und mit den Jüngern aß und trank.[28] Die kritische Haltung gegenüber den

---

28 So David Friedrich Strauß, der diese These als Erster in seinem 1835/36 erschienenen Buch „Das Leben Jesu", S. 645–663 vertrat.

Visionen der Jünger setzt sich durch die gesamte Geschichte hindurch bis heute fort. Besonders populär wurde diese Sicht der Erscheinungen durch das Buch des evangelischen Theologen und Exegeten Gerd Lüdemann (*1946) „Die Auferstehung Jesu. Historie – Erfahrung – Theologie", das 1994 erschien. Paulus sieht er als ekstatisch begabten Hysteriker. Sein Konflikt mit dem Gesetz wurzele in einem „unbewussten Christuskomplex", der sich schließlich in einer Christusvision entlädt und Paulus zum – nicht minder hysterischen – Verkündiger des gekreuzigten und auferweckten Christus mache. Die Ersterscheinung vor Petrus erklärt Lüdemann ebenso psychologisch als Konfliktbewältigungsstrategie: Petrus verarbeite in seiner Vision – sei es bewusst oder unbewusst – seine unrühmliche Verleugnung des Meisters. Aufgrund des Ansehens von Petrus im Jüngerkreis habe diese Vision förmlich ansteckend gewirkt und eine Massenekstase und Kollektivhalluzination ausgelöst.[29]

Sollte aber jede einzelne Erscheinung des Auferstandenen nichts anderes als nur Vorspiegelung der Psyche des Adressaten gewesen sein? Im Einzelfall ist das nicht auszuschließen. Wie wir aber gesehen haben, sind viele und unterschiedliche Menschen zu Adressaten der Erscheinungen des Auferstandenen geworden. Diese finden über einen langen Zeitraum hin statt, über Monate – ja Jahre, wenn die Bekehrung des Paulus hinzugerechnet wird –, in Galiläa und Jerusalem. Fällt es da leichter zu glauben, dass sie samt und sonders als rein pathologisch zu verwerfen sind, als dass sich doch wenigstens einer Person die Welt im Licht Gottes erschlossen hat, in der der gekreuzigte Jesus das menschliche Angesicht des unverfügbaren Grundes aller Wirklichkeit ist, was Auferstehung ja bedeutet?

Nun ist ja durch Ostern und Pfingsten mit den Jüngern eine enorme Verwandlung geschehen. Die Apostel, bisher ebenso Zuhörer des Meisters wie das Volk, oft ebenso unverständig,

---

29 Vgl. Hans Gradl, Visionen – war alles nur Einbildung? in Sonderheft „Zur Debatte" der Kath. Akademie in Bayern zu den biblischen Tagen 14.–16.04.2014 „Auferstehungstexte im Neuen Testament".

kleingläubig und voller Zweifel, vor kurzem noch aus Angst vor Verurteilung und Gefängnis vor der Polizei geflohen, im Anstoß an Jesus sich von seinem Sterben fernhaltend, finden wieder zusammen, nehmen an Pfingsten plötzlich gegenüber den Leuten die Rolle des Meisters ein, treten mit Freimut und Liebe in der Öffentlichkeit auf und verkünden mit Autorität eine Botschaft, die Widerspruch erzeugen muss. Wäre diese Verwandlung der Apostel möglich gewesen ohne nüchterne Begegnung mit dem Boden der Wirklichkeit? Das ist mein Hauptargument dafür, dass sich in den Begegnungserfahrungen der Jünger mit dem Auferstandenen etwas Wirkliches ereignet.

Etwas Wirkliches, das befreiend ist. Das ein Verständnis der Welt und einen Weg nach vorne eröffnet, der auch für andere Menschen attraktiv ist. Wir finden bei den Jüngern kein ängstliches Kreisen um die Auferstehungserfahrung und Versuche ihrer Rechtfertigung. Es fehlt selbst in den Evangelien jegliche Ausgestaltung der Erscheinungen. Für die frühesten Zeugnisse ist Auferstehung eine gegebene Tatsache, die bezeugt und auf deren Grundlage gelebt und gehandelt wird. Es entstehen sehr schnell Gemeinden, deren Mitglieder *in Freude und Lauterkeit des Herzens miteinander Mahl hielten,* so dass täglich Menschen hinzukamen (Apg 2,44–47). Vielleicht ist die Beschreibung idealisierend, doch wird man hinter ihr nicht Unfreiheit, Kontrolle, Enge, Tabuisierungen als vorherrschende Realität annehmen dürfen. Es muss in der Gemeinde ein Geist geherrscht haben, der sie beliebt und attraktiv gemacht hat und z. B. wie die matthäische die Vertreibung nach Syrien hat überstehen lassen.

Dieser Geist der Freiheit zeigt sich auch darin, dass das Neue Testament neben dem „Ein-Herz-und-eine-Seele-Sein" sehr freimütig über Scheitern und Konflikte der Gläubigen berichtet. Da muss nichts für die positive Außendarstellung geschönt werden. Mit Konflikten offen umzugehen und sich ihnen zu stellen, statt, wie die Zwölf vor der Passion Jesu oder auch heutige Diktatoren, sie zu vertuschen, ist ein Zeichen von innerer Stärke und innerer Freiheit. Es ist in Liebe gelebter Freimut. „Freimut und Liebe" – das ist das Charakteristikum der jungen

Kirche nach Pfingsten: Das Wort „Freimut" taucht neunmal in der Apostelgeschichte auf.[30] Was die Bedeutung der Liebe für die Christen angeht, sei lediglich an das neue Gebot Jesu: *Liebt einander! Wie ich euch geliebt habe, so sollt auch ihr einander lieben* (Joh 13,34), und das Hohelied erinnert, das Paulus in 1 Kor 13 von ihr singt: *Wenn ich in den Sprachen der Menschen und Engel redete, hätte aber die Liebe nicht, wäre ich dröhnendes Erz oder eine lärmende Pauke. Und wenn ich prophetisch reden könnte und alle Geheimnisse wüsste und alle Erkenntnis hätte; wenn ich alle Glaubenskraft besäße und Berge damit versetzen könnte, hätte aber die Liebe nicht, wäre ich nichts. Und wenn ich meine ganze Habe verschenkte und wenn ich meinen Leib opferte, um mich zu rühmen, hätte aber die Liebe nicht, nützte es mir nichts. Die Liebe ist langmütig, die Liebe ist gütig ...*

Derselbe Paulus kann von sich sagen, dass er allen alles geworden sei (1 Kor 9,22). Er kann so flexibel auf die Menschen eingehen, wie er sich auf seinen Reisen auch gegenüber den jeweiligen Umständen erweist. Flexibilität, die Fähigkeit, ein Ziel auf verschiedenen Wegen erreichen zu können, ist ein signifikantes Zeichen psychischer Gesundheit. Auch Petrus, ebenso wie Paulus der halluzinierten Auferstehungserfahrung verdächtig, zeichnet sich durch Offenheit aus. Er, der gesetzestreue Jude, der noch nie etwas Unheiliges und Unreines gegessen hat (Apg 10,14), versteht, *dass Gott nicht auf die Person sieht, sondern dass ihm in jedem Volk willkommen ist, wer ihn fürchtet und tut, was recht ist* (Apg 10,34f), und öffnet die Mission für die Heiden. Auch das Apostelkonzil (Apg 15,1–21) erweist sich als flexibel, als es den zum Glauben gekommenen Heiden nicht das Halten der Tora mit all ihren Reinheitsvorschriften, der Verpflichtung, koscher zu essen, der Beschneidung usw. auferlegt. Schwer zu glauben, dass bei so viel innerer Freiheit und Stärke die Erscheinungen des Auferstandenen ausschließlich Ventile psychischer Konfliktspannungen gewesen sein sollen.

---

30 Apg 2,29; 4,13.31; 9,27f; 13,46; 14,3; 19,8; 26,26.

Dennoch: Zweifel an der Auferstehung Jesu begleiten den Glauben von Anfang an. Paulus stellt sich ihnen in seinem ersten Brief an die Korinther (15,14–19): *Ist ... Christus nicht auferweckt worden, dann ist unsere Verkündigung leer ...* An Jesu Person, Leben und Wirken ist nicht mehr abzulesen, wer Gott ist; *... leer auch euer Glaube.* Jesus wäre dann ein beispielhafter Mensch mit einer ansprechenden Ethik und hohen Idealen gewesen, denen seine Anhänger hätten nacheifern können; jedoch macht dabei ein Glaube im Sinne von Sich-Anvertrauen keinen Sinn. *Dann ist euer Glaube nutzlos und ihr seid immer noch in euren Sünden;* die Wende nach innen, hin zur eigenen Person und zu ihren inneren Bewegungen gelingt nur im Vertrauen, angenommen zu sein, was an Mängeln, Fehlern, Defiziten, Fehlhaltungen und Verfehlungen auch immer dabei ins Bewusstsein gelangt. Sonst ist die Reise zum wahren Selbst, zu einem Leben aus dem eigenen Grund schlechterdings nicht möglich. Die Fähigkeit zu Begegnung und Annahme des anderen, die Geborgenheit im Sein, das Leben im Milieu einer personalen Präsenz, das sich dabei entwickelt, wäre nur ein Irrtum, den der Tod beendet: *und auch die in Christus Entschlafenen sind dann verloren. Wenn wir allein für dieses Leben unsere Hoffnung auf Christus gesetzt haben, sind wir erbärmlicher daran als alle anderen Menschen.* Auferstehung Jesu ist also wie eine Chiffre für Personwerdung, Begegnung und Beziehung, Teilhabe am Sein in der Perspektive einer endgültigen Vollendung.

5.2 Eine Deutung der Ostererscheinungen

Nach den neutestamentlichen Texten sind Adressaten der Ostererscheinungen ausschließlich Jüngerinnen und Jünger, Menschen also, denen Jesus etwas bedeutete und die ihm nachfolgten. Eine Ausnahme ist Paulus, der seine Christuserfahrung 1 Kor 15,3–8 ebenfalls als Erscheinung des Auferstandenen versteht.

Es wäre wohl einfacher gewesen, der Botschaft von der Auferstehung Jesu zu glauben, wenn es unvoreingenommene Beobachter gewesen wären, die die Erscheinung des Auferstandenen bezeugt hätten, Leute also, die Jesus zwar flüchtig kannten, aber nicht weiter mit ihm zu tun hatten. Nur: Was hätten diese Zeugen verstehen können? Für die einen wäre die Auferstehung eine Art Erscheinung eines Toten gewesen, eines Schattens aus der Scheol, eine Erfahrung, die die Antike kannte. Andere, denen der Auferstandene leibhaft „auf der Straße" begegnet wäre, etwas entstellt durch seine Kreuzigung, so dass sie Zeit brauchten, um ihn zu erkennen, hätten denken müssen, dass der Gekreuzigte doch nicht wirklich tot war, in den Lauf der Geschichte zurückgekehrt ist, um zu sterben wie jeder andere Mensch. Wieder andere, die erlebt hätten, wie der Auferstandene durch verschlossene Türen geht, müssten ihn für ein Gespenst halten, und solche, die dieses Gespenst dann essen sähen, wären fassungslos und wüssten im Geflecht der Widersprüche keine Erklärung mehr. Keine dieser möglichen Deutungen trifft das, was das Neue Testament als Auferstehung Jesu nahebringen will: dass Jesus das menschliche Antlitz des Geheimnisses aller Wirklichkeit ist.

Demnach ist es womöglich nicht als Zufall oder göttliches Missgeschick zu werten, dass der Auferstandene „nur" den „Seinen" erscheint. Seine Auferstehung können ja nur Menschen bezeugen, die die „Fähigkeit" haben, seine Erscheinung auch zu „sehen". Dafür reichen aber nicht die natürlichen Augen des Leibes aus, wie wir gerade überlegt haben. Es braucht Menschen, denen die Augen aufgegangen sind, mit denen etwas sie Verwandelndes geschehen ist. Dies trifft auf diejenigen zu, die Jesus nachgefolgt sind: Menschen also, die sich auf einen Weg gemacht haben wie auch die Magier oder Saulus, auf dem sie nach einer Erfüllung suchen, die über alles hinausgeht. Dieser Weg führt sie weg aus bisherigen Sicherheiten: Sie verlassen Familie, Haus und Hof. Er führt sie in Spannungen und Ambivalenzen und in die Auseinandersetzung mit sich selbst. Dies geschieht vor allem in Krisen wie in Jerusalem. Jesu Passion und Tod am Kreuz stellt eine endgültige Grenze für die Jünger dar und stürzt sie ihrerseits in die Passion. Es sind vor allem die Frauen, die zu Erstzeuginnen der Auferstehungsbotschaft und zu Erstadressatinnen der Erscheinungen des Auferstandenen werden, an deren Verhalten sich ablesen lässt, was zu einer Erfahrung des Auferstandenen disponiert: Sie halten aus unter dem Kreuz Jesu, sind bei seiner Grablegung dabei und tragen ihre Vorstellungen und Hoffnungen buchstäblich in Jesu Grab zu Grabe. Wie Jesus sein Kreuz aufnimmt, so nehmen die Frauen ihr Kreuz auf. Wie Jesus selbst stellen sie sich ihrer leidvollen Wirklichkeit und durchbrechen dabei die automatische Koppelung von Missfälligem mit seiner Vermeidung und von Gefälligem mit seinem Erstreben. Wie Jesus am Kreuz *für uns zur Sünde gemacht wird* (2 Kor 5,21), so werden sich die Frauen in ihrem Trauerprozess ihrer Wahrheit bewusst, der je ureigenen Ausprägung der blinden und unfreien selbstbezogenen Eigenwelt, die die Schrift Sünde nennt. Jetzt, wo ihre Vorstellungen und Erwartungen gescheitert sind, werden ihnen all die ichbezogenen, menschlichen und allzu menschlichen Motive bewusst, die sie im Untergrund bewegten, als sie Jesus nachfolgten, um die Erfüllung zu finden, die über alles hinausgeht. Die Augen ihres Geistes gehen ihnen auf und sie erkennen, dass ihr bisheriges Selbst „falsch" ausgerichtet ist. So wie Jesus sein Leben an seinem Kreuz loslassen kann und stirbt, können die Frauen ihr falsches Selbst loslassen und ihre bisherige Identität sterben lassen, als *es vollbracht ist* und sie ihre Passion bis auf den Grund durchlebt haben. So kommen sie auf dem Grund ihrer Existenz an, der der Grund aller Wirklichkeit ist, und begegnen dort ihrem wahren Selbst, der Person, auf die hin sie entworfen sind, bei der sie ganz sie selbst sind. In dieser Begegnung mit ihrem wahren Selbst erleben sie wieder, was sie bei so vielen Gelegenheiten im Zusammensein mit Jesus aus Nazareth erlebt hatten: dieselbe Beziehungserfahrung, die Präsenz derselben Liebe, dieselbe Art freilassender Zuwendung, derselbe Geschmack der Nähe, dieselbe Sphäre ewigen Lebens, dieselben Sehnsüchte, die in ihnen angerührt und erfüllt werden. Hatten nicht die Frauen die Idee mitgebracht, dass Jesus auferstanden sei? Was sie gerade erleben, ist der Auferstandene. Ihr wahres Selbst, dem sie im Grund der Wirklichkeit begegnen, ist der auferstandene Jesus.

Was bedeutet diese Sicht der Ostererscheinungen?

- Sie parallelisiert die Auferstehungserfahrung der Jünger mit Glaubens- und Gebetserfahrungen heutiger Menschen. Ich kann mir nicht vorstellen, dass jene ganz und gar anderer Art gewesen sein sollten. Auch heute können Menschen den Auferstandenen, Christus, erfahren.
- Sie legt, wie die Evangelien, den Ton auf die innere Erfahrung – muss aber eine körperlich vermittelte Begegnung nicht ausschließen. In der Tat haben wir um die Begebenheiten von Tod und Auferstehung Jesu herum so viel von persönlichem innerem Erleben gehört – von Trauer und Angst, von Verleugnung und Reue, von Liebe und Verlangen nach dem Geliebten, vom Aushalten der Ohnmacht und vom Loslassen, von Erregung und Erschrecken, von Vergebung, Frieden und Freude, von persönlicher Zuwendung und Annahme, vom Berühren der eigenen tiefen Wunden, von Niederfallen und Anbeten –, dass das Geschehen, das die Begegnung mit dem Auferstandenen ausmacht, in jedem Fall zu verorten ist im Bereich des Inneren des Menschen, das ihn und seine Beziehungen prägt.
- Die Ostererscheinungen sind nicht zu trennen von Kreuz und Tod Jesu und dem Trauerprozess, in den Jesu Schicksal seine Jüngerinnen und Jünger gestürzt hat. Dieser Zusammenhang kommt zu kurz bei einer Deutung der Ostererscheinungen als Vision, die immer und überall sich ereignen kann. Ebenso steht bei einer Vision das Geschaute im Vordergrund, nicht die Begegnung, die eine Erscheinung des Auferstandenen nach den Evangelien doch ist.

Das hier vorgelegte Verständnis der Erscheinungen des Auferstandenen steht im Einklang mit den zentralen Botschaften, die die Texte von den Ostererscheinungen vermitteln wollen (S. 85ff):

- Die Erscheinung des Auferstandenen ist eine personale Begegnung. In unserem Verständnis der Erscheinungen begegnen sich falsches und wahres Selbst ihrer Adressaten: eine innere Erfahrung der Gleichzeitigkeit verschiedener Seelen-

teile des Menschen in einem Bewusstsein, die dieser jedoch nicht willentlich herzustellen vermag.
- Im wahren Selbst erscheint der Grund allen Seins. Denn dort findet die Begegnung mit ihm statt. An einer Grenze wird Wirklichkeit aufgedeckt, und ihre Annahme führt zum Grund aller Wirklichkeit.
- Die Begegnung mit dem wahren Selbst verwandelt: Sie erlaubt, das falsche Selbst loszulassen und den Geist des wahren Selbst zu empfangen, den Heiligen Geist.
- Die Befreiung zum wahren Selbst ist Erlösung von der Sünde. Diese wird aufgedeckt und entmachtet, da dieser Prozess Erfahrung unbedingter Annahme ist. Die Sünde verliert ihre Macht.
- Als wahres Selbst des Jüngers geht der Auferstandene in ihn ein. Dieser lebt in ihm, und insofern lebt Christus auch in der Geschichte. Der Jünger hinwiederum lebt in Christus, insofern dieser sein Woraufhin ist, und damit hat er schon in der Geschichte Anteil am ewigen Leben.
- Das wahre Selbst ist die Vollendung der Geschichte und der Beziehungen der Person und trägt in verklärter Weise insofern auch die Wundmale an sich, die die eigene verfehlte Lebensausrichtung und die Sünden anderer ihr geschlagen haben.

In diese Deutung der Erscheinungen des auferstandenen Jesus als Geschenk der Begegnung mit dem wahren Selbst eines Menschen, der eine Grenzerfahrung durchlebt, passt auch die Erscheinung vor Paulus: Sein *Wüten* (Apg 9,1) gegen die Christen weist auf eine tiefe Lebenskrise hin, in der er steckt und außen *vernichtet* (Apg 8,3), was er im eigenen Innern nicht besiegen kann und aushalten muss: den Zweifel, ob das Erstreben der eigenen *Gerechtigkeit, die aus dem Gesetz hervorgeht,* tatsächlich Gerechtigkeit vor Gott und damit ewige Erfüllung ist, oder ob vielmehr diese Gerechtigkeit empfängt, wer *aufgrund des Glaubens* an Christus, d.h. im Vertrauen auf sein Angenommensein, die Leidensgemeinschaft mit ihm zulässt und sich seinem Tod gleichgestalten lässt, also Entkoppelung lebt (Phil 3,9f). In diesem Zwiespalt macht er vor Damaskus eine Erfahrung: *Er stürzte zu Boden und hörte, wie eine Stimme zu ihm sagte: Saul, Saul, warum verfolgst du mich? Er antwortete: Wer bist du, Herr? Dieser sagte: Ich bin Jesus, den du verfolgst. Steh auf und geh in die Stadt; dort wird dir gesagt werden, was du tun sollst* (Apg 9,4–6)! Das Geschehen trifft ihn bis ins Mark, verändert seine Welt in einem Maß, dass er vorübergehend erblindet: Er begegnet seinem *Herrn* und erfährt seine Annahme. Seine Augen werden geöffnet für das, was in Wirklichkeit geschieht: Paulus verfolgt, was er ersehnt, und er bekommt eine neue, seinen Zwiespalt versöhnende Ausrichtung im Glauben an Christus.

Allerdings tragen wir *diesen Schatz in zerbrechlichen Gefäßen* (2 Kor 4,7). Zwar lebt die Person durch die Begegnung mit dem Auferstandenen mehr aus ihrem eigenen Grund; sie ist mehr bei sich selbst angekommen, aber noch nicht endgültig. Sie bleibt auch das falsche Selbst, das sich Befriedigung verschaffen will, ohne den Weg des sich Sich-Selbst-Stellens zu gehen. Dieses alte Ego der Sünde ist zäh. Es stirbt erst mit dem leiblichen Tod. So sagt Paulus: *Brüder und Schwestern, ich bilde mir nicht ein, dass ich es schon ergriffen hätte. Eines aber tue ich: Ich vergesse, was hinter mir liegt, und strecke mich nach dem aus, was vor mir ist* (Phil 3,13). Das bedeutet, Geduld und Barmherzigkeit mit sich zu haben und immer wieder neu anzufangen.

Ostern mündet in die Sendung der Jünger. Ohne ihr Zeugnis der Auferstehung ist die Koppelung von Leiden und Vermeidung nicht zu lösen. Das Zeugnis vollzieht sich auf viele Weisen, insbesondere jedoch in Begegnungen, in denen der Zeuge die Wirklichkeit seines Gegenübers an sich herankommen lässt und, indem er mit ihm darin aushält, dem anderen zu mehr Annahme verhilft. Mitsterben mit Christus auch hier: Das ist eben der Weg, der zum Vater führt. *Niemand kommt zum Vater außer durch mich* (Joh 14,6), erklärt Jesus seinen Jüngern, eine Wahrheit, die gelebt werden muss und nicht als Bekenntnis von christlichen Kirchen vereinnahmt werden darf. Menschen, die danach leben, habe ich in allen Religionen und Konfessionen getroffen und darüber hinaus.

Dann ist klar, dass das Reich Gottes letztlich keine historisch fassbare Größe sein kann. *Das Reich Gottes kommt nicht mit äußeren Zeichen; man wird auch nicht sagen: Siehe, hier!, oder: Da! Denn sehet, das Reich Gottes ist mitten unter euch* (Lk 17,20f). Es ist zwischen uns, dort wo Menschen einander im Geist des Auferstandenen begegnen, *der weht, wo er will; du hörst sein Brausen, weißt aber nicht, woher er kommt und wohin er geht* (Joh 3,8). Dieser Geist lässt sich nicht in die Strukturen und Abläufe einer Organisation einsperren, die an die Stelle seines Wehens das Funktionieren setzt und mit ihren Machtmitteln die Koppelung von Störendem und seiner Vermeidung reinszeniert. Gerade an Jesus, der als *König der Juden* (Lk 23,38) am Kreuz stirbt, wird deutlich, dass sein Heilswerk „sich nicht mit politischer Macht verwickelt"[31] und dass er in seinem tiefsten Wesen von den Herrschern dieser Welt verschieden ist: Ihnen muss es um Macht und Herrschaft gehen, um ihre „guten" Ideen durchzusetzen. Jesus aber ist *dazu geboren und dazu in die Welt gekommen, dass* er *für die Wahrheit Zeugnis ablegt* (Joh 18,37).

---

31 Bovon, EKK III/4, S. 464.

Der Kern des Christlichen I

Wenn wir an dieser Stelle eine Antwort geben wollen, worin denn der Kern des Christlichen besteht, dann sind zwei Dinge festzuhalten:

Erstens: Das Geheimnis aller Wirklichkeit und ihr Grund ist freilassende Liebe. Es ist freilassende Liebe, woraus alles Sein hervorgeht. Liebe ist es, worin alles ist, lebt und sich bewegt (Apg 17,28). Sie ist wie die Luft, die uns umgibt und durchdringt und bewegt, die wir mit jedem Atemzug in uns aufnehmen. Dass in der Schöpfung Gesetzmäßigkeiten bestehen, die allen helfen, sich in ihr zurechtzufinden, ist Liebe. Dass die Schöpfung, die der Freiheit des Menschen anvertraut wurde, im Dasein gehalten wird und sich entwickelt, ist freilassende Liebe, die sich treu bleibt, wiewohl die Menschen in ihrer Verantwortung für die Schöpfung und füreinander immer wieder versagen. Es ist die freilassende Liebe, die die Menschen einlädt, sich aus ihrem Grund heraus zu entfalten, und ihnen eine Sehnsucht ins Herz gibt, die über alles hinausgeht. Sie strebt danach, in *allen alles zu sein* (1 Kor 15,28). Es ist letztlich freilassende Liebe, die Menschen auch Grenzerfahrungen zumutet – wie den Jüngern den Tod Jesu. In Grenzerfahrungen kann die freilassende Liebe das Selbstbezogene und die Unfreiheit eines Menschen aufdecken und ihn befreien zu mehr Sein aus sich selbst und größerer Liebe. Im Vertrauen auf diese freilassende Liebe immer mehr aus dem eigenen Grund zu leben, das ist wahrhafte Erfüllung, das ist endgültiges Ankommen bei sich selbst.

Zweitens: Damit die Liebe zu ihrer Fülle heranreifen kann, ist es wesentlich, das selbstverständliche Prinzip der Koppelung in Grenzsituationen zu überwinden, d. h. in der Wahrnehmung der spontan negativ bewerteten inneren Wirklichkeit zu bleiben, ohne sie durch Handeln oder Ablenkung zu vermeiden oder durch Verstandestätigkeit abzuwehren oder einzuordnen, so lange, bis die Grenze sich öffnet. Das Neue Testament bezeichnet diesen Kern als „Kreuz": das, was einem in die Quere kommt. Kein Wunder also, dass es immer wieder davon spricht: *Jesus rief die Volksmenge und seine Jünger zu sich und sagte: Wenn einer hinter mir hergehen will, verleugne er sich selbst, nehme sein Kreuz auf sich und folge mir nach. Denn wer sein Leben retten will, wird es verlieren; wer aber sein Leben um meinetwillen und um des Evangeliums willen verliert, wird es retten* (Mk 8,34f). Im Durchleben der Grenzsituation stirbt das bisherige Selbstverständnis und aufersteht die zu sich selbst befreite Person: der Mensch, der sich selbst in Bewusstheit besitzt und aus seinem Grund lebt. Insofern ist das Kreuz Symbol für den Weg, auf dem die Erfahrung der freilassenden Liebe Gottes geschenkt werden kann. *Das Wort vom Kreuz ist denen, die verloren gehen, Torheit; uns aber, die gerettet werden, ist es Gottes Kraft* (1 Kor 1,18). Denen, *die verloren gehen*, bedeutet das Kreuz ausschließlich Marterinstrument und Folter. Das Auf-sich-Nehmen des Kreuzes erscheint ihnen als Masochismus. Sie lassen sich lieber vom Prinzip der Koppelung regieren. Ihr Leben verbleibt dann im Rahmen der ihnen selbstverständlichen Vorstellungen, ihre menschliche Entwicklung bleibt stehen, ihr spirituelles Leben verkümmert. Was einst Sicherheit vermittelte, wird erst zum Gefängnis, schließlich zum Grab. Den Gläubigen jedoch ist das Tragen des Kreuzes der Weg, auf dem die kreuzigenden (störenden, Grenz-, Verlust-)Situationen des Lebens in die Erfahrung von Befreiung und ewigem Leben gewandelt werden können. Deswegen, nur deswegen, weil Gott durch das Kreuz eine neue Schöpfung hervorbringt, will Paulus sich *allein des Kreuzes Jesu Christi, unseres Herrn, rühmen, durch das mir die Welt gekreuzigt ist und ich der Welt* (Gal 6,14). Weder durch Versklavung unter die Mächte, die die Welt beherrschen: Geld, Macht, Lust, Ansehen, Leistung ..., noch durch den Zwang zu religiösem Perfektionismus muss Paulus sein Dasein rechtfertigen oder wahre Erfüllung zu erreichen suchen. Welt und Christsein haben grundlegend verschiedene Ausrichtungen. Insofern ist dem Christsein die Welt gekreuzigt und das Christsein der Welt. *Ich bin mit Christus gekreuzigt worden,* bezeugt Paulus und verknüpft das Mitsterben mit Jesus – d. h. das Loslassen von Vorstellungen und Erwartungen, die angesichts der Wirklichkeit, die sich zeigt, unhaltbar werden – mit dem Umgestaltet-Werden in sein wahres Selbst, Christus, der in ihm lebt und *der mich geliebt und sich für mich hingegeben hat* (Gal 2,19f).

So ist das Kreuz Symbol sowohl für den Weg der Personwerdung als auch für die sich hingebende Liebe. Diese erkennen wir zunächst an Jesus, der sich aus Liebe „für uns" in seine Passion gibt. Durch die Erfahrung seiner Auferstehung wird Jesus jedoch zum *Einzigen, der Gott ist und am Herzen des Vaters ruht, der Kunde gebracht hat* (Joh 1,18). Damit wird das Kreuz Jesu zum Symbol auch der sich hingebenden, freilassenden Liebe des Grundes aller Wirklichkeit. Kein Wunder, dass es das Kreuz ist, das das Geheimnis Gottes verkündet: *Um euch das Geheimnis Gottes zu verkünden, hatte ich mich entschlossen, bei euch nichts zu wissen außer Jesus Christus, und zwar als den Gekreuzigten* (1 Kor 2,2). Das Kreuz ist das Symbol für die Liebe, die stirbt, um in Fülle zu sein, was sie ist. Das Annehmen des Störenden, Ungeliebten, von Verlust und Enttäuschung ist damit Teilhabe an der Bewegung des Sich-Entleerens und Sich-neu-Empfangens der Liebe. Die rein geistige Bewegung der Liebe ist im Menschen jedoch ein leib-seelischer Prozess. Seine Gefühle von Trauer, Angst, Schmerz, Empfindungen des Diffusen, des Öden, der Leere lassen sich daher verstehen als Widerhall der Selbsthingabe der Liebe.

Kreuztragen als Durchbrechen der Automatik der Koppelung und damit das Verwandelt-Werden in die Person, die der Mensch in Wahrheit ist, die aus ihrem Grund lebt, der freilassende Liebe ist, ist also der Kern des Christlichen, wie wir ihn am Ende dieses Kapitels formulieren können.

Nur: Wie ist Kreuztragen uns Menschen möglich, die wir doch automatisch davor zurückweichen?

Diese Antwort werden uns die nächsten Kapitel geben.

II. Existenzielles Beten

Vor vielen Jahren gehörte es zu meinen Aufgaben, mit jungen Ordenspriestern über das Predigen nachzudenken. Als sie dabei Probepredigten halten mussten, stöhnte nicht nur einer von ihnen auf: „Müssen wir jetzt schon wieder über die Liebe Gottes sprechen?"

Schön ist das mit der Liebe und unserer Sehnsucht nach ihr. Aber wie bekommen Sehnsucht und Liebe Fleisch? Wie werden sie eine Kraft, die das Leben verwandelt, statt nur Worte zu bleiben, die in ihrer Größe zu groß für uns sind, die zwar zu den Sonntagen passen, im Alltag aber fast keine Bedeutung haben? Die Antwort auf diese Fragen liegt auf der Hand: Die Liebe kommt in unserem Leben an auf demselben Weg, den die Jüngerinnen und Jünger mit Jesus von Nazareth nach Jerusalem beschritten haben. Die „Schritte" dieses Weges hat Jesus nicht nur gelebt, er hat sie auch gelehrt. Sie müssen also in seiner Verkündigung und damit in den Evangelien zu entdecken sein. Doch diese sind vielgestaltig und komplex, viele „Bäume", *nützlich zur Belehrung, zur Widerlegung, zur Besserung, zur Erziehung in der Gerechtigkeit* (2 Tim 3,16). Wie können wir in ihnen den „Wald" der Nachfolge erkennen, d. h. eine konkrete Beschreibung der nötigen Bewegungen unserer Füße, Arme und Hände, durch die wir den Weg Jesu tatsächlich beschreiten können? Von welcher Stelle der Lehren Jesu ausgehend kann unser Verständnis dafür sich entfalten?

Nun bieten die Evangelisten Markus und Matthäus ihren Lesern zu Beginn des öffentlichen Auftretens Jesu eine Zusammenfassung seiner Botschaft in zwei Sätzen an. Es liegt nahe, bei ihnen anzusetzen. Denn sie sind sozusagen der Schlüssel zu seiner Verkündigung und auch deren Summe. In ihrer Knappheit brauchen sie Erklärung und verweisen uns damit auf die Bergpredigt, in der Matthäus die Grundprinzipien der Verkündigung Jesu zusammenstellt. Deren Mitte wiederum ist das Vaterunser, das – existenziell vollzogen – den Beter verwandelt. Durch existenzielles Beten werden Sehnsucht und Liebe eine das Leben verwandelnde Kraft.

1. Die basale Botschaft Jesu

Die Zusammenfassung der Botschaft Jesu lautet bei Markus: *Die Zeit ist erfüllt, das Reich Gottes ist nahe. Kehrt um und glaubt an das Evangelium* (Mk 1,15). Bei Matthäus steht: *Kehrt um! Denn das Himmelreich ist nahe* (Mt 4,17). In den beiden anderen Evangelien findet sich eine solche Zusammenfassung nicht. Betrachten wir die beiden Summen näher: Sie bringen den Aufruf zur Umkehr in Zusammenhang mit dem Reich Gottes. Dieses Reich Gottes haben viele Zeitgenossen Jesu in dessen Wirken erfahren. Aufgrund dieser Erfahrung sollen sie umkehren. Darin sind Markus und Matthäus sich einig. Wie genau diese Umkehr aussieht, klären ihre beiden Kurzformeln jedoch nicht.

Worin unterscheiden sich diese? Matthäus kann das markinische „glaubt an das Evangelium" ohne inhaltlichen Verlust weglassen: indem nämlich die matthäische Aufforderung zur Umkehr ertönt, ruft sie zur Befolgung und damit zum Glauben auf. Den Hinweis auf die erfüllte Zeit hat das Matthäus-Evangelium der Sache nach zwar ebenfalls (Mt 12,28), jedoch eben nicht an dieser exponierten Stelle des Summariums. Durch diese Unterschiede erhalten die beiden Zusammenfassungen jeweils einen anderen Akzent: Markus betont die in und durch Jesus erfüllte Zeit: In Jesus von Nazareth, einem Menschen aus Fleisch und Blut, ist uns das Geheimnis des Lebens berührbar geworden. Diesen Faden haben wir bereits im ersten Kapitel verfolgt. Demgegenüber tritt in der matthäischen Zusammenfassung in den Vordergrund der Umkehrruf. Seine Hörer sollen etwas tun, ja, sie sollen die Ausrichtung ihres Lebens verändern. Denn der Umkehrruf verbindet sich nicht nur mit der Nähe des Himmelreiches, sondern auch mit dessen Ausstehen. Das Himmelreich ist zwar nahe, tatsächlich aber nicht da. Nach Matthäus ist für die Verwirklichung des Reiches Gottes die Umkehr des Menschen von Ausschlag gebender Bedeutung. Ohne Umkehr bleibt das Himmelreich in der Luft hängen, ohne Umkehr kann es nicht zur Erfahrung werden. Somit ist Matthäus unser Mann: Wer Umkehr so in die Mitte seines Evangeliums stellt, der wird auch Konkretes und Ausführliches dazu liefern, wie sie zu vollziehen ist.

Johannes der Täufer hatte die Frage der Umkehr folgendermaßen beantwortet: *Wer zwei Gewänder hat, der gebe eines davon dem, der keines hat, und wer zu essen hat, der handle ebenso* (Lk 3,11). Zöllner und Soldaten fordert er auf, ihre Position nicht zu ihrem Vorteil auszunutzen. Meint Jesus das auch? Das Ziel einer gerechteren, friedlicheren, heileren Welt haben der Täufer und Jesus gemeinsam. Doch in den Wegen zu diesem Ziel unterscheiden sie sich: Johannes appelliert an Moral und guten Willen. Das hören wir auch in unseren Tagen von Kanzeln, von Rednerpulten der Wohlmeinenden in der Politik, in den Kampagnen gegen die Klimakatastrophe, zur Bewahrung der Umwelt, zur Rettung von Flüchtlingen, gegen Korruption usw. und lesen es in den Kommentarspalten der seriösen Medien. Und das ist gut so! Umso mehr, als inzwischen rücksichtsloses Durchsetzen des eigenen Vorteils, Gier und Verunglimpfung von allen und allem, was anders ist als die eigene Vorstellung, nicht nur Praxis sind, sondern auch öffentlich von einigen als Lösung aller Probleme propagiert werden.

Der Weg Jesu geht jedoch über das Ziel einer heilen Welt hinaus. Er verheißt, die Menschen zum Person-Sein zu befreien, so dass sie aus ihrem Grund heraus, den sie als sich loslassende Liebe erfahren, leben können und auf diese Weise die Schöpfung erneuern. Dem Ziel entsprechend setzt der Weg Jesu ganz anders an als der des Täufers. Der K e r n des Christlichen kann n i c h t in Moral und gutem Willen liegen.

Nach dem Aufbau des Matthäusevangeliums ist die Bergpredigt Jesu erste große Rede. Sie ist der Ort, an dem er systematisch und grundlegend das *Kehrt um! Denn das Himmelreich ist nahe* und damit seinen Weg, seine „Methode", erklärt. Nach dem „Kern des Christlichen" zu suchen bedeutet also die Mühe, sich mit der Bergpredigt zu beschäftigen. Das ist das Programm dieses Kapitels. Es hat das Ziel, zu verstehen, welcher Art die Umkehr ist, die uns das Reich Gottes zu einer wenigstens anfanghaften Erfahrung werden lässt, damit die Liebe uns selbst, unser Leben und das Leben auf diesem Planeten verändern kann.

2. Text, Aufbau und Zentrum der Bergpredigt

Wegen der Bedeutung der Bergpredigt lohnt es sich, sie zuerst als Ganzes zu lesen. Deswegen folgt hier zunächst der Text Mt 5,1–8,1a in der Einheitsübersetzung von 2016. Ich habe ihn durch Überschriften so gegliedert, wie es dem formalen Aufbau der Bergpredigt entspricht.

Kehrt um! Denn das Himmelreich ist nahe

Rahmen:
Situation der Rede (5,1f)

Als Jesus die vielen Menschen sah, stieg er auf den Berg. Er setzte sich und seine Jünger traten zu ihm.
Und er öffnete seinen Mund, er lehrte sie und sprach:

Grundlegung:
Seligpreisungen und Licht der Welt (5,3–16)

Selig, die arm sind vor Gott; denn ihnen gehört das Himmelreich.
Selig die Trauernden; denn sie werden getröstet werden.
Selig die Sanftmütigen; denn sie werden das Land erben.
Selig, die hungern und dürsten nach der Gerechtigkeit; denn sie werden gesättigt werden.
Selig die Barmherzigen; denn sie werden Erbarmen finden.
Selig, die rein sind im Herzen; denn sie werden Gott schauen.
Selig, die Frieden stiften; denn sie werden Kinder Gottes genannt werden.
Selig, die verfolgt werden um der Gerechtigkeit willen; denn ihnen gehört das Himmelreich.
Selig seid ihr, wenn man euch schmäht und verfolgt und alles Böse über euch redet um meinetwillen. Freut euch und jubelt: Denn euer Lohn wird groß sein im Himmel. So wurden nämlich schon vor euch die Propheten verfolgt.

Ihr seid das Salz der Erde. Wenn das Salz seinen Geschmack verliert, womit kann man es wieder salzig machen? Es taugt zu nichts mehr, außer weggeworfen und von den Leuten zertreten zu werden.
Ihr seid das Licht der Welt. Eine Stadt, die auf einem Berg liegt, kann nicht verborgen bleiben. Man zündet auch nicht eine Leuchte an und stellt sie unter den Scheffel, sondern auf den Leuchter; dann leuchtet sie allen im Haus. So soll euer Licht vor den Menschen leuchten, damit sie eure guten Taten sehen und euren Vater im Himmel preisen.

Einleitung des Hauptteils:
die Erfüllung der Torah (5,17–20)

Denkt nicht, ich sei gekommen, um das Gesetz und die Propheten aufzuheben! Ich bin nicht gekommen, um aufzuheben, sondern um zu erfüllen. Amen, ich sage euch: Bis Himmel und Erde vergehen, wird kein Jota und kein Häkchen des Gesetzes vergehen, bevor nicht alles geschehen ist. Wer auch nur eines von den kleinsten Geboten aufhebt und die Menschen entsprechend lehrt, der wird im Himmelreich der Kleinste sein. Wer sie aber hält und halten lehrt, der wird groß sein im Himmelreich. Darum sage ich euch: Wenn eure Gerechtigkeit nicht weit größer ist als die der Schriftgelehrten und der Pharisäer, werdet ihr nicht in das Himmelreich kommen.

Hauptteil:
Die Antithesen (5,21–48)

Ihr habt gehört, dass zu den Alten gesagt worden ist: Du sollst nicht töten; wer aber jemanden tötet, soll dem Gericht verfallen sein. Ich aber sage euch: Jeder, der seinem Bruder auch nur zürnt, soll dem Gericht verfallen sein; und wer zu seinem Bruder sagt: Du Dummkopf!, soll dem Spruch des Hohen Rates verfallen sein; wer aber zu ihm sagt: Du Narr!, soll dem Feuer der Hölle verfallen sein.

Wenn du deine Opfergabe zum Altar bringst und dir dabei einfällt, dass dein Bruder etwas gegen dich hat, so lass deine Gabe dort vor dem Altar liegen; geh und versöhne dich zuerst mit deinem Bruder, dann komm und opfere deine Gabe! Schließ ohne Zögern Frieden mit deinem Gegner, solange du mit ihm noch auf dem Weg zum Gericht bist! Sonst wird dich dein Gegner vor den Richter bringen und der Richter wird dich dem Gerichtsdiener übergeben und du wirst ins Gefängnis geworfen. Amen, ich sage dir: Du kommst von dort nicht heraus, bis du den letzten Pfennig bezahlt hast.

Ihr habt gehört, dass gesagt worden ist: Du sollst nicht die Ehe brechen. Ich aber sage euch: Jeder, der eine Frau ansieht, um sie zu begehren, hat in seinem Herzen schon Ehebruch mit ihr begangen. Wenn dich dein rechtes Auge zum Bösen verführt, dann reiß es aus und wirf es weg! Denn es ist besser für dich, dass eines deiner Glieder verloren geht, als dass dein ganzer Leib in die Hölle geworfen wird. Und wenn dich deine rechte Hand zum Bösen verführt, dann hau sie ab und wirf sie weg! Denn es ist besser für dich, dass eines deiner Glieder verloren geht, als dass dein ganzer Leib in die Hölle kommt.

Ferner ist gesagt worden: Wer seine Frau aus der Ehe entlässt, muss ihr eine Scheidungsurkunde geben. Ich aber sage euch: Wer seine Frau entlässt, obwohl kein Fall von Unzucht vorliegt, liefert sie dem Ehebruch aus; und wer eine Frau heiratet, die aus der Ehe entlassen worden ist, begeht Ehebruch.

Ihr habt gehört, dass zu den Alten gesagt worden ist: Du sollst keinen Meineid schwören, und: Du sollst halten, was du dem Herrn geschworen hast. Ich aber sage euch: Schwört überhaupt nicht, weder beim Himmel, denn er ist Gottes Thron, noch bei der Erde, denn sie ist der Schemel seiner Füße, noch bei Jerusalem, denn es ist die Stadt des großen Königs! Auch bei deinem Haupt sollst du nicht schwören; denn du kannst kein einziges Haar weiß oder schwarz machen. Eure Rede sei: Ja ja, nein nein; was darüber hinausgeht, stammt vom Bösen.

Ihr habt gehört, dass gesagt worden ist: Auge für Auge und Zahn für Zahn. Ich aber sage euch: Leistet dem, der euch etwas Böses antut, keinen Widerstand, sondern wenn dich einer auf die rechte Wange schlägt, dann halt ihm auch die andere hin! Und wenn dich einer vor Gericht bringen will, um dir das Hemd wegzunehmen, dann lass ihm auch den Mantel! Und wenn dich einer zwingen will, eine Meile mit ihm zu gehen, dann geh zwei mit ihm! Wer dich bittet, dem gib, und wer von dir borgen will, den weise nicht ab!

Ihr habt gehört, dass gesagt worden ist: Du sollst deinen Nächsten lieben und deinen Feind hassen. Ich aber sage euch: Liebt eure Feinde und betet für die, die euch verfolgen, damit ihr Kinder eures Vaters im Himmel werdet; denn er lässt seine Sonne aufgehen über Bösen und Guten und er lässt regnen über Gerechte und Ungerechte. Wenn ihr nämlich nur die liebt, die euch lieben, welchen Lohn könnt ihr dafür erwarten? Tun das nicht auch die Zöllner? Und wenn ihr nur eure Brüder grüßt, was tut ihr damit Besonderes? Tun das nicht auch die Heiden? Seid also vollkommen, wie euer himmlischer Vater vollkommen ist!

Hauptteil > Wahre Frömmigkeit:
Almosen und Beten „im Verborgenen" (6,1–6)

Hütet euch, eure Gerechtigkeit vor den Menschen zu tun, um von ihnen gesehen zu werden; sonst habt ihr keinen Lohn von eurem Vater im Himmel zu erwarten. Wenn du Almosen gibst, posaune es nicht vor dir her, wie es die Heuchler in den Synagogen und auf den Gassen tun, um von den Leuten gelobt zu werden! Amen, ich sage euch: Sie haben ihren Lohn bereits erhalten. Wenn du Almosen gibst, soll deine linke Hand nicht wissen, was deine rechte tut, damit dein Almosen im Verborgenen bleibt; und dein Vater, der auch das Verborgene sieht, wird es dir vergelten. Wenn ihr betet, macht es nicht wie die Heuchler! Sie stellen sich beim Gebet gern in die Synagogen und an die Straßenecken, damit sie von den Leuten gesehen werden. Amen, ich sage euch: Sie haben ihren Lohn bereits erhalten. Du aber, wenn du betest, geh in deine Kammer, schließ die Tür zu; dann bete zu deinem Vater, der im Verborgenen ist! Dein Vater, der auch das Verborgene sieht, wird es dir vergelten.

Hauptteil > Wahre Frömmigkeit > Zur Art des Betens: vertrauend (6,7f)

Wenn ihr betet, sollt ihr nicht plappern wie die Heiden, die meinen, sie werden nur erhört, wenn sie viele Worte machen. Macht es nicht wie sie; denn euer Vater weiß, was ihr braucht, noch ehe ihr ihn bittet.

Hauptteil > Wahre Frömmigkeit > Zur Art des Betens > Gebet:
das Vaterunser (6,9–13)

So sollt ihr beten: Unser Vater im Himmel, geheiligt werde dein Name,
dein Reich komme, dein Wille geschehe wie im Himmel, so auf der Erde.
Gib uns heute das Brot, das wir brauchen!
Und erlass uns unsere Schulden, wie auch wir sie unseren Schuldnern erlassen haben!
Und führe uns nicht in Versuchung, sondern rette uns vor dem Bösen!

Hauptteil > Wahre Frömmigkeit > Zur Art des Betens: vergebend (6,14f)

Denn wenn ihr den Menschen ihre Verfehlungen vergebt, dann wird euer himmlischer Vater auch euch vergeben. Wenn ihr aber den Menschen nicht vergebt, dann wird euch euer Vater eure Verfehlungen auch nicht vergeben.

Hauptteil > Wahre Frömmigkeit:
Fasten „im Verborgenen" (6,16–18)

Wenn ihr fastet, macht kein finsteres Gesicht wie die Heuchler! Sie geben sich ein trübseliges Aussehen, damit die Leute merken, dass sie fasten. Amen, ich sage euch: Sie haben ihren Lohn bereits erhalten. Du aber, wenn du fastest, salbe dein Haupt und wasche dein Gesicht, damit die Leute nicht merken, dass du fastest, sondern nur dein Vater, der im Verborgenen ist; und dein Vater, der das Verborgene sieht, wird es dir vergelten.

Hauptteil:
Reflexionen und Motivationen (6,19–7,11)

Sammelt euch nicht Schätze hier auf der Erde, wo Motte und Wurm sie zerstören und wo Diebe einbrechen und sie stehlen, sondern sammelt euch Schätze im Himmel, wo weder Motte noch Wurm sie zerstören und keine Diebe einbrechen und sie stehlen! Denn wo dein Schatz ist, da ist auch dein Herz.
Die Leuchte des Leibes ist das Auge. Wenn dein Auge gesund ist, dann wird dein ganzer Leib hell sein. Wenn aber dein Auge krank ist, dann wird dein ganzer Leib finster sein. Wenn nun das Licht in dir Finsternis ist, wie groß muss dann die Finsternis sein!

Niemand kann zwei Herren dienen; er wird entweder den einen hassen und den andern lieben oder er wird zu dem einen halten und den andern verachten. Ihr könnt nicht Gott dienen und dem Mammon. Deswegen sage ich euch: Sorgt euch nicht um euer Leben, was ihr essen oder trinken sollt, noch um euren Leib, was ihr anziehen sollt! Ist nicht das Leben mehr als die Nahrung und der Leib mehr als die Kleidung? Seht euch die Vögel des Himmels an: Sie säen nicht, sie ernten nicht und sammeln keine Vorräte in Scheunen; euer himmlischer Vater ernährt sie. Seid ihr nicht viel mehr wert als sie? Wer von euch kann mit all seiner Sorge sein Leben auch nur um eine kleine Spanne verlängern? Und was sorgt ihr euch um eure Kleidung? Lernt von den Lilien des Feldes, wie sie wachsen: Sie arbeiten nicht und spinnen nicht. Doch ich sage euch: Selbst Salomo war in all seiner Pracht nicht gekleidet wie eine von ihnen. Wenn aber Gott schon das Gras so kleidet, das heute auf dem Feld steht und morgen in den Ofen geworfen wird, wie viel mehr dann euch, ihr Kleingläubigen! Macht euch also keine Sorgen und fragt nicht: Was sollen wir essen? Was sollen wir trinken? Was sollen wir anziehen? Denn nach alldem streben die Heiden. Euer himmlischer Vater weiß, dass ihr das alles braucht. Sucht aber zuerst sein Reich und seine Gerechtigkeit; dann wird euch alles andere dazugegeben. Sorgt euch also nicht um morgen; denn der morgige Tag wird für sich selbst sorgen. Jeder Tag hat genug an seiner eigenen Plage.

Richtet nicht, damit ihr nicht gerichtet werdet! Denn wie ihr richtet, so werdet ihr gerichtet werden und nach dem Maß, mit dem ihr messt, werdet ihr gemessen werden. Warum siehst du den Splitter im Auge deines Bruders, aber den Balken in deinem Auge bemerkst du nicht? Oder wie kannst du zu deinem Bruder sagen: Lass mich den Splitter aus deinem Auge herausziehen! – und siehe, in deinem Auge steckt ein Balken! Du Heuchler! Zieh zuerst den Balken aus deinem Auge, dann kannst du zusehen, den Splitter aus dem Auge deines Bruders herauszuziehen!

Gebt das Heilige nicht den Hunden und werft eure Perlen nicht den Schweinen vor, denn sie könnten sie mit ihren Füßen zertreten und sich umwenden und euch zerreißen!

Bittet und es wird euch gegeben; sucht und ihr werdet finden; klopft an und es wird euch geöffnet! Denn wer bittet, der empfängt; wer sucht, der findet; und wer anklopft, dem wird geöffnet. Oder ist einer unter euch, der seinem Sohn einen Stein gibt, wenn er um Brot bittet, oder eine Schlange, wenn er um einen Fisch bittet? Wenn nun ihr, die ihr böse seid, euren Kindern gute Gaben zu geben wisst, wie viel mehr wird euer Vater im Himmel denen Gutes geben, die ihn bitten.

Ausleitung des Hauptteils:
die Zusammenfassung der Torah (7,12)

Alles, was ihr wollt, dass euch die Menschen tun, das tut auch ihnen! Darin besteht das Gesetz und die Propheten.

Grundlegung:
Mahnung zu Umkehr und Gehorsam (7,13–27)

Geht durch das enge Tor! Denn weit ist das Tor und breit der Weg, der ins Verderben führt, und es sind viele, die auf ihm gehen. Wie eng ist das Tor und wie schmal der Weg, der zum Leben führt, und es sind wenige, die ihn finden.

Hütet euch vor den falschen Propheten; sie kommen zu euch in Schafskleidern, im Inneren aber sind sie reißende Wölfe. An ihren Früchten werdet ihr sie erkennen. Erntet man etwa von Dornen Trauben oder von Disteln Feigen? Jeder gute Baum bringt gute Früchte hervor, ein schlechter Baum aber schlechte. Ein guter Baum kann keine schlechten Früchte hervorbringen und ein schlechter Baum keine guten. Jeder Baum, der keine guten Früchte hervorbringt, wird umgehauen und ins Feuer geworfen. An ihren Früchten also werdet ihr sie erkennen.

Nicht jeder, der zu mir sagt: Herr! Herr!, wird in das Himmelreich kommen, sondern wer den Willen meines Vaters im Himmel tut. Viele werden an jenem Tag zu mir sagen: Herr, Herr, sind wir nicht in deinem Namen als Propheten aufgetreten und haben wir nicht in deinem Namen Dämonen ausgetrieben und haben wir nicht in deinem Namen viele Machttaten gewirkt? Dann werde ich ihnen antworten: Ich kenne euch nicht. Weg von mir, ihr Gesetzlosen!

Jeder, der diese meine Worte hört und danach handelt, ist wie ein kluger Mann, der sein Haus auf Fels baute. Als ein Wolkenbruch kam und die Wassermassen herannfluteten, als die Stürme tobten und an dem Haus rüttelten, da stürzte es nicht ein; denn es war auf Fels gebaut. Und jeder, der diese meine Worte hört und nicht danach handelt, ist ein Tor, der sein Haus auf Sand baute. Als ein Wolkenbruch kam und die Wassermassen herannfluteten, als die Stürme tobten und an dem Haus rüttelten, da stürzte es ein und wurde völlig zerstört.

Rahmen:
Reaktion der Hörer (7,28–8,1a)

Und es geschah, als Jesus diese Rede beendet hatte, war die Menge voll Staunen über seine Lehre; denn er lehrte sie wie einer, der Vollmacht hat, und nicht wie ihre Schriftgelehrten. Als Jesus von dem Berg herabstieg, folgten ihm viele Menschen nach.

So weit der Text. Auf Grund literaturwissenschaftlicher Kriterien haben die Exegeten[32] nachweisen können, dass die Bergpredigt wie eine Zwiebel in Schalen um eine gemeinsame Mitte herum aufgebaut ist (siehe Abbildung 1):

Die „Situation der Rede" zu Beginn entspricht der „Reaktion der Hörer" am Ende: Diese beiden Texte rahmen die ganze Rede, für die sowohl die „Seligpreisungen" als auch die „Mahnung zu Umkehr und Gehorsam" als nächstinnere Schale von grundlegender Bedeutung sind.[33] „Die Erfüllung der Torah" und die „Goldene Regel" als „Zusammenfassung der Torah" korrespondieren miteinander als Ein- bzw. Ausleitung des Hauptteils: Sie bilden die dritte Schale.[34]

Die vierte Schale ist der Hauptteil der Rede, in dem sich „Antithesen" und „Reflexionen und Motivationen" entsprechen.[35] In der nächstinneren Schale des Hauptteils, die von der „wahren Frömmigkeit" handelt, entsprechen sich die Texte „Almosengeben und Beten" und „Fasten". In der Mitte der Bergpredigt geht es um die „Art des Betens", die „vertrauend" und „vergebend" ist: die fünfte Schale. Die Mitte der Bergpredigt und damit der innerste Kern der Verkündigung Jesu aber ist das Gebet des Vaterunsers.

---

32 Zu diesem Thema siehe Luz I/1, S. 253f.
33 In den „Seligpreisungen" (5,3–16) wie in „Mahnung zu Umkehr und Gehorsam" (7,13–27) kommt der Terminus „Himmelreich" zweimal vor. In beiden Texten wechselt ganz auffällig die Anrede von der 3. in die 2. Person.
34 Sowohl in „Erfüllung der Torah" (5,17–20) als auch in „Zusammenfassung der Torah" (7,12) ist der Passus „Gesetz und Propheten" zentral.
35 Die Kapitel „Antithesen" (5,21–48) und „Reflexionen und Motivationen" (6,19–7,11) entsprechen einander in der Länge von jeweils 56 Zeilen in der Darstellung bei Nestle.

```
┌─────────────────────────────────────────────────────────┐
│                        Rahmen                           │
│                 Situation der Rede (5,1f)               │
│  ┌───────────────────────────────────────────────────┐  │
│  │                   Grundlegung                     │  │
│  │       Seligpreisungen, Licht der Welt (5,3–16)    │  │
│  │  ┌─────────────────────────────────────────────┐  │  │
│  │  │           Ein-/Ausleitung des               │  │  │
│  │  │                Hauptteils                   │  │  │
│  │  │   Einleitung: die Erfüllung der Torah (5,17–20) │  │
│  │  │  ┌───────────────────────────────────────┐  │  │  │
│  │  │  │              Hauptteil                │  │  │  │
│  │  │  │        die Antithesen (5,21–48)       │  │  │  │
│  │  │  │  ┌─ Wahre Frömmigkeit ─────────────┐  │  │  │  │
│  │  │  │  │ Almosen und Beten „im Verborgenen" (6,1–6) │ │
│  │  │  │  │     ┌ die Art des Betens ┐     │  │  │  │  │
│  │  │  │  │     Vertrauen (6,7f)           │  │  │  │  │
│  │  │  │  │     ┌──── Gebet ────┐          │  │  │  │  │
│  │  │  │  │     │   Vaterunser   │          │  │  │  │  │
│  │  │  │  │     │    (6,9–13)    │          │  │  │  │  │
│  │  │  │  │     └────────────────┘          │  │  │  │  │
│  │  │  │  │     Vergebung (6,14f)          │  │  │  │  │
│  │  │  │  │   Fasten „im Verborgenen" (6,16–18) │  │  │
│  │  │  │  └─────────────────────────────────┘  │  │  │  │
│  │  │  │    Reflexionen und Motivationen (6,19–7,11) │ │
│  │  │  └───────────────────────────────────────┘  │  │  │
│  │  │    Ausleitung: die Zusammenfassung der Torah (7,12) │
│  │  └─────────────────────────────────────────────┘  │  │
│  │          Mahnung zu Umkehr und Gehorsam (7,13–27)  │  │
│  └───────────────────────────────────────────────────┘  │
│                Reaktion der Hörer (7,28–8,1a)           │
└─────────────────────────────────────────────────────────┘
```

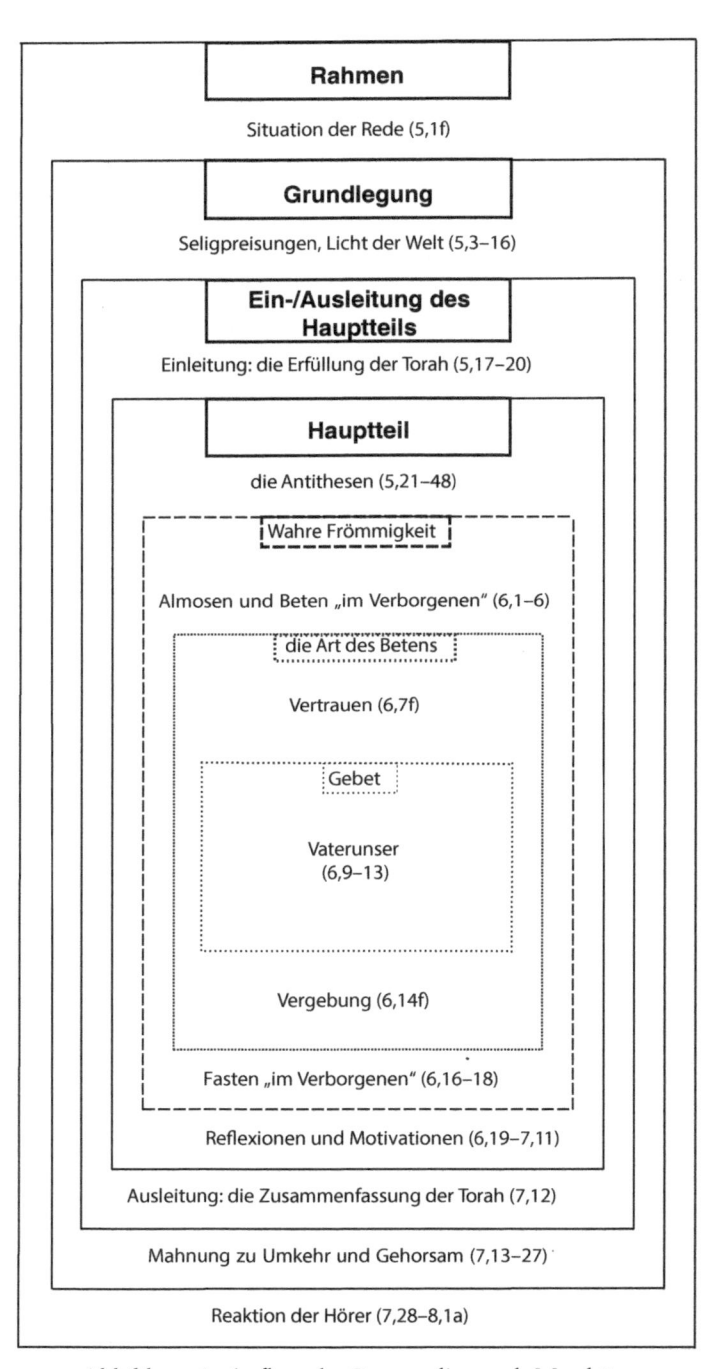

Abbildung 1: Aufbau der Bergpredigt nach Matthäus

Es ist sogar so, dass der Redetext vor und nach dem Vaterunser in etwa die gleiche Länge hat. Das alles kann kaum Zufall sein. Matthäus dürfte seine Bergpredigt mit Absicht so komponiert haben, dass das Vaterunser in deren Zentrum steht und somit als Kern der Umkehrbotschaft Jesu zutage tritt. Er leitet es ein mit: *So sollt ihr beten!* So wichtig der Text des Vaterunsers als Gebetstext für uns Christen ist, die Aufforderung bedeutet mehr, als nur den Text fleißig zu rezitieren. Da darüber auch das Beten Jesu hinausging, bedeutet sie sicherlich auch: Euer Gebet soll im Geiste des Vaterunsers vollzogen werden! Und wenn wir *so* beten sollen, dann ist der Vaterunser-Text auch eine Anleitung zum Beten, beschreibt also eine Gebets-„Methode" – was nicht mechanistisch missverstanden werden darf: Ihre Handhabung bedarf geistiger Haltungen, die durch Umkehr erworben werden.

Bevor wir dies genauer untersuchen, ist es jedoch zuerst einmal angebracht, zu würdigen, dass Beten, insbesondere persönliches Beten – *wenn du betest, geh in deine Kammer, schließ die Tür zu; dann bete zu deinem Vater, der im Verborgenen ist!* – die Mitte des Christlichen ist! Natürlich ist das Vaterunser auch ein gemeinschaftliches Gebet – *so sollt ihr beten…!* –, das seinen Platz in der Liturgie hat. Doch läuft das gemeinschaftliche Beten leer ohne das persönliche Beten im Verborgenen. Jedenfalls sind nicht Analyse und Reflexion heiliger Texte das Zentrum der Nachfolge, sondern die persönliche Zuwendung zu und Begegnung mit Gott. Und das Gebet ist der Ort, wo diese stattfinden können. An der Oberfläche des real existierenden Christentums ist diese Wahrheit nicht ohne weiteres abzulesen. Sein Bild prägen Messe und Predigt, Dogma und Moral, Kunst und Kathedralen, Kultur und Traditionen sowie kirchliche Würden und Männer-Hierarchien. Nach Matthäus sollte jedoch alle Entfaltung kirchlichen Lebens dem Beten im Geiste des Vaterunsers dienen.

Auch Jesus pflegte am Sabbat den Gottesdienst in der Synagoge zu besuchen und zu den Festen zum Tempel in Jerusalem zu wallfahren. Doch die Jünger haben die Bedeutung erlebt, die das Gebet im Verborgenen, allein, in der Stille für Jesus hatte: Es war die Mitte in seinem Leben. Schauen wir uns dazu einige Beispiele an:

Nach dem ereignisreichen sogenannten „ersten Tag des öffentlichen Lebens Jesu" in Kafarnaum (Mk 1,21ff) steht Jesus in *„aller Frühe, als es noch dunkel war, ... auf und ging an einen einsamen Ort, um zu beten. Simon und seine Begleiter eilten ihm nach, und als sie ihn fanden, sagten sie zu ihm: Alle suchen dich. Er antwortete: Lasst uns anderswohin gehen, in die benachbarten Dörfer, damit ich auch dort predige; denn dazu bin ich gekommen. Und er zog durch ganz Galiläa, predigte in den Synagogen und trieb die Dämonen aus"* (Mk 1,35–39). Wir haben in diesem Ereignis oben bereits die innere Freiheit Jesu bestaunt. Nun fällt unser Blick auf sein Gebet, in dem sie ihm zuwächst. Das Gebet erlaubt ihm, sich der gegebenen Situation und seiner selbst darin bewusst zu werden. Welche Kraft hat sein Gebet, dass er sich dem Erwartungsdruck der Leute und den begeisterten Jüngern – *alle suchen dich!* – entgegenstellen und eine ungewisse Zukunft wählen kann! In welche Tiefe dringt es vor? Es wird eine Tiefe sein, in der er bei sich selbst ankommt, sich und seine Sendung spürt und ruhen kann in der Quelle, aus der beides strömt.

Mk 6,46ff erzählt von einem dieser Tage, an denen alles anders kommt als geplant und erwartet. Jesus hatte sich mit seinen Aposteln an einen einsamen Ort zurückziehen wollen, um ihnen und sich Ruhe und Zeit zu gönnen. Doch die Leute laufen ihnen nach. Da sind sie nun. Jesus spürt ihre Bedürftigkeit. Er wirft seinen Plan um und lehrt die Menschen bis zum Abend. Nächstes Problem: In der einsamen Gegend gibt es nichts zu kaufen, als die Leute Hunger bekommen. Da speist Jesus die Menge mit dem Zuwenigen, was aufzutreiben ist, *„fünf Brote und zwei Fische"* (Mk 6,38), und alle werden satt. Mehr noch: So viel Essen bleibt übrig, dass es zwölf Körbe füllt. Am Abend eines solchen Tages ist jeder Mensch müde und aufgewühlt, möchte abhängen, sich selbst versorgen, braucht keine weitere Anstrengung mehr, will seine Ruhe haben. Wie geht Jesus mit sich um? Er betet. Allein. Ausgelaugt, wie er sein wird, gönnt er sich als Erstes Bewegung und sorgt für räumlichen Abstand.

Er steigt auf einen einsamen Berg. Dabei lösen sich Anspannung und Erregung, er wird ruhiger. Dass er sich dazu überwinden kann, zeigt, dass das Gebet für ihn mehr Wohltat und Bedürfnis ist als Mühe und Pflicht. Es muss ihn entspannen. Er kann sich loslassen dabei, sich wach und offen weggeben in die Einheit mit sich selbst und dem Grund, der ihn trägt – so, wie Liebende beisammen sein können. Solches Beten ist Erfahrung des Reiches Gottes.

Alle Evangelien berichten die sogenannte „Tempelreinigung" (Mk 11,15–19 par): Jesus treibt Händler und Käufer aus dem Tempel, stößt Tische der Geldwechsler und Stände der Taubenverkäufer um. Auch wenn sie vom Ausmaß her eine wohl eher symbolische Aktion war – immerhin ist die Tempelpolizei nicht gegen ihn vorgegangen –, haben Jesu Gegner die damit grundsätzlich gemeinte Kritik durchaus verstanden. Die Aktion werden sie Jesus in seinem Prozess vor dem Hohen Rat vorhalten: *Wir haben gehört, dass er gesagt hat: Ich will diesen Tempel, der mit Händen gemacht ist, abbrechen und in drei Tagen einen andern bauen, der nicht mit Händen gemacht ist* (Mk 14,58). Auch wenn es *falsche Zeugen* (Mk 14,57) sind, die ihm diese Worte in den Mund legen, etwas Wahres ist dran an ihnen: In der Tat ist Jesus davon überzeugt, dass kein bloßer Tempel-„Betrieb", d. h. äußerlich vollzogene Opfer mit Priesterhierarchien, Geld und Macht, den Menschen mit Gott verbinden kann. Eigentlich wäre genau dies die Aufgabe des Tempels. Aber die erfüllt er nicht. Einen solchen Betrieb will Jesus daher abschaffen. Was den Menschen wirklich mit Gott verbindet, ist das Gebet. In den synoptischen Evangelien[36] begründet Jesus seine Handlung nämlich mit folgenden Worten, die er sogar aus der Schrift zitieren kann: „*Heißt es nicht in der Schrift: Mein Haus soll ein Haus des Gebetes für alle Völker sein? Ihr aber habt daraus eine Räuberhöhle gemacht*" (Mk 11,17). Das Gebet bekommt eine Schlüsselstellung, wenn der Tempel zum *Haus des Gebets* wird. Wenn für das Johannesevangelium (2,21) Jesus selbst dieser Tempel ist, dann meint

---

36 Siehe Anmerkung 4.

es damit, dass nur Beten, das Beten im Geiste Jesu und damit im Geiste des Vaterunsers ist, zur Erfahrung der Einheit mit einem Gott werden kann, der sich zugleich in seiner Unmittelbarkeit und Selbstverständlichkeit verbirgt.

Sagt uns diese Schriftstelle etwas darüber, wie solches Beten geht? Damit Angehörige aller Völker und Religionen es vollziehen können, kann es nicht zuerst Vorgaben machen in Bezug auf Text, Körperhaltung, Gottesname oder -bild. Es muss ja offen sein für alle möglichen Vorstellungen, die die Menschen mitbringen. Auch kann der Gott, zu dem alle Völker und Religionen beten, nicht im Außen zu finden sein. Er ist im Inneren eines jeden Menschen da, diesem selbstverständlich und gerade so verborgen. Der Kirchenlehrer und Mystiker Bernhard von Clairvaux (1090–1153) weist in einer seiner Adventspredigten in die gleiche Richtung: „Du musst nicht über die Meere reisen, keine Wolken durchstoßen und nicht die Alpen überqueren. Der Weg, der dir gezeigt wird, ist nicht weit. Du musst deinem Gott nur bis zu dir selbst entgegengehen." Das Beten Jesu findet sein Ziel im Selbst des Beters.

Die Synoptiker berichten vom Gebet Jesu in der Nacht vor seiner Verhaftung (Mk 14,32–42 par). Es ist für Jesus die Hilfe, in Distanz zu seiner Todesangst zu kommen und frei zu werden für den Willen Gottes: *Abba, Vater, alles ist dir möglich. Nimm diesen Kelch von mir! Aber nicht, was ich will, sondern was du willst* [soll geschehen] (Mk 14,36). In diesem Gebet scheinen die Worte des Vaterunsers selbst durch. Beten im Geiste des Vaterunsers begegnet uns hier als Kraft gegen die Mächte der Angst und der Versuchung, nach allem zu greifen, um der Angst zu entgehen: Mächte, die den Menschen zu überwältigen und von sich selbst zu entfremden drohen. Beten hilft dem angefochtenen Geist wieder auf, so sehr, dass Jesus es seinen Jüngern als Rettungsanker in der Stunde der Not hinterlässt: *Wacht und betet, damit ihr nicht in Versuchung geratet. Der Geist ist willig, aber das Fleisch ist schwach* (Mk 14,38). Der Epheserbrief, der den Christen in dem grundsätzlichen Spannungsfeld von sich sein lassender Liebe und dem Prinzip der Koppelung sieht, empfiehlt ihm, in der Not die *Waffenrüstung*

Gottes anzulegen, *damit ihr am Tag des Unheils widerstehen, alles vollbringen und standhalten könnt! ... Hört nicht auf, zu beten und zu flehen! Betet jederzeit im Geist; seid wachsam, harrt aus ...* (Eph 6,13.18). Das Gebet ist hier die Hilfe, die dem Menschen gegeben ist, um in Grenzsituationen auszuhalten und durch Krisen hindurchzugehen.

Diese Skizze des Betens Jesu sollte uns eigentlich aufhorchen lassen und wachrütteln. Zumindest diejenigen unter uns, die Gebet als antiquierte Methode und als Zeitverschwendung ansehen. Nach dem Zeugnis der Evangelien hat das Gebet Jesu Kraft. Beten klärt das Innere, entzieht den Betenden den Mächten der Angst und der Gier und befreit ihn zu sich selbst. Er kann sich loslassen und ruhen in seinem Grund.

Beten spiegelt die Verzahnung von Heilserfahrung und Umkehr wider, die dem *Kehrt um! Denn das Himmelreich ist nahe* innewohnt: Im Vertrauen auf die Nähe des Himmelreiches lässt sich der von Jesus Angesprochene in seiner Sehnsucht auf das Beten ein. Die Umkehr besteht im Tun des Gebetes selbst – gegen alle inneren (und äußeren) Widerstände und Ausreden. Im Maße des Vertrauens wird das Gebet zum Beten im Geiste des Vaterunsers und damit zur Erfahrung des in ihm ankommenden Himmelreiches. Diese Erfahrung stärkt wiederum das Vertrauen des Betenden und vertieft seine Umkehr: Sie verändert die Ausrichtung seines Lebens, seine Werte, sein Tun und Verhalten. Etwas von der Liebe, die sich selbst lässt, kommt in seine Beziehungen und begegnet dadurch auch anderen. Wir erleben ja manchmal, wie durch eine Person ein Geist der Großzügigkeit, Freiheit und Versöhnung in eine Gruppe kommt, alle aufatmen lässt und eine Situation in Bewegung bringt, in der alle Beteiligten zuvor ängstlich und verbohrt sich an dem je Eigenen festgeklammert hatten.

So weit also Kennzeichen und Grundstruktur des Betens Jesu. Um seine Haltungen und seine „Methode" besser kennenzulernen, ist es nötig, u n s e r Vorwissen und u n s e r e Vorstellungen vom Beten einzuklammern. Allerdings ist klar: So wie Laufen nur durch Laufen gelernt wird, so wird auch Beten nur durch die Übung des Gebetes gelernt.

3. Der Kern des Evangeliums: Beten im Geiste des Vaterunsers

Nichts im Beten Jesu hat darauf hingedeutet, dass Jesus das Vaterunser nur mantraartig rezitiert hätte. Das Vaterunser ist auch keine Art Zauberformel, die durch Aufsagen das Kommen des Himmelreiches und die ersehnte Erfüllung bewirkt. Eine solche Sicht verbietet schon der Vers, der dem Vaterunser vorausgeht: *Wenn ihr betet, sollt ihr nicht plappern wie die Heiden, die meinen, sie werden nur erhört, wenn sie viele Worte machen. Macht es nicht wie sie; denn euer Vater weiß, was ihr braucht, noch ehe ihr ihn bittet.* Gott weiß, was der Betende braucht. Es ist daher überflüssig, ihn mit Worten oder gar Geplapper zu bestürmen, damit er schließlich den Willen des Beters oder der Beterin erfüllt. Das gilt auch für das Beten des Vaterunsers selbst: Christliches Beten hängt nicht am Buchstaben des Gebetstextes, sondern am Vollzug seines Geistes.

Doch hier beginnen die Schwierigkeiten. Denn einen vorgegebenen Text kann man lesen oder sogar sprechen, auch wenn er an der ein oder anderen Stelle Ablehnung, Skepsis, Unverständnis oder Ablehnung hervorruft.

Tatsächlich wird das Vaterunser weit über den Kreis gläubiger Christen hinaus gesprochen. Ich habe einmal einen „freien" Trauerredner erlebt, der die Trauergemeinde am Ende seiner philosophischen Darlegungen über die Bedeutungslosigkeit des Todes aufforderte, das Gebet zu sprechen, das die ganze Welt bete, das Vaterunser. Es ist wirklich so, dass der Text des Vaterunsers zum Gebet einlädt. Er ermöglicht Gebet. Er kann die Sehnsucht nach dem „Vater im Himmel" und nach einem „Heil" wecken, das der Mensch nicht herstellen kann. Wer es spricht, stellt sich in eine Gemeinschaft, die an einen Gott glaubt, *der seine Sonne aufgehen lässt über Guten und Bösen ...* und ein guter Vater für sie oder ihn ist. Lässt er sich die Worte des Vaterunsers nahekommen, erfährt er Innigkeit und Geborgenheit, Sehnsucht und Vertrauen. Gerade angesichts der Notlagen, von denen die Wir-Bitten ausgehen –

Mangel am Lebensnotwendigen, Schuld, die Qualen einer schweren Versuchung oder das Böse –, ist es tröstlich, sich an einen Vater im Himmel wenden zu können, von dem Heil ausgeht. Das alles tut gut, aber es ist im Alltag auch schnell wieder vorbei damit.

Den Text des Vaterunsers seinem Geiste nach zu vollziehen ist eine ganz andere Sache. Sie erfordert eine Konformität des eigenen Geistes mit dem des Textes. Und diese dürfte im Fall des Vaterunsers nicht immer gegeben sein. Zwar kann die Sehnsucht nach einem Vater im Himmel ein Teil der Wirklichkeit des Menschen sein und ihn manchmal den anderen Teil seiner Wirklichkeit vergessen lassen: den Teil der Zweifel an der Existenz eines Gottes, erst recht eines gütigen und mächtigen Vaters im Himmel; den Teil unserer unzureichenden Bilder von Gott, mit denen wir unsere Unkenntnis Gottes überdecken – wenn es ihn denn gibt; den Teil unserer Hilflosigkeit und Vorbehalte, die wir ihm gegenüber hegen. Wie kann ein Mensch in einem solchen Geist das Vaterunser seinem Geiste nach vollziehen? Selbst der Fromme ist bisweilen vom „Heil" Gottes enttäuscht und hat damit zu kämpfen, dass dieser Gott sich immer wieder als wenig väterlich erweist – gemessen an den landläufigen Vorstellungen davon. Muss man angesichts des Übels, das der gütige und allmächtige Vater mit der Erschaffung der Welt „zulässt", nicht zweifeln wie der 25-jährige Beckmann, der aus dem Grauen des Zweiten Weltkrieges nach Hamburg heimkehrt, weit entfernt von der Erfahrung, dass „der liebe Gott lieb ist? ... Ich sage nicht Lieber Gott, ich kenne keinen, der ein lieber Gott ist!"[37] Wie soll er sich *dem Vater im Himmel* zuwenden können? Apropos zuwenden: Wenn *niemand Gott je gesehen hat* (Joh 1,18), wem wendet der Beter sich überhaupt zu, mit wem tritt er in Beziehung, wenn er keine Erfahrung von diesem verborgenen Gott haben kann? Wir können das Vaterunser vielleicht sprechen, aber wie sollen wir es ehrlicherweise seinem Geiste nach vollziehen können? Die Frage ist daher, ob es einen Weg gibt, auf dem der

---

37 Wolfgang Borchert, Draußen vor der Tür, 5. Szene, S. 42.

Mensch mit seiner Sehnsucht und seinen Zweifeln und Vorbehalten, mit allem, was ihn, wie auch immer, bewegt, in diesen Vollzug hineinwachsen kann, weil er mehr und mehr von der Wirklichkeit durchdrungen wird, von der der Text spricht. Vielleicht entdecken wir Hinweise auf diesen Weg, wenn wir den Vaterunser-Text nun etwas genauer betrachten.

DIE „DU-BITTEN"

Unser Vater im Himmel,
geheiligt werde dein Name,
dein Reich komme,
dein Wille geschehe
wie im Himmel, so auf der Erde.

Auf den ersten Blick fällt an diesen sogenannten „Du-Bitten" auf: Nicht der Betende mit seinen Sorgen und Anliegen steht im Mittelpunkt, sondern im Gegenteil der Wunsch, dass die Mitte im Leben des Einzelnen und im Leben der Welt von *unserem Vater im Himmel* eingenommen werde: *geheiligt werde dein Name, es komme dein Reich, es geschehe dein Wille.* „Dein" an Stelle von „mein" öffnet zuerst einmal die Augen dafür, dass mir das Meine das selbstverständlich Wichtigste im Leben ist und ich mich darum drehe. Jesus liebt es, Gleichnisse zu erzählen, in denen das nebenbei zum Ausdruck kommt: Zum Beispiel steht am Beginn der Umkehr des „verlorenen Sohnes" die Erwartung, zu Hause etwas zu essen zu bekommen (Lk 15). Der ungetreue Verwalter, den sein Chef entlassen will, schmiert mit dessen Geld die Schuldner seines Herrn, damit diese ihn nach seinem Rauswurf versorgen (Lk 16,3). Ganz selbstverständlich sorgen „verlorener Sohn" und ungetreuer Verwalter zuerst für sich selbst, ganz in Brechts Sinn: „Erst kommt das Fressen, dann kommt die Moral."[38]

Wie sehr jeder selbst in der Mitte seines Denkens, Wünschens, Strebens, Handelns und seines Bewusstseins steht, er-

---

38 In: Die Dreigroschenoper, S. 67.

lebt, wer beten will und deswegen *in seine Kammer geht und die Tür zuschließt* (vgl. Mt 6,6), d. h. versucht, still zu werden: Ohne ein Mindestmaß an Sammlung ist Beten nicht möglich. Dabei stellt er sehr schnell fest, wie voll sein Geist von Erlebnissen ist, die ihn umtreiben und ihm in Szenen, Bildern, Erinnerungen gegenwärtig werden. Seine Gedanken kreisen um das Erlebte in Kommentaren, Beschwerden, Bewertungen und Analysen. Sein Wünschen steht nicht still. Bei Problemen sucht er fieberhaft nach Lösungswegen. Wie kann es bei dieser Verfasstheit des Menschen nun dazu kommen, dass die Mitte der *himmlische Vater* einnimmt – im Beten und darüber hinaus in Leben und Tun? Was immer der Betende dazu aktiv unternimmt, wie immer er dieses Ziel versucht anzustreben, z. B. durch höhere Konzentration, durch Wegkonzentration von „Störungen" usw., mit seinem Wollen und Streben setzt er sich gerade wieder selbst in die Mitte und verhindert auf diese Weise den Vollzug des Vaterunsers dem Geiste nach. So kann das Kommen von G o t t e s Reich, das Geschehen s e i n e s Willens also nicht gehen. Wie aber dann? Es bleibt nur übrig, bewusst da sein zu lassen, was auf der Bühne des Bewusstseins da ist. Wenn geschieht, worum das Vaterunser bittet, nämlich dass G o t t e s Reich kommt, und zwar auch in das Bewusstsein des Beters, dann muss das Spiel auf der Bühne dieses Bewusstseins sich verändern. Um diese Veränderung bemerken zu können, darf der Betende sich nicht so mit seinen Gedanken, Wünschen, Bildern, Erinnerungen, Fantasien beschäftigen, dass davon seine Aufmerksamkeit völlig gebunden wird. Das heißt, dass er immer wieder loslässt, sobald er seine Verstrickung bemerkt, sich immer wieder öffnet für das Ganze der Bühne seines Bewusstseins und dessen innewird, was auf ihr geschieht: Er lässt in sein Bewusstsein zu, wer und was immer dessen Bühne betreten will, und er hält nichts fest, was von ihr abtreten will. Weder darf er seine Aufmerksamkeit binden lassen von angenehmen, friedlichen, beglückenden Inhalten, die ihn animieren, sie festzuhalten und zu genießen, noch von unangenehmen, spannungsgeladenen, leidvollen Inhalten, die ihn dadurch binden, dass sie ihn verführen, entweder zu versuchen, sie zu bewältigen oder sie loszuwerden. Beides gilt es, so da sein zu lassen, dass der Geist fähig bleibt, zu merken, was geschieht, d. h. offen und achtsam ist.

Die methodischen Hinweise, die die Du-Bitten uns für das Beten im Geiste Jesu geben, laufen also hinaus auf eine Offenheit des Betenden, in der er geschehen lässt, was geschieht, ohne Angenehmes herstellen oder festhalten und Unangenehmes vermeiden oder wegkriegen zu wollen. Damit übt er de facto Entkoppelung, und zwar in Dosen, wie sie ihm möglich sind. In dieser Methodik haben dann Platz auch all seine Zweifel, seine Vorbehalte, seine Vorwürfe und sein Ärger gegen Gott, alles eben, was die Bühne seines Bewusstseins betreten möchte, wenn es auch noch so peinlich, beschämend oder verboten ist.

In dieser Weise zu beten heißt, Kontrolle über sein Beten abzugeben. Die Gebetsmethode des Vaterunsers braucht nicht viele Worte, sie braucht weder aktive noch passive Gedankentätigkeit.[39] Was sie braucht, ist Vertrauen, das im Gebet geschehen lassen kann, was geschieht. Es ist daher kein Zufall, dass der unmittelbar vor dem Vaterunser stehende Vers das Vertrauen beim Beten herausstellt: *Euer Vater weiß, was ihr braucht, noch ehe ihr ihn bittet* (Mt 6,7f). In diesem Vertrauen konnte Jesus in seinem Gebet im Garten Getsemani seine Todesangst zu- und da sein lassen und in seine Passion gehen. Das geschehen-lassende Beten nach dem Vaterunser und das Handeln, das aus ihm folgt, sind Ort und Ernstfall des Vertrauens.

Wie steht es denn mit der Fähigkeit des Menschen, im Gebet zu vertrauen? Für Jesus ist Gott *Licht – und keine Finsternis ist in ihm* (1 Joh 1,5). Deswegen nennt er ihn „Vater". Damit bringt er die Beziehung zu Gott in Verbindung mit unserer Beziehungserfahrung mit den Eltern oder primären Bezugspersonen. Von ihnen haben wir Gutes empfangen, sonst wären wir gar nicht (mehr) am Leben. Ich bin immer wieder tief beeindruckt, wenn ich mitbekomme, wie viel Anstrengung El-

---

39 Aktive Gedankentätigkeit: Ich denke über etwas nach und will das auch. Passive Gedankentätigkeit: „es" denkt in mir: vielfältigste Gedanken gehen mir durch den Kopf, ohne dass ich das will.

tern auf sich nehmen, wie sie auf Schlaf verzichten, selbst zurückstehen um ihrer Kinder willen. Wenn sie sie füttern, wickeln, in den Schlaf wiegen, sich mit ihnen beschäftigen, mit ihnen sprechen, sich ihnen zuwenden und ihnen zuhören, dann werden sie das immer wieder auch in Liebe tun. Diese Liebe bildet die Grundlage für das Vertrauen, zu dem wir im Leben fähig sind. Doch ist es begrenzt, wie die Liebe unserer Eltern begrenzt war: begrenzt durch ihre eigene Biografie, begrenzt durch die Belastungen ihrer Lebensverhältnisse, begrenzt durch mangelnde Arbeit an sich selbst, begrenzt auch durch das, was wir als Kinder ihnen abverlangt haben. Zwischen Eltern und Kindern ist nicht nur Liebe, sondern auch Verfehlung. Sie bleiben einander wirkliche Begegnung immer wieder schuldig. Die Kinder lernen zwar, dieses Versagen zu kompensieren, aber ihr Grundvertrauen bleibt prekär.

So gerät der Erwachsene vor die Frage, wie seine Fähigkeit zu vertrauen wachsen kann. Sie nimmt zu, wenn sein Bedürfnis nach Sicherheit sich ein wenig lockert, er „im Vertrauen" etwas wagt und dies zu einer guten Erfahrung führt. Dann lernt er, dass Vertrauen sich lohnt.

Beten nach der „Methode" des Vaterunsers ist eine Schule des Vertrauens. Denn indem der Beter dabei geschehen lässt, was geschieht, wagt er in dem ihm möglichen Maß, sein Bedürfnis nach Sicherheit loszulassen und liefert sich aus. Die Gemeinschaft, die zu unserem Vater im Himmel betet, unterstützt ihn und macht ihm Mut. Das Risiko, das der Betende eingeht, liegt darin, dass innere Bewegungen in sein Bewusstsein aufsteigen, die ihm verboten erscheinen oder weh tun, mit Angst, Schuld oder Wut zu tun haben oder in sonst einer Weise unangenehm und störend sind, und er versucht, in der Wahrnehmung dieser inneren Bewegungen zu verweilen, ohne sie zu bearbeiten, manipulieren oder wegkriegen zu wollen. Anzuerkennen und anzunehmen, was tatsächlich hier und jetzt der Fall ist, erfordert, unser Streben, das das Missfällige weghaben will, und unsere Vorstellungen von Erfüllung im Gebet loszulassen. Das ist Übergabe an Gott, die de facto und sehr nüchtern verwirklicht, worum der Vaterunser-Text bittet:

Geheiligt werde dein Name, dein Reich komme, dein Wille geschehe wie im Himmel, so auf der Erde.

Nur durch Ernüchterung und Loslassen kann der Betende überhaupt die Erfahrung machen, dass Gott Liebe und wirklich vertrauenswürdig ist, weil Gott nur dort, wo der Mensch an eine Grenze stößt und mit dem Machen aufhört, die Chance bekommt, sein Heil und sein Reich zu erweisen. Nur so kann unser Vertrauen wachsen und unsere Liebe sich erfüllen – nicht aber dadurch, dass wir immer wieder sagen, wie lieb Gott ist, und es doch nicht wagen, bei uns selbst einzukehren und auszuhalten.

Kommen wir zum zweiten Teil des Vaterunsers.

DIE „WIR-BITTEN"

Gib uns heute das Brot, das wir brauchen.
Und erlass uns unsere Schulden,
wie auch wir sie unseren Schuldnern erlassen haben.
Und führe uns nicht in Versuchung, sondern rette uns vor dem Bösen.

Diese Fortsetzung der Du-Bitten ist erstaunlich. Sie zeichnet nicht etwa die schöne neue Welt, die anbricht, wenn das Reich des Vaters kommt und sein Wille auf Erden geschieht. Im Gegenteil scheint sie unsere Vorbehalte und Zweifel an unserem himmlischen Vater zu bestätigen, indem sie uns Notlagen vor Augen stellt, in die Menschen hineingeraten können und auch wirklich hineingeraten, solange sie auf dieser Erde leben: Mangel am Lebensnotwendigen, Schuld, Versuchung, Böses. In einer solchen Grenzsituation – einer dem Menschen vorgegebenen Situation, die seinen Vorstellungen und Wünschen nicht entspricht – kommen dem Betroffenen dann ganz schnell Fragen der Art, ob Gott ihn straft, wieso er ihm das zumutet, ob er ihn verlassen hat, ja, ob es Gott überhaupt gibt, ob Glaube und Gebet überhaupt einen Wert haben ..., und sie lösen Enttäuschung, Zweifel und Distanzierung aus. Er ist in eine Krise gestürzt, in der ihm abhandenkommt, was das ankommende Reich Gottes in seinem Leben und in der Welt an Gutem bewirkt hat. In der Tat: Das Reich Gottes verwandelt den Menschen von innen her und befähigt ihn zu solidarischeren und menschlicheren Beziehungen. Das sehen wir an vielen Beispielen, an Menschen wie Jesus selbst, Franz von Assisi, Dietrich Bonhoeffer, Nelson Mandela, Mutter Teresa ... und an vielen Initiativen wie der Entstehung von Hospitälern und Schulen. Solange aber die Einzelnen und die Menschheit von dieser Verwandlung nicht ganz durchdrungen sind, wird es Schuld, Böses, Versuchungen und Mangel am Lebensnotwendigen immer wieder geben. Und so ist es ja auch.

Die Notlagen, die die Wir-Bitten anführen – Mangel des Lebensnotwendigen, Störung von Beziehungen durch Schuld, Scheitern in der Versuchung und Begegnung mit dem Bösen –, betreffen die leiblichen, sozialen und spirituellen Grundlagen des Lebens. Diese sind nicht selbstverständlich gegeben und auch nicht ohne weiteres herstellbar. Der Text des Vaterunsers, der den Betenden mit ihrem Fehlen konfrontiert, sorgt damit dafür, dass der Beter sich dessen bewusst bleibt, auf Erden kein sicheres Zuhause und keine bleibende Stätte zu haben, in der er sich einrichten und alles Unangenehme vergessen kann, so wie wir im Norden und Westen das viele Jahre lang meinten. Der Beter soll herabsteigen vom hohen Ross einer überheblichen Selbstsicherheit. Wer die Wir-Bitten ernst nimmt, bleibt nüchtern und wachsam. Er wird demütig und stellt sich der ihm hier und jetzt zugemuteten, konkreten geschichtlichen Situation, um sie annehmen und gestalten zu können.

Für unseren Text sind aber gerade auch solche Grenzsituationen Orte des Gebetes. Das Gebet im Geiste des Vaterunsers lässt den Betenden seiner selbst innewerden und dient damit seiner Selbstbestimmung in der konkreten Situation jetzt und hier. Es ist Aushalten an einer Grenze, die stets zwei Aspekte in sich vereint: Zum einen stellt sie sich dem Betenden in den Weg und macht dadurch eine ganze Palette von Empfindungen, Motiven, Vorstellungen, Erwartungen offenbar, die ihn bewegen. Zum anderen bekommen Beterin und Beter, die an der Grenze bleiben, auch etwas mit vom fernen Land des Seins jenseits der Grenze. Der Aufenthalt an der Grenze bricht den bisherigen Lebenshorizont auf. Er verändert.

Verfolgen wir diese Vorgänge bei den einzelnen Wir-Bitten: Das *tägliche Brot* war zur Zeit Jesu insbesondere auf dem Land knapp. Denken wir an das Gleichnis von den Arbeitern im Weinberg (Mt 20), wo noch zur elften Stunde Tagelöhner darauf warten, etwas verdienen zu können. Die Not des täglichen Brotes ist auch heute real: Selbst im reichen Deutschland leben etliche Alleinerziehende und Senioren unter der Armutsgrenze. Wie viel Existenzängste hat die Corona-Krise ausgelöst, wie viel Mangel am Lebensnotwendigen wird der Klimawandel weltweit verursachen? Nirgendwo erfährt der Mensch seine Hinfälligkeit mehr als dort, wo ihm das Lebensnotwendige fehlt. Das Gebet in dieser Lage kann ihm zu innerem Abstand verhelfen, ihn öffnen für kreative Möglichkeiten, ihm Kraft für nötige Schritte geben, z. B. auf seine Not aufmerksam zu machen und zu kämpfen, statt sie verschämt zu verbergen. Denn in hocharbeitsteiligen Gesellschaften und in einer global verflochtenen Welt ist die Möglichkeit des Einzelnen, seinen Lebensunterhalt zu verdienen, abhängig von den Gesetzen, die den Handel, die Finanzströme ... und viele andere aufeinander bezogene Systeme regeln. In der Pflicht steht daher neben dem Betroffenen sowohl die Gemeinschaft, die die Aufgabe hat, Strukturen zu schaffen, die es allen möglich machen, ihr Brot zu verdienen, als auch die Besitzenden, die lediglich Verwalter der Güter dieser Erde sind, die allen gehören, und deswegen den Bedürftigen das Lebensnotwendige zu reichen haben.

In der Vergebungsbitte ist „Schuld" in einem ganz weiten Sinn aufzufassen, der von Sünde als verfehlter Ausrichtung des Lebens bis hin zu Taten reicht, durch die andere absichtlich geschädigt werden (siehe S. 39ff): *Und erlass uns unsere Schulden, wie auch wir sie unseren Schuldnern erlassen haben.* Der Beter kommt in dieser Bitte sowohl als Täter vor, der sich vor Gott „schuldig" gemacht hat, als auch als Opfer eines anderen. Als Opfer ist er gefangen in seiner durch das Unrecht ausgelösten Kränkung, in Wut und Anklage..., in seinem Verlangen nach Sühne oder Rache. Dadurch steht er in der Gefahr, seinerseits zum Täter an Dritten zu werden.

Als Täter spürt der Beter die unüberbrückbare Kluft zwischen seiner Tat und dem, was er in der gegebenen Situation gesollt, aber verfehlt hat. Alle seine Selbstrechtfertigungsversuche sind letztlich zum Scheitern verurteilt. Auch Ablenkung hilft nur vorübergehend. Kann der Täter seine Schuld nicht eingestehen, muss er sich innerlich verschließen. Damit droht er unerreichbar zu werden für Begegnungen. Er verschließt damit den Quell, aus dem ihm Vergebung, Sinn und Perspektive zufließen können. Diesen Prozess stellt Dostojewskis Roman „Schuld und Sühne" am Beispiel des Mörders Raskolnikow dar. Raskolnikow hatte gemeint, sich durch seinen entschiedenen Willen über das Gebot „Du sollst nicht töten!" hinwegsetzen und damit seine Autonomie und übermenschliche Größe begründen zu können. Er scheitert kläglich und braucht die Liebe Sonjas, durch die der völlig in seine Rechtfertigungsideologien Verrannte allmählich auf den Weg der Sühne und des Lebens zurückfindet.

Hilfe braucht allerdings oft auch das Opfer, um den Weg zur Vergebung zu finden. Denn nicht durch Analysieren, Kommentieren, Verurteilen des erlittenen Unrechts und des Täters findet es den Frieden wieder, sondern indem es vergibt.

Das Gebet im Geist und nach der Methode des Vaterunsers hilft Täter und Opfer: Sie können sich zunächst ihrer inneren Bewegungen bewusst werden, ohne irgendetwas daran „verbessern" zu müssen, allerdings auch, ohne sie dadurch festzuhalten, dass sie sich gedanklich damit beschäftigen (wie sie es vermutlich permanent getan haben, ohne dass sich etwas gelöst hat). Das Durchleben hilft, sich allmählich einzugestehen, was ist: die Tat, die gesetzt ist, in der der Täter die Liebe und sich selbst verfehlt hat. Auch das Opfer verfehlt die Liebe und sich selbst, wenn es sich weigert, zu vergeben. Beide werden spüren, wie ohnmächtig sie in den Auswirkungen des Geschehens auf ihr Inneres gefangen sind. Wenn sie dies annehmen, können daraus Bedauern und der Wunsch nach Versöhnt-Werden mit sich selbst und mit dem Grund des Seins erwachsen. Die Wunde des Geschehenen bleibt. Wenn jedoch die Gefühle nicht mehr auflodern, wenn Opfer bzw. Täter sich an das erlittene Unrecht bzw. ihre Tat erinnern, dann ist die Erfahrung der Vergebung angekommen.

Die Vergebungsbitte weist eine Besonderheit auf, die Bedeutung hat für das Verständnis des Betens Jesu: Die Verbindung der Vergebung unter Menschen mit der Vergebung von Gott ist ein auch im Judentum verbreiteter Gedanke. Aber es gibt dort keinen Fall, „wo menschliches Handeln in dieser Weise in einen zentralen Gebetstext hineingenommen wird"[40] wie beim Vaterunser. Für das Beten Jesu ist also die Verbindung von Innehalten und Innewerden einerseits und dem entsprechenden Tun andererseits sowohl charakteristisch als auch wesentlich. Das Tun ist mehr als nachträgliche Umsetzung von etwas im Gebet Erkanntem: Es ist Ausdruck einer existenziellen Verwandlung des Beters. Immer wieder werden wir auf diesen Zusammenhang stoßen, den wir ja schon aus der Verbindung von Ostererfahrung und Sendung kennen.

Auch die nicht leicht zu deutende Schlussbitte bringt dem Betenden eine Grenzsituation zu Bewusstsein. Allerdings darf man „Versuchung" hier nicht reduzieren auf Lappalien oder moralische Perfektion. Stellen wir uns eine ungewollt schwanger gewordene junge Frau vor, die mit der Frage ringt, ob sie ihr Kind austragen oder abtreiben soll. Oder einen Arzt, der angesichts zu knapper Ressourcen über Leben und Tod entscheiden muss. Oder einen Unternehmer in der Spannung von Entlassungen und „nötigem" Gewinn. Was ist in solchen Situationen richtig, was falsch? Ist ein Motiv, das den Versuchten bewegt, nur selbstbezogen oder ist es realistische Anerkennung der Grenzen der eigenen Möglichkeiten? Welche Entscheidung entspricht der sich hingebenden Liebe? Was will Gott jetzt vom Versuchten? Dieser spürt, dass es in der Versuchung nicht nur um etwas, um eine Sache außerhalb seiner selbst geht, sondern dass es vielmehr um ihn selbst, um

---

40 Luz, EKK I/1, S. 452f.

sein Menschsein geht. Er bestimmt über sich als Person. Versuchung setzt in höchste Spannung und lähmt. Der gute Wille ist geschwächt. Das Böse versehrt jeden, der mit ihm in Berührung kommt. In der Tat muss man bitten: *Führe uns nicht in Versuchung, sondern rette uns vor dem Bösen*. Und doch ist die Bibel voll von Geschichten über Versuchungen und das Böse. So ist beispielsweise im Neuen Testament nur ein oder zwei Seiten vor unserer Stelle nachzulesen, dass *Jesus vom Geist in die Wüste geführt [wurde]; dort sollte er vom Teufel versucht werden* (Mt 4,1): Der Wille Gottes selbst setzt Jesus der Versuchung aus, hier wie im Garten Getsemani. Musste nicht auch Jesus in *Prüfungen* (Lk 22,28) aushalten? Ist er nicht im Verrat des Judas, in seinem Prozess mit falschen Zeugen, in der Gehässigkeit des „Kreuzige ihn!" Bösem begegnet? Sind nicht die Jünger in ihrer Versuchung im Garten Getsemani und in ihrer Treue zu Jesus gescheitert, als sie ihn in seiner Passion allein ließen? Ist nicht Petrus durch seine dreimalige Verleugnung in der Versuchung gefallen? Versuchungen, Begegnungen mit dem Bösen, Prüfungen sind Teil der von Gott bejahten Wirklichkeit. Wer sich dieser stellt, geht nüchterner und demütiger daraus hervor. Zumindest, wenn er nicht in Verschlossenheit und Verbitterung stürzt, der „Sünde wider den Heiligen Geist", von der Jesus in Mt 12,31 sagt: *Jede Sünde und Lästerung wird den Menschen vergeben werden, aber die Lästerung gegen den Geist wird nicht vergeben werden*. Wer Gott nicht mehr zutraut, dass er Heil auch für ihn bereithält, wie tief er immer gefallen oder traumatisiert sein mag, immunisiert sich gegen Gottes Gnade und schafft sich eine „self-fullfilling prophecy", die das Unheil immer neu erzeugt, dem durch Verhärtung entkommen werden soll. Die Schlussbitte verstehe ich als das Gebet, vor dieser Sünde gegen den Heiligen Geist bewahrt zu werden und offen zu bleiben.

Wenden wir uns noch kurz den Versen zu, die das Vaterunser unmittelbar umgeben – den beiden nächstäußeren „Schalen" –, um dann das Wichtigste zusammenzufassen, was sich bis dahin zu Geist und Methode des Betens Jesu ergeben hat.

Die beiden Verse, die unmittelbar vor bzw. nach dem Vaterunser-Text stehen, nennen Voraussetzungen für das Beten im Geiste Jesu: Das ist zum einen die Bereitschaft, das Risiko des Vertrauens einzugehen – nicht plappern, denn *euer Vater weiß, was ihr braucht, noch ehe ihr ihn bittet* (Mt 6,7f) –, und zum anderen die Bereitschaft loszulassen: *Denn wenn ihr den Menschen ihre Verfehlungen vergebt, dann wird euer himmlischer Vater auch euch vergeben. Wenn ihr aber den Menschen nicht vergebt, dann wird euch euer Vater eure Verfehlungen auch nicht vergeben* (6,14f). Das Bestehen auf der Kränkung, selbst wenn es Unrecht war, die sie zugefügt hat, trennt den Betenden von Gott, der denjenigen versöhnt, der bereit ist, seine Vorstellungen, Gefühle und Wünsche zur Disposition zu stellen und sich im Beten verändern zu lassen.

Das Vaterunser und diese beiden Voraussetzungen des Betens sind wiederum eingebettet in Mahnungen zur wahren Frömmigkeit (6,1–6 und 6,16–18), der nächstäußeren Schale der Bergpredigt. Diese handelt vom Almosen-Geben, Fasten und Beten, den klassischen Methoden der Frömmigkeit. Die drei Mahnungen sind in Wahrheit eine einzige, die deshalb besonders bedeutsam und wichtig sein muss: Frömmigkeit, insbesondere das Gebet, das uns vor allem interessiert, darf nicht als Mittel für die eigene Befriedigung missbraucht werden. Das ist Wasser auf die Mühle des methodischen Prinzips, im Gebet geschehen zu lassen, was geschieht. Schauen wir uns genauer an, wieso das so eindringlich eingeschärft wird. Beten ist eine Handlung der wie jeder Handlung eine Intention zu Grunde liegt. Die Beter möchten etwas haben von ihrem Gebet, z. B. Trost, Frieden, Klarheit, ein Aufgehen in der Liebe Gottes, es soll ihnen etwas „bringen". Das ist so, und es ist unvermeidlich. Die Absichten des Betenden schränken jedoch die Offenheit ein, die Geist und Methode des Vaterunsers verlangen. Er fokussiert sich nämlich auf solche inneren Impulse, die ihm die Aussicht bieten, seine Absichten verwirklichen zu können. Er „macht" dann sein Gebet. Er lässt nicht mehr geschehen, was auf der Bühne seines Bewusstseins geschieht, kann dies auch nicht mehr mit seiner Aufmerksamkeit begleiten, da diese von seinem Wollen gebunden ist. Hat ein solches Gebet „Erfolg", d. h. haben Beterin und Beter es geschafft, das beabsichtigte Erleben herzustellen, *haben [sie] ihren Lohn bereits erhalten* (Mt 6,2.5.16). Solche Spiritualität ist für Jesus wertlos. Denn die Betenden sind die alten geblieben, nichts in ihnen musste sterben, nichts konnte auferstehen. Beterin und Beter konnten ihr „Reich" und ihren Willen durchsetzen. Nichts Neues also, die Chance des Gebets ist vertan. Um sie zu nutzen, verdient Enttäuschung besondere Aufmerksamkeit: Sie kommt ja dort auf, wo das Gebet die Intentionen des Betenden nicht erfüllt, diesen also eine Grenze setzt. Gesteht er sich seine Enttäuschung ein, wird sie zur Chance, der eigenen Absichten gewahr zu werden, sie loszulassen und sich neu zu öffnen für die Realität im Gebet hier und jetzt: Die Ent-täuschung wird so zum Ende der Täuschung, die entstanden ist, als die Intentionen des Betenden die Regie seines Betens übernahmen.

Enttäuschung gehört von der Sache her geradezu zum Alltag des Gebetes. Denn: *So hoch der Himmel über der Erde ist, so hoch erhaben sind meine [Gottes] Wege über eure Wege und meine Gedanken über eure Gedanken.* Unsere Absichten greifen stets zu kurz. Doch gilt dem, der sie loslassen und sich daraufhin seiner Wirklichkeit öffnen kann, auch die anschließende Verheißung: *Denn wie der Regen und der Schnee vom Himmel fällt und nicht dorthin zurückkehrt, ohne die Erde zu tränken und sie zum Keimen und Sprossen zu bringen, ... so ist es auch mit dem Wort, das meinen Mund verlässt: Es kehrt nicht leer zu mir zurück, ohne zu bewirken, was ich will, und das zu erreichen, wozu ich es ausgesandt habe* (Jes 55,9–11). Solches Beten bewirkt etwas. Es ist existenziell. Auch für Paulus ist das gefühlte Scheitern des Gebetes eine typisch christliche Gebetserfahrung: *Wir wissen nicht, was wir in rechter Weise beten sollen; der Geist selber tritt jedoch für uns ein mit unaussprechlichen Seufzern* (Röm 8,26). Wenn die Vorstellungen der Betenden durchkreuzt und sie selbst verwirrt und frustriert werden, dann wissen sie in der Tat nicht mehr, was und wie sie *in rechter Weise beten sollen*. Doch gerade hier gilt es auszuharren, denn hier *tritt der Geist selber für uns ein mit unaussprechlichen Seufzern.* Der Geist der Wahrheit deckt nämlich auf, dass der Betende Gott dafür gebrauchen wollte, des Betenden Vorstellungen zu erfüllen. Damit setzt sich der Mensch an die Stelle Gottes, macht sich zur Mitte. Kann der Betende, sobald er dies gewahrt, seine Fixierung auf seine Absichten lösen, beginnt sein Horizont sich zu verändern. Im Freigeben der Mitte, im Sterben des Egos ersteht ein wahreres und freieres Selbst. Der Beter empfängt, *was kein Auge gesehen und kein Ohr gehört hat, was in keines Menschen Herz gedrungen ist, was Gott denen bereitet hat, die ihn lieben* (1 Kor 2,9).

Fassen wir zusammen: Nach dem Aufbau des Matthäusevangeliums legt die Bergpredigt die Botschaft Jesu – *Kehrt um, denn das Himmelreich ist nahe!* – aus. Kern dieser Botschaft ist Beten im Geist des Vaterunsers. Dieses Beten ist ganz wesentlich die Umkehr, zu der Jesus aufruft, und es ist der Weg zu bleibender Erfüllung im Leben.

Methodisch gesehen lässt sich dieses Beten als Innehalten, Innewerden und ein daraus erwachsendes Tun beschreiben. Der Betende wendet sich nach innen und gewahrt seine inneren Bewegungen: Gedanken, Empfindungen aller Art, Gefühle, geistige Gegebenheiten. Gleich, ob diese Bewegungen angenehm oder unangenehm sind: Er lässt sie in sein Bewusstsein zu. Was da ist, lässt er achtsam und wach da sein. Er lässt los, was gehen will. Er verzichtet darauf, verstehen, einordnen, lösen zu wollen, d.h. sich gedanklich mit dem zu beschäftigen, was in ihm vorgeht. Er verzichtet ebenfalls darauf, seine Vorstellungen davon, wie sein Gebet sein soll, zu verfolgen. Vielmehr lässt er, merkend, was gerade geschieht, dies geschehen und erreicht so die Disposition, in der sein Selbstverständnis und seine Ausrichtung sich wandeln können. Das wirkt sich auch in seinem Alltag aus. In seinen Begegnungen vermittelt sich etwas von der Freiheit und Liebe, denen er in seinem Beten begegnet ist.

Neben den Enttäuschungen verdienen überhaupt unangenehme Empfindungen wie Spannungen, Schmerzen, Scham,

Schuld, Angst, Wut, Hilflosigkeit, Unruhe, Zweifel, Langeweile usw. die besondere Aufmerksamkeit des Beters, damit er nicht versäumt, sie ins Bewusstsein eintreten zu lassen und sich ihnen zuzuwenden. Dahinter steckt kein Sadismus Gottes. Entwicklungs-, Reifungs-, Wachstumsprozesse können nicht anders geschehen, als dass sie in Kontakt mit den bisherigen Grenzen bringen. Da Grenzen immer auch schützen, kann dieser Kontakt nicht nur angenehm sein: Bisher durch die Grenze Geschütztes wird nun entblößt, dem Licht der Bewusstheit und Wahrheit ausgesetzt. Doch wie anders sollte Dasein in Existenz gewandelt werden können? Rilkes Ermutigung an einen jungen Dichter gilt daher auch uns: „… und ich möchte Sie, so gut ich es kann, bitten, lieber Herr, Geduld zu haben gegen alles Ungelöste in Ihrem Herzen und zu versuchen, die Fragen selbst liebzuhaben wie verschlossene Stuben und wie Bücher, die in einer sehr fremden Sprache geschrieben sind. Forschen Sie jetzt nicht nach den Antworten, die Ihnen nicht gegeben werden können, weil Sie sie nicht leben könnten. Und es handelt sich darum, alles zu leben. Leben Sie jetzt die Fragen. Vielleicht leben Sie dann allmählich, ohne es zu merken, eines fernen Tages in die Antwort hinein."[41] Wer an seinen Grenzen sein Selbst bis auf seinen Grund durchlebt, trifft im Grund aller Wirklichkeit die Liebe, die ihn zu sich selbst befreit. Der Zusammenhang von Grenzerfahrung – Kreuz – und spiritueller Neuwerdung – Auferstehung – durchzieht das Evangelium wie ein roter Faden: Seliggepriesen werden die Armen. Erwählt werden die Sünder. Auferweckt wird, wer sich in Vertrauen und Offenheit in den Tod gab. Es ist der Sohn, der verloren war und umkehrt, der eine überwältigende Aufnahme und Würdigung erfährt. Wo die Fähigkeiten des „verlorenen Sohnes" – Innehalten; Innewerden; Loslassen der gescheiterten Lebensausrichtung – fehlen, gibt es nur ein „Weiter so!", gewöhnlich in noch gesteigerter Form. Dies erzählt 1 Kön 18 von den Priestern des Baal, des Gottes, der für Wirtschaftswachstum und Wohlstandsmehrung in Kanaan zu-

---

[41] Rainer Maria Rilke, Brief an Franz Xaver Kappus vom 16. Juli 1903.

ständig war. Als von ihm *kein Laut, keine Antwort, keine Erhörung* (1 Kön 18,30) ihrer Bitten kam, konnten sie ihre Enttäuschung nicht annehmen. Vielmehr wurde aus ihrem Rufen Schreien, aus ihrem Sich-wund-Ritzen Strömen des Blutes, aus ihrem Tanz Raserei. Sie konnten ihre Vorstellungen und ihr Streben nicht loslassen. Sie konnten nur „mehr vom selben"[42], nicht jedoch umkehren, und so gingen sie zu Grunde.

Wir stoßen hier auf das Paradox, dem wir bereits bei der Suche der Magier aus dem Osten begegnet sind: Beten als Art und Weise, seiner Sehnsucht-über-alles-hinaus zu folgen, ist nur dann ein Weg zu ihrer Erfüllung, wenn es immer wieder auf seine von ihm gewünschte und vorgestellte Erfüllung verzichtet, ja sogar Leiden bejaht, wenn es davon heimgesucht wird. Ein eindrucksvolles Zeugnis dafür ist ein Kassiber des Jesuiten Alfred Delp, der im Dritten Reich ins Gefängnis geworfen wurde. Er hat sein Leiden nicht gesucht. Als Mitglied des Kreisauer Kreises dachte der Soziologe über eine bessere Zukunft Deutschlands nach. Am Tag, an dem seine Gefährten zum Tode verurteilt wurden – er selber musste später denselben Weg gehen –, schrieb er: „Eins ist mir so klar und spürbar wie selten: Die Welt ist Gottes so voll. Aus allen Poren der Dinge quillt er gleichsam uns entgegen. Wir aber sind oft blind. Wir bleiben in den guten und schlechten Stunden hängen. Wir erleben sie nicht durch bis zu dem Brunnenpunkt, an dem sie aus Gott hervorgehen. Das gilt für das Gute und für das Elend. In allem will Er mit uns Begegnung feiern und erwartet die anbetende und liebende Antwort. Die Kunst und der Auftrag ist nur dieser, aus diesen Einsichten und Gnaden dauerndes Bewusstsein und dauernde Haltung werden zu lassen. Dann wird das Leben frei in der Freiheit, die wir so oft gesucht haben."[43] Delp schreibt diese Worte mit gefesselten Händen, mehrfach gefoltert, niedergebrüllt in einem öffentlichen

---

42 „Mehr vom selben" ist nach Watzlawicks et al. Buch „Lösungen" die verbreitetste Strategie zur „Behebung" von Schwierigkeiten – ein Bier schmeckt, also noch ein Bier –, die jedoch aus den Schwierigkeiten oft unlösbare Probleme macht.
43 Kassiber vom 17.11.1944, in: Delp, Kämpfer. Beter. Zeuge, S. 50.

Propagandaprozess, in qualvollem Warten auf sein Urteil. Was daraus entsteht, wenn die Stunden durchlebt werden, auch die schlechten, statt an ihrer Oberfläche hängenzubleiben, ist Verwandlung des Menschen, „Auferstehung des Fleisches", die nach Delps Zeugnis alles Leiden aufwiegt. Das Problem ist, dass wir nicht wahrhaben wollen, dass es keine bleibende irdische Erfüllung gibt, und deswegen immer wieder gefangen sind im Streben nach „mehr vom selben".

4. Entkoppelung als Befreiung zu Beziehung

Vor dem Vaterunser und den es umgebenden Mahnungen zur wahren Frömmigkeit stehen die sogenannten „Antithesen" (Mt 5,21–47), das erste Thema des Hauptteils der Bergpredigt (siehe Abb. 1, S. 122). Diese heißen so, weil sie mit der Formel *die Alten haben euch ... gesagt, ich* [Jesus] *aber sage euch ...* eingeleitet werden. Sie sind Akzentuierung der Lehre Jesu gegenüber der jüdischen Kultur seiner Zeit. Diese wird jedoch nicht abgelehnt. Sie trägt ja den Geist des Gottesbundes in sich, der sich erfüllen soll in einer neu eröffneten Möglichkeit, Beziehungen respektvoller, persönlicher, versöhnter zu leben. Mit mehr Liebe gelebte Beziehungen sind der Schlüssel zur Erneuerung der Welt. Nach dem schalenförmigen Aufbau der Bergpredigt um die Mitte „Beten" steht zu erwarten, dass die ganze Rede mit dieser Thematik zu tun hat. Wir nehmen uns nun die Antithesen genauer vor, um zu sehen, was sie uns zum Thema „Umkehr um des Himmelreiches willen" und zu dem für diese Umkehr zentralen Thema „Beten" zu sagen haben.

(1) *Ihr habt gehört, dass zu den Alten gesagt worden ist: Du sollst nicht töten; wer aber jemanden tötet, soll dem Gericht verfallen sein. Ich aber sage euch: Jeder, der seinem Bruder auch nur zürnt, soll dem Gericht verfallen sein ...*

Wenn dem Bruder – gemeint sind ursprünglich die jüdischen Volksgenossen bzw. die Mitglieder der christlichen Gemeinde – gezürnt wird, wenn er als Dummkopf oder Narr bezeichnet wird, dann wird sein Verhalten oder Handeln an den eigenen Vorstellungen gemessen, denen es nicht genügt. Also wird der Bruder verurteilt. Über den Verurteilten setzt sich sein Richter, der seine unhinterfragte eigene Wahrnehmung zum entscheidenden Kriterium seiner Weltbeurteilung macht. Er selbst verwirklicht sich dabei als naiv von sich überzeugter Mittelpunkt der Welt.

(2) *Ihr habt gehört, dass gesagt worden ist: Du sollst nicht die Ehe brechen. Ich aber sage euch: Jeder, der eine Frau ansieht, um sie zu begehren, hat in seinem Herzen schon Ehebruch mit ihr begangen ...*

Wer *eine Frau ansieht, um sie zu begehren,* betrachtet sie als Mittel der Befriedigung seiner sexuellen Lust und macht sie damit zum Objekt. Menschen anderer Geschlechter als Personen gleicher Würde zu erkennen und sie demgemäß behandeln zu können, gelingt umso eher, je mehr die eigene Sexualität in die Persönlichkeit integriert ist. Dazu darf das Begehren nicht nur durch seine Erfüllung gestillt werden, sondern es muss als solches angeschaut und kennengelernt, also ein Stück weit ausgehalten werden. Diese Integration, die beinahe einer Lebensaufgabe gleichkommt, versieht unser Text mit radikaler Dringlichkeit: *„Wenn dich dein rechtes Auge zum Bösen verführt, dann reiß es aus …!* Dem Heiler Jesus geht es bei solch drastischen Worten nicht um Selbstverstümmelung, sondern ganz im Gegenteil darum, dass der Mensch ganz wird, als Person sein Verhalten in Liebe und Freiheit bestimmen kann und andere nicht mehr instrumentalisieren oder gar gewaltsam missbrauchen muss. Wie aktuell diese Forderung auch heute ist, zeigt die global gewordene #metoo-Bewegung. Und der sexuelle Missbrauch von Kindern durch Priester weist sowohl auf die Spannung hin, die zwischen der je anfanghaften Erfahrung des Himmelreiches und der völligen Befreiung zum Leben aus der Liebe besteht, als auch darauf, wie notwendig es ist, den Umkehrweg des existenziellen Betens sein Leben lang zu gehen.

(3) *Ferner ist gesagt worden: Wer seine Frau aus der Ehe entlässt, muss ihr eine Scheidungsurkunde geben. Ich aber sage euch: Wer seine Frau entlässt, obwohl kein Fall von Unzucht vorliegt, liefert sie dem Ehebruch aus …*

Diese Antithese bremst den Trennungswunsch eines Ehepartners. Damit mutet sie ihm zu, die angespannte und unbefriedigende Situation seiner Ehe auszuhalten, und stellt ihn in einen Raum der persönlichen Selbstkonfrontation mit Fragen wie den folgenden: Reduziert er seinen Partner oder seine Partnerin nicht auf ein Objekt, das er entsorgen will, da es nun seinen Vorstellungen nicht mehr entspricht? Hat er ihn oder sie erkannt als Person, ja überhaupt die Ebene einer personalen Beziehung erreicht? Mit welchem Recht macht er die eigenen Vorstellungen und Erwartungen zum Maßstab? Übersieht er bei alledem den *Balken in seinem eigenen Auge* (7,3)? Kann er dem oder der anderen verzeihen, dass er oder sie anders ist als gedacht, und mit dieser Andersheit leben lernen, um daran selbst mehr zu der Person hin zu wachsen, die er ist, die zu sein ihn jedoch bislang das symbiotische Verhältnis mit dem oder der anderen gehindert hat? Wem der Ausweg ins Handeln durch die Forderung Jesu verstellt ist, bekommt Zeit, sich darüber klar zu werden, was ihn hier und jetzt in dieser Lage wirklich bewegt, sich damit auseinanderzusetzen und auf seinen eigenen Grund zu kommen.

(4) *Ihr habt gehört, dass zu den Alten gesagt worden ist: Du sollst keinen Meineid schwören, und: Du sollst halten, was du dem Herrn geschworen hast. Ich aber sage euch: Schwört überhaupt nicht ... Eure Rede sei: Ja ja, nein nein ...*

Das aufrichtige und verbindliche Reden, das die vierte Antithese (5,32–37) verlangt, ist eine Grundforderung des Dialogs und überhaupt friedlichen Zusammenlebens. Man stelle sich eine Welt vor, in der bei jedem gesprochenen Wort unklar ist, ob es stimmt und ob ihm zu vertrauen ist oder ob es bloßer Schein, unwahr, ja gelogen, gezielte Desorientierung und Irreführung ist. Aufrichtiges und verbindliches Reden ist keine Selbstverständlichkeit. Es stellt Ansprüche an die Person. Der Sprecher muss seine inneren Bewegungen zulassen, sie prüfen und alle Bestrebungen aufgeben, den anderen über den Tisch zu ziehen.

(5) *Ihr habt gehört, dass gesagt worden ist: Auge für Auge und Zahn für Zahn. Ich aber sage euch: Leistet dem, der euch etwas Böses antut, keinen Widerstand, sondern wenn dich einer auf die rechte Wange schlägt, dann halt ihm auch die andere hin! ... Und wenn dich einer zwingen will, eine Meile mit ihm zu gehen, dann geh zwei mit ihm!*

Die fünfte Antithese (5,38–42) legt den Fall einer Kränkung durch einen Schlag ins Gesicht und der Demütigung durch Androhung von Gewalt vor. Die römischen Soldaten, fremde Besatzer und verhasst, konnten schon mal Bürger des Landes zwingen, sie zu begleiten und ihnen den Weg zu zeigen. Jesus fordert, dass der Gekränkte oder Gedemütigte sich von seinen Gefühlen der Kränkung, Empörung und Hilflosigkeit frei macht – wie immer er dann reagiert: ob er die andere Wange hinhält, die zweite Meile mitgeht oder, wie der beim Verhör vor dem Hohen Rat geohrfeigte Jesus, ganz unaufgeregt und selbstverständlich Dialog als Norm zwischenmenschlicher Beziehungen einfordert, die auch gegenüber Verhafteten und im Konfliktfall zu gelten hat. Wie kann diese Antithese gelebt werden? Solange der Gedemütigte von seinen Gefühlen der Kränkung, Empörung und Hilflosigkeit überflutet und durchdrungen ist, wird dies kaum möglich sein. Erst wenn der Gedemütigte Abstand zu seinen Gefühlen gefunden hat, kann aus diesem Frei-Raum die kreative Lösung erwachsen, die Jesus möchte.

(6) *Ihr habt gehört, dass gesagt worden ist: Du sollst deinen Nächsten lieben und deinen Feind hassen. Ich aber sage euch: Liebt eure Feinde und betet für die, die euch verfolgen ...*

Die sechste Antithese weitet die Nächstenliebe auf alle Menschen aus und schließt auch die Feinde mit ein. Damit umfasst sie sowohl die Forderungen der ersten fünf Antithesen als auch die Goldene Regel – *was ihr wollt, dass euch die Leute tun sollen, das tut ihr ihnen auch* (Mt 7,12) – sowie das Verbot, über andere von oben herab zu richten (Mt 7,1). Insofern ist die Feindesliebe tatsächlich so etwas wie Gipfel und Summe der von Jesus geforderten Beziehungsgestaltung. Wie ist sie zu verstehen? Zunächst ist bei der Feindesliebe an Taten zu denken, z. B. dem Hasser wohltun, die Verflucher segnen, für die Misshandler beten (Lk 6,27f). Das Alte Testament kennt ähnliche Beispiele. So empfiehlt beispielsweise Spr 25,21f, dem Feind zu essen und zu trinken zu geben. Das Frühjudentum verlangt Friedfertigkeit und Vergebung gegenüber den Feinden.[44] Über den Bereich des Jahwe-Glaubens hinaus gilt auch in der platonischen und stoischen Philosophie „die Devise uneingeschränkter Menschenliebe, welche Sympathie zu dem, der unsympathisch, schlecht oder feindlich ist, mit einschließt"[45]. Denn, begründen die Philosophen, jeder Mensch

---

44 Luz EKK I/1, S. 403; Test G 6,3–7.
45 Luz EKK I/1, S. 404.

stammt von Gott ab. Ähnliches kennen die Religionen Asiens. Doch schöpfen gute Werke, die nicht fehlen dürfen, nicht aus, was Liebe bedeutet. „Gemeint ist [mit Feindesliebe] nicht eine nur praktische oder nur karitative Liebe im Unterschied zur Freundschaft oder zur sexuellen Liebe"[46], sondern ein Verhalten des ganzen Menschen, das seine Gefühle und seinen Geist mit einschließt. Die hier geforderte Liebe ist nicht Heuchelei, sondern Offenheit, Unvoreingenommenheit, Annahme des Feindes als Person. Diese Liebe dient auch keinem Zweck, z. B. aus dem Feind einen Freund zu machen oder ihn zu missionieren oder dergleichen. Sie ist Ausdruck der sich entäußernden Liebe Gottes, *der ... seine Sonne aufgehen [lässt] über Böse und Gute und regnen [lässt] über Gerechte und Ungerechte* (Mt 5,44). Entsprechend wird zur Feindesliebe nur fähig sein, wer diesen Weg der Entäußerung seiner selbst persönlich vollzieht. Denn mein *Feind* ist eben ein Feind, auf den ich mit feindseligen Gefühlen, mit Angst und Hilflosigkeit, mit Vergeltungs- und Vernichtungswünschen reagiere. Nichts davon fällt im Entferntesten mit Liebe zusammen. Meinen Feind kann ich nur lieben, wenn sich mein Inneres wandelt: mein Geist, meine Gefühle, mein Selbstverständnis. Diese Verwandlung des Innersten einer Person, die frei wird von ihrer jeweiligen Fixierung auf „ich" und „mein", ist der Kern aller Antithesen. Neu ist weniger deren Ethos. Selbst die Feindesliebe, zumindest innerhalb Israels, findet sich im Alten Testament (Lev 19,17f). Neu ist die Entkoppelung, die die Antithesen als Bedingung ihrer Befolgung brauchen, die Entkoppelung von gegebener Situation und darin selbstverständlich gewordenem Verhalten und Handeln, einem Verhalten und Handeln, wie *die Alten es gesagt haben* und es nun üblich ist. Die folgende Tabelle stellt die in unserem Text vorgefundenen Koppelungen dar:

---

[46] Luz EKK I/1, S. 404, Fußnote 28.

Situation	Damit gekoppeltes Verhalten
(1) Bruder ärgert einen	Zorn und Schimpfen
(2) Attraktive Frau	Lüsterner Blick
(3) Unbefriedigende Ehe	Abschieben der Partnerin / des Partners
(4) Vorteil erschleichen	Beeidete falsche Versprechungen
(5) Unrecht erleiden	Vergeltung
(6) Im Allgemeinen	Die Seinen lieben, die Feinde hassen

Ein Blick auf die Tabelle zeigt außerdem, dass das mit der Ausgangssituation jeweils gekoppelte Verhalten nicht dazu beiträgt, anderen gerecht zu werden, die Situation in Ordnung zu bringen und zu befrieden und die Beteiligten zu versöhnen. Das gekoppelte Verhalten erzeugt Unruhe und neues Unrecht. Die wahrhaftige Erfüllung des Gesetzes bedarf daher der Entkoppelung. Die Schwierigkeit ist aber, dass die Koppelungen zumeist im spontanen Reagieren des Menschen verankert sind. Sie zu lösen, wie die Antithesen es verlangen, stellt die Person vor eine Aufgabe, die durch die bloße Forderung des Gesetzes nicht zu bewältigen ist. Guter Wille und Disziplin vermögen zuweilen, das Reiz-Reaktions-Schema zu unterbrechen. Weiterhin können sie einen Rahmen schaffen, der es möglich macht, die situativ ausgelösten Gefühle und Wünsche wahrzunehmen – ein notwendiger Schritt auf dem Weg der Entkoppelung, wie wir gleich sehen werden.

Versuchen wir aus den Aussagen der Antithesen den Prozess der Entkoppelung zu rekonstruieren. Mehr oder weniger offensichtlich verlangen alle Antithesen Aufmerksamkeit für das, was im Menschen innerlich vorgeht, was ihn bewegt, für seine Gefühle, Wünsche usw. Das bedeutet, sich selbst zu erkennen, sich seiner selbst zu stellen und in Frage stellen zu lassen. Mit einem kurzen Blick nach innen ist es allerdings nicht getan. Denn nach der zweiten („Integration der Sexualität") und dritten („Scheidung") Antithese ist für den Prozess der

Entkoppelung wesentlich, generell Ambivalenzen und Spannungen bewusst auszuhalten. Im Verlauf dieses Aushaltens, so legt es die fünfte Antithese („Verzicht auf Vergeltung") nahe, scheint das zunächst von seinen Gefühlen und Wünschen überschwemmte Selbst Distanz zu ihnen zu gewinnen: Zwischen wahrnehmendem Ich und wahrgenommenen Gefühlen entsteht ein Freiraum der Kreativität. Die verweilende Zuwendung zu den inneren Bewegungen ermöglicht also eine Verwandlung: Ichbezogene Vorstellungen können aufgegeben werden (vierte Antithese, „Meineid"), die Phantasie, der Mittelpunkt der Welt zu sein (erste Antithese, „Narr"), wird entmachtet. In diesem Prozess scheint der Person eine befreiende Wahrheit aufzugehen, so dass sie ihre Ausrichtung verändern und ihr Verhalten entkoppeln kann.

Der Wandlungsprozess, den die Praxis der Gerechtigkeit des Himmelreiches verlangt, hat seinen Ort im Gebet des Vaterunsers. Denn die Antithesen münden ein in den Abschnitt über die wahre Frömmigkeit. Ihr Schlusssatz, *seid also vollkommen, wie euer himmlischer Vater vollkommen ist!*, leitet über zum Text des Vaterunsers und lädt dazu ein, es zu vollziehen. Dort löst sich die Spannung, die die Antithesen im Leser aufgebaut haben, dem sich immer dringlicher die Frage stellen musste, wie er denn die geforderte Gerechtigkeit leben kann. Und auch inhaltlich passen die Kennzeichnungen des Entkoppelungsprozesses der wahren Gerechtigkeit zu dem, was wir bereits über das Beten im Geiste des Vaterunsers herausgefunden haben: eine Grundhaltung, die weiß, dass Nöte und Krisen zum Leben in dieser Welt dazugehören, die Grenzen annimmt und sich ihnen vertrauend und offen stellt, indem sie ins Bewusstsein zu- und dort da sein lässt, was bewusst werden will, auch wenn das Aushalten von Spannung bedeutet. Da das Verhalten, das die Gerechtigkeit des Himmelreiches verlangt, über den guten Willen hinausgeht, ist die willentliche Steuerung des Prozesses genauso kontraindiziert wie der Versuch, durch gedankliche Bearbeitung eine Lösung der Situation zu finden. Damit stimmt der für die Entkoppelung nötige Wandlungsprozess auch in diesem wesentlichen Zug überein mit dem Beten im Geiste des Vaterunsers, das geschehen lässt, was dabei geschieht, um so Gott walten zu lassen. Auch im Ziel stimmen Entkoppelungsprozess der Antithesen und Gebetsprozess des Vaterunsers überein: Im ersten Fall heißt dieses Ziel, zur Gerechtigkeit des Himmelreiches fähig zu werden, im zweiten Fall lautet es, dass durch den Beter der Wille Gottes geschieht und durch sein Wirken Gottes Reich unserer Welt näherkommt. Gebet im Geiste des Vaterunsers schafft daher die Voraussetzungen, das in den Antithesen gezeichnete Ethos mehr und mehr leben zu können.

Lassen wir den Blick, wie eine solche Verwandlung des Selbstverständnisses einer Person zustande kommen kann, etwas weiter schweifen: Christen kennen das Wort des Kirchenvaters Gregor von Nazianz (gest. 390): „Was nicht angenommen ist, das ist auch nicht erlöst."[47] Das Annehmen der gegebenen unheilvollen Situation ist also notwendig, damit sie sich lösen kann. Den gleichen Grundgedanken verbindet Thich Nhat Hanh mit der buddhistischen ersten edlen Wahrheit vom Leiden, nämlich das Leiden, das das Leben bringt, „mit unserer Achtsamkeit zu berühren", ja geradezu zu „umarmen, wie eine Mutter ihr weinendes Kind umarmt"[48], statt zu versuchen, es wegzu-„kriegen". Auch das paradoxe Prinzip der Veränderung, das der Gestalttherapeut und Psychiater Arnold Beisser (1925–1991) formulierte: „Veränderung geschieht, wenn jemand wird, was er ist, nicht wenn er versucht, etwas zu werden, das er nicht ist"[49], ist heute in der Psychotherapie weithin anerkannt. Es besagt, dass es gilt, auch die ungeliebten Gefühle, die negativ beurteilten geistigen Haltungen usw., die ja aber Teil des Seins der angefeindeten, gedemütigten, gekränkten oder gierigen Person sind, zu „werden", d. h. sie ins Bewusstsein zuzulassen, sie sich einzugestehen, sie anzunehmen und da sein zu lassen. So kann Freiheit ihnen gegenüber entstehen. Übrigens hat Beisser sein paradoxes Prinzip

---

47 Gregor von Nazianz in Epistula 101 ad Cledonium; zitiert bei Grillmeier (1990), S. 740f.
48 Thich Nhat Hanh, Das Herz von Buddhas Lehre, S. 29, 32.
49 Arnold Beisser, S. 139ff.

in eigener leidvoller Erfahrung erkannt: Als 25-jähriger Sportler erkrankte er an Kinderlähmung und musste seine fast vollständige Lähmung bewältigen. Das offene, geschehen-lassende, bewusste Aushalten dessen, was im Bewusstsein ist, ohne es absichtlich zu manipulieren, ist das „Bittgebet des Seins", von dem Jesus in den „Reflexionen und Motivationen" spricht, dem den Antithesen korrespondierenden Text des Hauptteils der Bergpredigt nach dem Vaterunser: *Bittet und es wird euch gegeben; sucht und ihr werdet finden; klopft an und es wird euch geöffnet! Denn wer bittet, der empfängt; wer sucht, der findet; und wer anklopft, dem wird geöffnet. Oder ist einer unter euch, der seinem Sohn einen Stein gibt, wenn er um Brot bittet, oder eine Schlange, wenn er um einen Fisch bittet? Wenn nun ihr, die ihr böse seid, euren Kindern gute Gaben zu geben wisst, wie viel mehr wird euer Vater im Himmel denen Gutes geben, die ihn bitten* (7,7–11). Das Bitten, Suchen und Anklopfen sind keine einmaligen Akte. Entscheidend ist, dass sie andauern. Das bedeutet aber, die ihnen zugrunde liegende Notlage auszuhalten und die Spannung von Mangel und dem Wunsch, der Mangel möge behoben sein, bewusst zu ertragen. Wo auf diese Weise das Sein selbst zur Bitte wird, wird der Vater im Himmel sein Gutes geben, *den heiligen Geist* (Lk 11,11).

Offenheit also. Hineingehen in die Grenzsituation. Sich-Stellen. Geschehen lassen, was geschieht. Annehmen. Verweilen, auch in Spannung – das sind wesentliche Elemente des Betens nach der Methodik des Vaterunsers. Abbildung 2 (S. 155) veranschaulicht den entsprechenden Gebetsprozess: Eine (notvolle) Alltagssituation, eine Grenzsituation, wird nach innen genommen: Innehalten. Die inneren Bewegungen, die von ihr im Betenden ausgelöst werden, dürfen ins Bewusstsein treten und da sein. Der Betende verweilt in ihrer Wahrnehmung und wird dadurch der Situation und seiner selbst inne. Irgendwie geschieht dadurch eine Verwandlung – wie genau, wissen wir noch nicht –, die den Beter von der Bindung an den Reiz der auslösenden Situation befreit. Dann kann er handeln in einer Weise, die die Lage in Ordnung bringt und die Beteiligten versöhnt: Tun. Die Beschäftigung mit den Antithesen hat ganz deutlich gemacht, dass die von Jesus geforderte neue Gerechtigkeit nicht zu haben ist ohne Gebet in Geist und Methode des Vaterunsers. Dieses Beten durchbricht die Automatik der Koppelung von „angenehm" mit „Haben-Wollen" und „unangenehm" mit „Vermeiden" und bewirkt eine Befreiung und Neuausrichtung, die den Menschen existenziell umwandelt.

Weitere Auskunft über diese existenzielle Umwandlung dürfen wir von den „Seligpreisungen" erwarten, mit denen wir uns als Nächstes beschäftigen wollen. Als Einleitung der ganzen Grundsatzrede Jesu werden sie für deren Zentrum, das Gebet, Grundlegendes zur Sprache bringen.

oben
Oberfläche des flüchtigen Hinschauens,
des selbstverständlichen Vorwissens

Innehalten
Wende nach innen

außen
Raum der
Geschichte

Auslösende
Situation

Innewerden
Aushalten,
Geschehen
lassen, was
geschieht

innen
Raum der
inneren
Bewegungen

Tun
der Gerechtigkeit
des Himmelreiches

Verwandlung

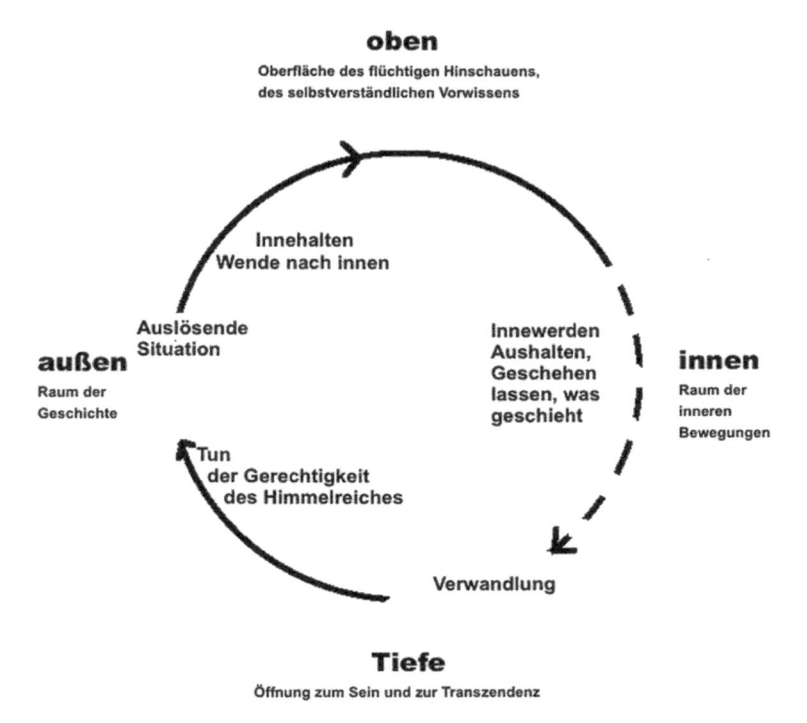

Tiefe
Öffnung zum Sein und zur Transzendenz

Abbildung 2: Beten nach dem Vaterunser und den Antithesen

5. Die Seligpreisungen als existenzielles Beten

Beten im Geiste des Vaterunsers ist existenzielles Beten. Es verändert das Selbstverständnis des Betenden existenziell: Er wird befreit dazu, mehr die Person zu sein, die er in Wahrheit ist. Sie gründet im verborgenen Grund aller Wirklichkeit, jener freilassenden Liebe, die in jedem Menschen zu immer größerer Fülle heranreifen will, damit sie alles in allen ist. In einer Zeit, in der das „Weiter-wie-Gehabt" in Frage steht, Spannungen und Gewalt zunehmen und unterschiedliche Meinungen immer härter und unversöhnlicher aufeinanderprallen, ist existenzielles Beten ein Gebot der Stunde.

Beginnen wir unsere Untersuchungen, ob und in welcher Weise die Seligpreisungen den Prozess des existenziellen Betens leiten, mit der Lektüre des Textes (Mt 5,3–12):

(1) Selig, die arm sind vor Gott;
denn ihnen gehört das Himmelreich.
(2) Selig die Trauernden;
denn sie werden getröstet werden.
(3) Selig die Sanftmütigen;
denn sie werden das Land erben.
(4) Selig, die hungern und dürsten nach der Gerechtigkeit;
denn sie werden satt werden.
(5) Selig die Barmherzigen;
denn sie werden Erbarmen finden.
(6) Selig, die rein sind im Herzen;
denn sie werden Gott schauen.
(7) Selig, die Frieden stiften;
denn sie werden Kinder Gottes genannt werden.
(8) Selig, die verfolgt werden um der Gerechtigkeit willen;
denn ihnen gehört das Himmelreich.
(9) Selig seid ihr, wenn man euch schmäht und verfolgt und alles Böse über euch redet um meinetwillen. Freut euch und jubelt: Denn euer Lohn wird groß sein im Himmel. So wurden nämlich schon vor euch die Propheten verfolgt.

Was lässt sich zum Aufbau der Seligpreisungen sagen? Die erste und achte Seligpreisung verheißen beide „das Himmelreich". Sie rahmen somit die ersten acht und setzen das Thema der Seligpreisungen: die Erfahrung der Zugehörigkeit zum Himmelreich. Durch diese Rahmung wird die neunte Seligpreisung von den ersten acht abgesetzt, umso mehr, als sie sich von den ersten acht durch weitere Merkmale unterscheidet: Sie ist deutlich länger, wendet sich im zweiten Teil direkt an die Jünger und diejenigen, die es werden wollen, und leitet über zum folgenden Text, der die Jünger als *Salz der Erde und Licht der Welt* anspricht.[50] Außer dass sie den jungen Christengemeinden, für die Verfolgung bereits Gegenwart geworden war, unmittelbar Trost zuspricht, bringt die neunte Seligpreisung inhaltlich nichts Neues. Wir brauchen sie also nicht gesondert bei unserer Untersuchung zu berücksichtigen. Sie erinnert uns jedoch daran, dass in der Machtgeschichte des Christentums die Kirche über lange Zeiträume ihrerseits Verfolgerin war, unfähig, in den von ihr Verfolgten die Brüder und Schwestern Jesu zu erkennen.

Zurück zum Text: Die vierte und achte Seligpreisung sprechen beide von „Gerechtigkeit", im griechischen Text sogar nachgestellt und damit betont; somit setzen sie eine Zäsur. Außerdem beginnen die griechischen Worte für die Seliggepriesenen in den ersten vier Versen stets mit demselben Buchstaben „π"[51]. Unser Text ist also aufgebaut in zwei Strophen von je vier Versen mit einem einzelnen, nachfolgenden Vers im Stil einer modifizierten neunten Seligpreisung als Überleitung.

Die einzelnen Verse sind analog zu Bedingungssätzen konstruiert:
    Selig <Seinsweise>, denn <Verheißung>.
Wie wir durch Vergleich mit der lukanischen Fassung der Seligpreisungen gleich sehen werden, fordern die Seinsweisen des Trauernden, Barmherzigen, dessen, der reinen Herzens ist ...,

---

50 Luz I/1 S. 269.
51 οἱ πτωχοί – die Armen; οἱ πενθοῦντες – die Trauernden; οἱ πραεῖς – die Sanften, Milden; οἱ πεινῶντες – die Hungernden (nach der Gerechtigkeit).

zu entsprechenden Handlungen auf: zu trauern, barmherzig zu sein, das Herz reinigen zu lassen ... Diese Handlungen sind durch die Verheißungen motiviert und legen gleichzeitig das Fundament dafür, dass die Verheißungen zur Erfahrung werden können – eine Struktur, die wir vom Umkehrruf Jesu um des Himmelreiches willen und vom Vaterunser her kennen.

Die lukanische Fassung ist die ursprünglichere Version der Seligpreisungen. Sie lautet folgendermaßen (6,20–23):

Selig, ihr Armen, denn euch gehört das Reich Gottes.
Selig, die ihr jetzt hungert, denn ihr werdet gesättigt werden.
Selig, die ihr jetzt weint, denn ihr werdet lachen.
Selig seid ihr, wenn euch die Menschen hassen und wenn sie euch ausstoßen und schmähen und euren Namen in Verruf bringen um des Menschensohnes willen.

Die ersten drei dieser lukanischen Seligpreisungen gehen nach Meinung der Exegeten auf Jesus selbst zurück, die vierte stammt aus der Erfahrung der Gemeinde. Gegenüber dem lukanischen Text ist der matthäische deutlich verändert. Er ist doppelt so lang und enthält Seligpreisungen, die der Lukas-Text nicht hat. Matthäus muss also eine andere Aussageabsicht haben, die wir jetzt erkunden wollen.

Schauen wir dazu als Erstes auf die Modifizierungen an denjenigen Seligpreisungen, die beiden Versionen gemeinsam sind. Ins Auge fallen zwei Unterschiede. Der erste: Die jesuanischen Seligpreisungen sind unmittelbar an die Jünger gerichtet. Sie sind Zuspruch an die Jünger – und damit an alle Notleidenden, für die die Jünger stehen. Die direkten Anreden fehlen im matthäischen Text. Das hat zur Folge, dass der Akzent in den entsprechenden Seligpreisungen (1), (4), (2) verschoben wird, weg von der tröstenden Zuwendung zu Notleidenden hin zur Verkündigung allgemeiner Wahrheiten. Der zweite Unterschied besteht darin, dass die matthäischen Seligpreisungen eine „Tendenz zur Verinnerlichung und zur Ethisierung"[52] aufweisen. In sämtlichen jesuanischen Se-

---

52 Luz I/1, S. 279.

ligpreisungen geht es um konkrete, reale Notlagen: Bettelarmut, Mangel an Essen, Verlust. Bei Matthäus ist nur noch der Verlust als konkrete Notlage erhalten, der auch nicht Weinen, sondern die innerlichere Trauer hervorruft. Seine erste Seligpreisung geht zwar wie bei Lukas von Bettelarmut aus, bekommt aber durch den Zusatz „vor Gott" eine andere Ausrichtung: In den Mittelpunkt der Aufmerksamkeit rücken nun die inneren Bewegungen dessen, der in einer konkreten, realen Notlage ist, und die Aufforderung an ihn, „vor Gott bettelarm" zu sein. Wie das zu verstehen ist, überlegen wir weiter unten, denn zunächst wollen wir die Frage der Unterschiede zwischen den matthäischen und lukanischen Seligpreisungen weiterverfolgen. Auch in der vierten matthäischen Seligpreisung ist die Tendenz zur Verinnerlichung und Ethisierung offensichtlich: Der Mangel an realer Nahrung bei Lukas wird zur Aufforderung zum Hungern und Dürsten nach Gerechtigkeit bei Matthäus. Verinnerlichung und Ethisierung kommen erst recht zur Geltung an den in die matthäische gegenüber der ursprünglichen Version eingeschobenen Seligpreisungen der „Sanftmütigen" (3), der „Barmherzigen" (5), „derer, die reinen Herzens sind" (6), und der „Friedensstifter" (7). Die neuen Seligpreisungen tragen jüdisches Kolorit und stammen hauptsächlich aus der Psalmenfrömmigkeit. Die Erweiterung des ursprünglichen Katalogs von Seligpreisungen wirft weitere Fragen auf: Wieso diese Auswahl von neuen Seligpreisungen? Es hätte andere Wahlen gegeben. Und wieso verändert Matthäus die Reihenfolge der lukanischen Vorlage? Die Trauernden rücken bei ihm von der dritten an die zweite, die Hungernden von der zweiten an die vierte Stelle seines Katalogs. Außerdem werden die neuen Seligpreisungen ja nicht en bloc an die bestehenden angehängt, sondern einzeln eingeschoben. Wieso werden sie jeweils an die Stelle platziert, an der sie nun stehen, und wieso in dieser Reihenfolge?

Matthäus muss mit seinen Änderungen eine bestimmte Absicht verfolgen.

5.1 Selig, die arm sind vor Gott; denn ihnen gehört das Himmelreich

Bei der Veränderung der lukanischen Vorlage wird die erste Seligpreisung nicht durch Zufall zuoberst stehen: Die Erfahrung des Himmelreiches zu vermitteln, darum dreht sich der gesamte Text. Das ist jedoch die explizite Verheißung der ersten Seligpreisung. Die Bedingung, die sie dafür benennt – Arm-Sein vor Gott – ist also der Schlüssel zur Erfahrung des Himmelreiches und somit der Boden, auf dem alle weiteren Seligpreisungen stehen. Die erste Seligpreisung ist daher auch dem Rang nach die erste, die Überschrift, wie die Exegese bestätigt.[53] Als solche bündelt und interpretiert sie den ganzen Katalog von Seligpreisungen. Was ist nun gemeint mit dem „Arm-Sein vor Gott"? Das Wort, das im Griechischen bei Lukas und Matthäus für „arm" steht, bedeutet elend, krank, mittellos, ohne Einfluss, hilflos. Ein solcher Armer kann nicht arbeiten, er muss betteln. Um seine Lage zu bewältigen, ist er ganz und gar von anderen abhängig, denen er nur sein Elend hinhalten kann. *Arm vor Gott* ist analog dann derjenige,

1. der sich in einer konkreten Notlage Gott wie ein Bettler hinhält,
2. darauf verzichtet, seine Situation nach s e i n e n Vorstellungen und durch s e i n Streben zu bewältigen, und
3. die beseligende Erfahrung erhofft, dass ihm das Himmelreich gehört.

Die erste Seligpreisung lässt sich daher als Anleitung zur Bewältigung einer konkreten Notlage auffassen, so dass diese zu einer Erfahrung des Himmelreiches wird. Wenn dies für die Überschrift gilt, ist zu vermuten, dass der unter ihr stehende Text die Methode der Bewältigung entfaltet. Wenn diese Vermutung zutrifft, dann ist die Notlage, um die es in ihm geht,

---

53 Luz I/1, S. 275. Die achte Seligpreisung, die Verfolgung um der Gerechtigkeit willen, die ebenfalls die Zugehörigkeit zum Himmelreich verheißt, lässt sich als Spezialfall der Armut vor Gott auffassen.

der Trauer auslösende Verlust der zweiten Seligpreisung, und die einzelnen Seligpreisungen beziehen sich auf bestimmte kritische Punkte des Trauerprozesses und geben die jeweils nötige Anleitung, damit der Verlust in den Gewinn des Himmelreiches gewandelt werden kann. Ob das wirklich stimmt, ob die Reihe der Seligpreisungen tatsächlich einen solchen Bewältigungsprozess eines Verlustes einerseits nachzeichnet und andererseits steuert, das muss die Betrachtung der einzelnen Seligpreisungen ergeben.

Doch bevor wir in diese eintreten, schauen wir uns noch an, was sich an dieser Stelle über die Beziehung von Seligpreisungen und Gebet nach der Methode des Vaterunsers sagen lässt: Der Beter nach der Art Jesu, der sich nach innen wendet, seiner selbst und seiner inneren Bewegungen bewusst wird und dabei geschehen lässt, was geschieht, hält sich damit Gott wie ein Bettler hin und verzichtet darauf, seine Situation nach seinen Vorstellungen und durch sein Streben zu bewältigen. Dadurch erhofft er die Ankunft des Reiches Gottes und ist daher der vor Gott Arme der Seligpreisungen. Daher dürfen wir aus dem Korpus der Seligpreisungen weiteren Aufschluss erwarten für das Beten, zumal beides auf Tun zielt: auf Friedenstiften bzw. Vergeben.

Mit dem doppelten Interesse, ob die Seligpreisungen sich tatsächlich auf den inneren Bewältigungsprozess einer Notlage beziehen lassen und was sie uns über das Beten im Geiste des Vaterunsers und das Umkehren sagen können, beginnen wir nun, sie näher zu untersuchen.

5.2 Selig die Trauernden; denn sie werden getröstet werden

Wer trauert, hat Grund dazu. Dieser Grund wird im weitesten Sinne in einem Verlust bestehen, den ihm das Leben in näherer oder fernerer Vergangenheit zugefügt hat. Da alles Irdische vergeht, begleitet Verlust unser ganzes Leben in unterschiedlicher Weise: als verpasste Chancen, unerfüllte Wünsche, als verlorengegangenes Eigentum. Wir verlieren

Freundinnen und Freunde. Es sterben unsere Eltern, Lehrer, Lebensgefährten, ein Kind, ein Haustier. Wir selbst verlieren Jugend, Schönheit, Gesundheit, unseren Verstand, am Ende unser Leben. Auffällig ist, dass unsere Seligpreisung einen solchen Verlust, das Ereignis außen in Raum und Zeit, überhaupt nicht in den Blick nimmt. Sie ist in keiner Weise an der Art des Verlustes interessiert oder wie er sich ereignet hat und welche Weiterungen er nun nach sich zieht usw., sondern einzig und allein an den Auswirkungen, die er auf das Innere des Menschen hat. Diese zweite Seligpreisung fordert somit dazu auf, den Blick von der Welt und den Ereignissen außen abzuwenden und ihn hinzuwenden auf die Trauer, d. h. auf die inneren Bewegungen, also Gedanken, Gefühle, Impulse, Empfindungen aller Art, um die Trauer in all ihren Facetten ins Bewusstsein zuzulassen und zu erleben. Darauf kommt es offenbar an, um wahrhaft *getröstet werden* zu können, und es ist Erlaubnis und Aufgabe. Erlaubnis: Ich darf mir die Trauer gestatten. Ich muss mich nicht schämen und nicht rechtfertigen, dass ich gedämpft bin, vielleicht weniger interessiert an Vorgängen und anderen Menschen, mich eher zurückziehe und manchmal auch weine. Die Aufgabe besteht in einer zweifachen Umkehr: einmal der Wende nach innen, einem bewussten Verweilen bei den inneren Bewegungen. Sie begnügt sich nicht mit einer bloßen Stichprobe des Inneren. Wenn das Innewerden dessen, was im Inneren geschieht, so wichtig ist, dann braucht es, zweitens, dafür Zeit und Raum im Alltag. Das bedeutet, die Alltagsgewohnheiten zu ändern: ein großer Schritt. Doch lässt er die Kraft erfahren, die das bewusste Sich-Eingestehen und Erleben der Trauer in sich birgt. Des Weiteren ermöglicht er, im Alltag zu sich zu stehen und seine Trauer zu leben. Dem Beter im Geiste des Vaterunsers führt diese Seligpreisung vor Augen, dass die inneren Bewegungen, die beim Stillwerden im Gebet auftauchen, nicht als lästige Störungen anzusehen sind, die rasch verscheucht werden müssen, sondern dass die Zuwendung zu ihnen die Grundlage des Betens ist, das, wie das Trauern, regelmäßige Zeiten im Alltag braucht.

5.3 Selig die Sanftmütigen; denn sie werden das Land erben

Vielen Menschen ist es nicht geheuer, sich nach innen zu wenden. Dort könnten Gefühle und Wünsche hausen, die besser im Dunkel bleiben, da sie fähig sind, das Leben gehörig durcheinanderzubringen. Im Falle eines Verlustes ist mit Traurigkeit und Niedergeschlagenheit, Wehmut und Schmerz zu rechnen. Aber auch Trotz und Scham können sich einstellen oder Schuldgefühle wegen der Verfehlungen gegenüber dem Verlorenen. Der Trauernde kann sich wie in einem dunklen, dumpfen Loch vorkommen, das ihm Angst macht, ob er immer weiter darin versinkt und jemals wieder herauskommt. Dazu könnten innere Bewegungen auftauchen, die sich der Trauernde gar nicht erlauben möchte: Erleichterung, ja Freude, über den Verlust: Darf der Trauernde sich eingestehen, dass er nach dem Verlust größere Freiheiten hat? Wut und Vorwürfe, weil sich da jemand aus dem Staub gemacht hat und einen allein sitzen lässt. Trauer ist ein vielschichtiges, manchmal verwirrendes Phänomen, voller Verunsicherung und Selbstzweifel. Und über alledem kreisen unaufhörlich die Gedanken.

Was der Trauernde erlebt, wenn er sich bewusst nach innen wendet und dort aufmerksam verweilt, wie die zweite Seligpreisung es von ihm verlangt, ist also alles andere als Seligkeit. Er ist genügend Tier, um wie ein Tier mit Flucht, Angriff oder Sich-tot-Stellen zu reagieren, um so die Spannung wegzu-„kriegen". Dieser „Krieg" wird automatisch geführt, selbstverständlich. Seine Vehemenz entspricht der Angst, an die der Verlust rührt, die mit Gewalt niedergehalten wird. Vielleicht vermeidet daher der Trauernde die Wende nach innen ganz und gar. Hält er jedoch inne, so kann er seinen inneren Bewegungen hier und jetzt durch Dösen, Träumen oder Grübeln entfliehen, oder er kann durch Zusammenreißen, Verfolgen eigener Absichten ... die Kontrolle behalten und das Unangenehme und Störende gar nicht erst ins Bewusstsein zulassen.

Es ist eine Art Krieg, den der Trauernde gegen sich selbst führt, wenn er sich weigert, bewusst zu sein, wer er ist. Sanft ist diese Gewaltanwendung jedenfalls nicht. Vor diesem Hintergrund besteht die Umkehr der Seligpreisung der *Sanftmütigen* darin, diesen Krieg gegen sich selbst zu unterlassen, sobald einem klar wird, dass er gerade stattfindet, und stattdessen mit wacher und „sanfter" Aufmerksamkeit bei dem zu bleiben, was im Bewusstsein vorgeht, gleich, ob das angenehm oder unangenehm, verboten oder erlaubt, passend oder unpassend ist, gleich, ob die Empfindungen körperlicher, seelischer oder geistiger Art sind. Der Sanftmütige hält bei dem aus, was er jetzt und hier wahrnimmt, ohne dies nach seinen Vorstellungen und Wünschen zu manipulieren: Er übt sich darin, anzunehmen, was ist.

Eine subtile Form der Gewaltanwendung, auf die ich ihrer Bedeutung wegen besonders hinweisen will, besteht im Grübeln oder Nachdenken. Mehr oder weniger intensiv fließt stets ein Strom von Gedanken durch das Bewusstsein. Er ist ein Zeichen von Spannung, Zeichen einer unbewältigten Störung, und animiert dazu, diese durch Denken ins eigene Selbst- und Weltverständnis einzuordnen. Das kann jedoch nicht wirklich gelingen, solange die darunterliegenden Gefühle nicht angeschaut und angenommen sind. Indem das Denken sich mit ihnen beschäftigt, gibt es vor, dies zu tun. Aber das ist eine Täuschung. Das Denken kann Gefühle nur denken oder es macht sich seine Gedanken innerhalb der Gefühle. Es vermeidet und verhindert dadurch, die Gefühle als solche zu spüren und zu erleben. Die Wahrnehmung des Gefühlserlebens ist es, die Abstand schaffen und etwas lösen kann. Deshalb heißt es auch hier, in sanfter, d. h. unverkrampfter, gelöster und offener Aufmerksamkeit in die Wahrnehmung zurückzukehren, sobald man bemerkt, was vor sich geht, so dass Gefühle, die sich zeigen, ins Bewusstsein zugelassen, durchlebt und angenommen werden können.

Die Umkehr vom Weg-„Kriegen"-Wollen des Unangenehmen hin zu einem aufmerksamen Durchleben nennt das Neue Testament an anderer Stelle *Selbstverleugnung* (Mk 8,34 par.) und meint damit die Entkoppelung des Verhaltens, d. h. das Durchbrechen der Selbstverständlichkeit, was gefällig ausschaut zu erstreben und was auf den ersten Blick missfällig erscheint, zu vermeiden oder abzuwehren. Die in dieser Seligpreisung geforderte Selbstverleugnung entspricht also der Entkoppelung, die das Beten Jesu verlangt, insbesondere in einer Grenzsituation.

Falls Sanftmut nach Schwäche und Willenlosigkeit geklungen haben sollte, sehen wir jetzt, dass sie in Wahrheit Aktivität und Stärke ist. Sie widersteht der selbstverständlichen Gewalt gegenüber dem Unangenehmen, lässt es an sich heran und erträgt die Spannung. Die den Seligpreisungen entsprechende Ausleitung der Bergpredigt fordert ihre Hörer dazu auf, die *enge Pforte* zu durchschreiten und den *schmalen Weg* (7,13f) zu begehen. Das tut der Sanftmütige. Mainstream ist sein Verhalten nicht. Nicht der Gewalttätige, sondern der Sanftmütige wird das Land erben: Person-Sein.

Des Beters und der Beterin Aufmerksamkeit lenkt diese Seligpreisung auf die selbstverständlichen Tendenzen, Störendes ins Bewusstsein nicht zuzulassen und auf die Bedeutung, die Dösen, Träumen, Sich-Zusammennehmen, gute Absichten und vor allem Denken dabei haben.

Durch Verweilen und Aushalten lernen der Sanftmütige und die Betenden ihre Wirklichkeit bis auf den Grund kennen, können sie durch das Verweilen langsam annehmen und Abstand bekommen.

5.4 Selig, die hungern und dürsten nach der Gerechtigkeit; denn sie werden gesättigt werden

In einem unwiederbringlichen Verlust tritt Endgültigkeit ins Leben. Im Licht des Am-Ende-Gültigen erscheint die gewohnte Betriebsamkeit des Lebens als rastlos und zwanghaft, die Verfolgung mancher vermeintlich so wichtiger Ziele und Vorhaben als bedeutungslos, das Ausmaß von Haben und des Strebens danach als sinnlos. Somit deckt die Trauer Verfehlung im Leben des Trauernden auf: Verfehlung dessen, was wirklich bleibt. Verfehlung des anderen und seiner selbst: Zu selten mag er gewagt haben, den Weg zu sich selbst und zum anderen zu gehen, um einander in gegenseitiger Annahme zu begegnen. Zu oft wurde das Zusammensein mit Klatsch und

Tratsch bestritten oder mit sinnlosen Diskussionen und Analysen, die oft nur dem Rechthaben dienten. Wenn der Verlust im Tod eines nahen Menschen besteht, ist die Chance, diesem im Leben noch einmal wahrhaft zu begegnen, unwiederbringlich dahin. Kohelets Erfahrung – *Windhauch, Windhauch, das ist alles Windhauch. Welchen Vorteil hat der Mensch von all seinem Besitz, für den er sich anstrengt unter der Sonne?* (Koh 1,2f) – liegt auf dem Boden der Trauer. Der Trauernde wird daher mehr oder weniger dumpf einen Mangel spüren: Etwas in seinem Leben ist nicht in Ordnung, seine Ausrichtung stimmt nicht. Da dieser Mangel mit Schuld und der Ohnmacht, ihn selbst beheben zu können, verbunden ist, kann er womöglich nicht ins Bewusstsein kommen. Ein solcher Mangel und die ihm entsprechende Sehnsucht nach einer *Gerechtigkeit, die sättigt,* wie unsere Seligpreisung sie verheißt, sind Geschwister: Wo der eine ist, ist die andere nicht weit. Wo allerdings der Mangel nicht erlebt werden kann, wird auch die Sehnsucht nicht gespürt.

Außerdem gibt es ja noch das Leben, das weitergehen muss. Zureden seiner Nachbarn hat der Trauernde inzwischen viele gehört: „Kopf hoch!" „Es wird schon wieder!" „Nur den Mut nicht verlieren!" „Das Leben geht weiter!" Wenn die Nachbarn dabei die Rückkehr in ein Leben, wie es vorher war, im Sinn haben, schützen sie sich mit solchen Reden selbst vor Infragestellung und Veränderung. Aber ist diese Rückkehr denn möglich? Ist sie überhaupt wünschenswert? Manche Trauernde wissen keinen anderen Weg, als sich in ihrer Trauer einzumauern, weil sie diese Rückkehr ablehnen. Der Verlust steht wie eine Wasserscheide zwischen ihrem vorigen und ihrem neuen Leben, von dem sie nicht wissen, wie sie es führen können. Andere haben sich, von außen gesehen, im Laufe der Zeit mit dem Verlust arrangiert oder ihn kompensiert. Doch unter dem Mantel der Gewöhnung steckt noch immer ein Stachel im Herzen, auch wenn er nur bei besonderen Gelegenheiten zu Bewusstsein kommt.

Von daher ist die Umkehr, zu der diese vierte Seligpreisung aufruft, angebracht: Nicht zurückzublicken auf die durch den

Verlust verlorene Heimat, sondern *als Fremder und Gast auf Erden* (Hebr 11,13) sich zu sehnen nach einer Gerechtigkeit, die in einer Weise sättigt, wie die Güter dieser Welt nach der Erfahrung des Verlustes nicht mehr sättigen können. Wenn es nicht möglich ist, diese Sehnsucht in sich zu verspüren, dann ist es vielleicht möglich, Sehnsucht nach dieser Sehnsucht zu haben, wie Ignatius von Loyola empfiehlt. Diese Sehnsucht verheißt, eine bisher verschlossene neue Welt entdecken zu können, die sich durch ein Gericht hindurch erschließt. Ein Gericht stellt eine verletzte Ordnung wieder her. Etwas, was kaputt gegangen war, wird ge-richtet, d. h. repariert, so dass dabei dem unbedingten Anspruch der Gerechtigkeit Genüge getan wird. Da geht es nicht mehr um Durchlavieren, Funktionieren, um „mehr vom selben", sondern um Sein, um Stehen im Ganzen der Wirklichkeit, um das endgültige Ankommen des Menschen bei sich selbst. Unter der Überschrift „Zurückgekehrt in den Grund und Ursprung" beschreibt ein buddhistischer Text das dann sich eröffnende Leben als Vollzug seines Grundes: „Grenzenlos fließt der Fluss, wie er fließt. Rot blüht die Blume, wie sie blüht."[54] Unbehindert von inneren Konflikten entfaltet sich das Leben nach dem ihm innewohnenden eigenen Sein.

Ein Gericht, das eine solche Verwandlung bewirkt, deckt die Wahrheit des Trauernden auf bis auf den Grund. Das bisher vielleicht nur dumpf vorhandene Gespür, dass nicht alles mit einem selbst in Ordnung ist, wird zur klaren Erkenntnis. Der „verlorene Sohn" (Lk 15) tritt mir als Parallele vor Augen: In Mangel und Ohnmacht geht er in sich, und da überkommt ihn die Sehnsucht nach zu Hause, nach Essen, nach Sicherheit. Doch mit dieser Perspektive verbunden ist seine Wahrheit: *Vater, ich habe mich gegen den Himmel und gegen dich versündigt. Ich bin nicht mehr wert, dein Sohn zu sein* (Lk 15,18f). Es ist die Wahrheit der Verfehlung gegenüber seinem Vater, gegenüber sich selbst und seinem Leben. Aber wir wissen, dass die Aufdeckung der Wahrheit nicht zur Vernichtung führt: Der Vater läuft dem in seiner Verfehlung Verlorenen entgegen und

---

[54] Der Ochs und sein Hirte, 9. Bild, S. 45.

setzt ihn als Sohn ein. Auch der Trauernde darf Barmherzigkeit erhoffen – Thema der nächsten Seligpreisung.

Die sättigende Gerechtigkeit, die unsere vierte Seligpreisung verheißt, kann der Trauernde nicht herstellen. Für ihn gibt es keinen Weg dahin. Wie unseren drei Magiern aus dem Osten bleibt auch ihm nur die Sehnsucht, die ihn wie ein Stern zu ihrer Erfüllung führen wird. Es bleibt ihm, zu warten, zu wachen, zu empfangen, was geschieht, um dies unterscheiden zu können. Wenn er an dieser Sehnsucht festhält, kann der Trauernde sein Leben, so wie es eben jetzt ist, als einen Verwandlungsprozess verstehen. Dieses Verständnis eröffnet ihm Sinn und Perspektive.

Was diese Seligpreisung für das Beten bedeutet, erzählt Jesus selbst im Gleichnis vom Pharisäer und Zöllner im Tempel: *Zwei Männer gingen zum Tempel hinauf, um zu beten; der eine war ein Pharisäer, der andere ein Zöllner. Der Pharisäer stellte sich hin und sprach bei sich dieses Gebet: Gott, ich danke dir, dass ich nicht wie die anderen Menschen bin, die Räuber, Betrüger, Ehebrecher oder auch wie dieser Zöllner dort. Ich faste zweimal in der Woche und gebe den zehnten Teil meines ganzen Einkommens. Der Zöllner aber blieb ganz hinten stehen und wollte nicht einmal seine Augen zum Himmel erheben, sondern schlug sich an die Brust und betete: Gott, sei mir Sünder gnädig! Ich sage euch: Dieser ging gerechtfertigt nach Hause hinab, der andere nicht* (Lk 18,10–14). Bestätigung oder Trost zu suchen, ist nicht die Haltung, in der das Vaterunser vollzogen werden kann, sondern das bewusste Aushalten in der Spannung von Verfehlung und Vertrauen auf Barmherzigkeit.

Unsere vierte Seligpreisung unterstreicht die Ausrichtung und Chance des Trauerprozesses: *Wenn also jemand in Christus ist, dann ist er eine neue Schöpfung: Das Alte ist vergangen, siehe, Neues ist geworden* (2 Kor 5,17). Nicht zurück in das alte Leben führen die Seligpreisungen. Der Trauernde, der ihren Rufen folgt, *ist in Christus*, weil er wie dieser sein Kreuz, seinen Verlust trägt in der Hoffnung auf endgültige Sättigung in Gerechtigkeit. So wird er *eine neue Schöpfung*.

Mit dieser Hoffnung auf eine Integration des Verlustes, in der zugleich etwas aufleuchtet von der bleibenden Erfüllung, die wir Menschen ersehnen, endet die erste Strophe der Seligpreisungen. Nicht der Trauernde bestimmt das Geschehen: *Als tiefes Schweigen das All umfing und die Nacht in ihrem Lauf bis zur Mitte gelangt war, da ...* (Weish 18,14). In der Mitte der Nacht geschieht etwas – da, wo Anfang und Ende gleich weit entfernt sind, wo alles zu Nacht geworden ist, wo alles eigene Wollen aufhört und nur die Kapitulation bleibt: die Ergebung und die Annahme der Wirklichkeit, wie sie ist. Der Trauernde würde sich diese Mitte der Nacht gerne ersparen und hätte die Wende gerne schon längst herbeigeführt. Doch muss etwas im Menschen sterben, damit er ganz werden kann. So lautet der Vers weiter: *... da sprang dein allmächtiges Wort vom Himmel, vom königlichen Thron herab* – das Wort der Wahrheit, das die Wende bewirkt, – *als harter Krieger mitten in das Land des Verderbens.* In der verdorbenen, d.h. verfehlten Ausrichtung des Lebens trifft den Menschen die Wahrheit, die ihm aufgeht, ins Herz, und sie trifft ihn hart. *Es trug als scharfes Schwert deinen unerbittlichen Befehl, trat hin und erfüllte alles mit Tod* (Weish 18,15f). Alles „Verdorbene" stirbt: eigentlich eine gute Nachricht, auch wenn der Vers aus dem Buch der Weisheit etwas martialisch klingt. Er macht dadurch klar, dass es hier um nichts weniger als eine Lebenswende geht, eine Umkehr, die die gesamte Ausrichtung und das gesamte Verständnis des Lebens betrifft. Das ist ein dramatisches Geschehen, Auferstehung zum Leben aus dem Grund der eigenen Person, Transformation des Daseins in Sein.

Von diesem Übergang handelt die zweite Strophe der Seligpreisungen.

5.5 Selig die Barmherzigen; denn sie werden Erbarmen finden

Jeder Veränderungsprozess ist ein spannungsvoller und verunsichernder Vorgang. Der Betroffene kann ja keinen Standpunkt außerhalb der Geschichte einnehmen, von dem aus er den glücklichen Ausgang des Prozesses sieht. Er steckt vielmehr mittendrin in einem Geschehen, in dem das Bisherige immer weniger trägt und Neues, das tragen könnte, nicht in Sicht ist. Der Boden unter ihm wird dünn, sein bisheriges Selbstverständnis bröckelt und bietet ihm die gewohnte Sicherheit nicht mehr. Er kennt sich nicht mehr aus mit sich und seiner Welt, verliert an Halt und droht, wie in einen Abgrund zu fallen. Die naheliegende Reaktion ist, sich festzuklammern, natürlich am Bisherigen, am vertrauten Bild, das er von sich und seiner Welt hat. Von diesem Bild wusste er bislang gar nicht, dass es ein Bild war: Für ihn war es die Wirklichkeit. Dieser Irrtum endet nun, da dieses Bild gerade zerbröselt. Also greift der im Wandlungsprozess Stehende ins Leere, verliert den Halt. Angst und Selbstentwertung greifen Raum: Er verkrampft sich und versucht, sich gegen diesen Prozess zu verschließen. Er macht sich und allem Vorwürfe, schlägt auf sich selbst und alles ein – als wäre damit die Situation zu erleichtern, an der er schon schwer genug trägt. Das sind keine geeigneten Methoden für einen Veränderungs- und Wandlungsprozess, der immer auch ein Sterbeprozess ist. Er wird nicht durch Festhalten und Sich-Verschließen bewältigt, sondern durch Offenheit für die Wirklichkeit, wie immer sie ist, und ihre Annahme. Zum Annehmen gehört, wie die zweite Seite einer Münze, das Loslassen derjenigen vertrauten Vorstellungen, die sich angesichts dessen, was sich hier und jetzt aus der Wahrnehmung als Wirklichkeit zu erkennen gibt, als falsch herausstellen. Offenheit also. Und Loslassen. Woher kommt die Sicherheit dazu?

In der Jugendarbeit habe ich eine Paarübung kennengelernt, in der der eine Partner die Hand zur Faust ballt und der andere versucht, die Faust zu öffnen. Das Ergebnis ist überraschend: Solange an den zur Faust geschlossenen Fingern mit Gewalt herumgezogen oder -gedrückt wird, geht die Faust in der Regel nicht auf. Sie öffnet sich aber, wenn sie gestreichelt und liebkost wird: Sie kann dann gar nicht anders, als loszulassen und sich zu öffnen. Mit der Übergangssituation verhält es sich ähnlich. Der sich Wandelnde braucht den liebevollen

Blick auf sich selbst, um jene zu bewältigen. Und auch der im Geiste des Vaterunsers Betende lernt an dieser Stelle, wie wichtig es ist, dass er sich anschaut mit den Augen, mit denen Jesus die Menschen anschaut: mit verständnisvoller, annehmender, barmherziger Liebe, *die ihre Sonne aufgehen [lässt] über Bösen und Guten und regnen [lässt] über Gerechte und Ungerechte.*

Dieser barmherzige Blick auf sich selbst ist die Umkehr, zu der die fünfte Seligpreisung aufruft. Konkret heißt das: Wann immer der Betende merkt, dass er ungeduldig, hart und abwertend mit sich umgeht, soll er sich an den gütigen und barmherzigen Blick Jesu erinnern. Was hilft es ihm, *wenn er die ganze Welt gewinnt, dabei aber sich selbst verliert und Schaden nimmt* (Lk 9,25)? Er darf sich eingestehen, in einer schwierigen Lage zu sein, in der jeder Schritt, jedes Innehalten, jedes Aushalten bei sich Überwindung kostet. Vielleicht kann er diesen Blick Jesu spüren, ihn auf sich ruhen- und sich dabei loslassen. Wenn er sich ihm öffnet, hilft ihm die Liebe, sich und seine Befindlichkeit anzunehmen und sich selbst in dieser Lage nüchtern und realistisch zu bestimmen: was jetzt dran ist; das Tempo, zu dem er jetzt in der Lage ist; die Pausen und Hilfen, die er braucht ... Nicht das, was er von sich erwartet, nicht das Ideal ist das Entscheidende, sondern das ihm hier und jetzt realistisch Mögliche und seiner Belastung Angemessene. Die Worte, die Paulus über die Liebe findet, gelten auch für den Umgang des Menschen mit sich selbst:

Die Liebe ist langmütig, die Liebe ist gütig.
Sie ereifert sich nicht, sie prahlt nicht, sie bläht sich nicht auf.
Sie handelt nicht ungehörig, sucht nicht ihren Vorteil, lässt sich nicht zum Zorn reizen, trägt das Böse nicht nach.
Sie freut sich nicht über das Unrecht, sondern freut sich an der Wahrheit.
Sie erträgt alles, glaubt alles, hofft alles, hält allem stand
(1 Kor 13,4–7).

Bleibt die spannende Frage: Kann der Betende denn diese Umkehr leisten? Kann er, sobald er merkt, was er tut, aufhören, auf sich herumzuhacken und sich mit einer Langmut und einer Güte betrachten, die alles glauben, alles hoffen, allem standhalten kann? Ja, das kann er, vielleicht nicht viel und nicht durchweg, aber ein bisschen geht. Mit dieser Liebe schaut er manchmal seine Lieben an, insbesondere seine Kinder. Auch er selbst wurde in seiner Geschichte mit solch liebenden Augen angeschaut, vielleicht zu selten, vielleicht war der liebende Blick auf ihn auch getrübt von Angst und Unfreiheit. Aber es gab ihn, immer wieder. Manchmal vielleicht auch in inneren Erlebnissen der Liebe, die ihn regelrecht eingehüllt und ihm Tränen der Rührung in die Augen getrieben haben. In diesem Reservoir erfahrener Liebe gründet seine Fähigkeit, umzukehren zur barmherzigen Liebe gegenüber sich selbst. Im Laufe der Zeit wird dieses Reservoir sich füllen.

Der liebende Blick auf sich selbst bewirkt Aufatmen, Loslassen, eine neue Offenheit, Vertrauen, Geduld. Er bringt den Betenden wieder in Kontakt mit sich selbst. In diesem Kontakt findet er Sicherheit. Er hatte gemeint, sie zu finden, indem er seine Welt nach seinen Vorstellungen einrichtet. Jetzt, wo diese Welt einstürzt durch die Wirklichkeit, die sich zeigt, wie sie ist, beginnt er zu verstehen, dass keine Welt, sondern nur liebende Begegnung den Menschen halten kann. Um es mit Paulus zu sagen:

Die Liebe hört niemals auf. Prophetisches Reden hat ein Ende, Zungenrede verstummt, Erkenntnis vergeht. Denn Stückwerk ist unser Erkennen, Stückwerk unser prophetisches Reden ... Für jetzt bleiben Glaube, Hoffnung, Liebe, diese drei; doch am größten unter ihnen ist die Liebe (1 Kor 13,8f.13).

Allein die Liebe bleibt. Was sich in einer wirklichen Begegnung mitteilt, ist stärker als aller Untergang.

Offenbar spielt Liebe, insbesondere die Liebe gegenüber sich selbst, in diesem inneren Prozess eine besondere Rolle. Zwei Seligpreisungen, die der Sanftmütigen und die der Barmherzigen, sprechen von ihr. Es ist auffällig, aber nicht wirklich überraschend: Da Liebe der Grund aller Wirklichkeit ist, muss der Gebetsprozess, der in die Einheit mit ihm führt, von Liebe durchdrungen sein. Beten im Geiste des Vaterunsers ist eine Schule der Barmherzigkeit mit sich selbst und dann auch mit anderen, wie es auch eine Schule des Ge-lassen-Seins in Traurigkeit und Verlassenheit ist sowie eine Schule der Achtsamkeit für die Bewegungen des Herzens.

5.6 Selig, die rein sind im Herzen; denn sie werden Gott schauen

Dem Trauernden, der dem Weg der Seligpreisungen folgt, widerfährt etwas: Sein Herz wird gereinigt und er schaut Gott. Herstellen kann das kein Mensch. Plötzlich leuchtet ihm seine Wahrheit auf und er erkennt sich selbst vor einem unbedingten Horizont. Diese Wahrheit ist mehr als eine bloße Information über sich selbst, sie ist das Herz reinigendes Gericht, Begegnung mit einer unbedingt bejahenden Liebe.

Das Alte Testament erzählt ein solches Geschehen von Ijob. All seine Söhne und Töchter, sein gesamtes Hab und Gut und schließlich seine Gesundheit werden ihm genommen. Er durchlebt einen Trauerprozess. Seine Freunde sind überzeugt, dass ein von ihm begangenes Unrecht Ursache seiner Misere sein müsse. Doch am Ende wird dieser Verdacht aufgehoben im unmittelbaren Erleben der Wirklichkeit im Ganzen, in einer personalen Begegnung mit Gott. Ijob: *Vom Hörensagen nur hatte ich von dir gehört, jetzt aber hat mein Auge dich geschaut* (Ijob 42,5). Obwohl er nichts Böses getan hat, ist Ijobs Erfahrung mit einem Gericht verbunden: *Ich habe erkannt, dass du alles vermagst. Kein Vorhaben ist dir verwehrt ... Fürwahr, ich habe geredet, ohne zu verstehen, über Dinge, die zu wunderbar für mich und unbegreiflich sind* (Ijob 42,2f). Durch Aushalten an seiner Grenze aus Trauer, Ohnmacht und Unverständnis seitens seiner Freunde geht Ijob schließlich seine Wahrheit auf: die Anmaßung und Selbstüberschätzung, in denen er sich als Maß aller Dinge und als Mittelpunkt der Welt verstanden und in all seinem Tun selbstverständlich vollzogen hat. Auch wenn er nicht wusste, was er tat, hat er sich dabei gegen die Ordnung der Wirklichkeit verfehlt, deren Grund und

Mitte nicht Ijob und auch sonst kein Mensch ist. *Das Gericht öffnet Ijob die Augen für seine Sünde, richtet ihn neu aus und weist ihm den Platz zu, der ihm als Mensch gebührt:* Darum widerrufe ich. Ich bereue in Staub und Asche *(Ijob 42,6). So wird sein Leben erfüllt:* Der HERR aber segnete die spätere Lebenszeit Ijobs mehr als seine frühere. *Als Ijob stirbt, ist er* hochbetagt und satt an Lebenstagen *(Ijob 42,12.17).*

KONSTRUKTION UND DEKONSTRUKTION DER EIGENWELT

Wie kann es dazu kommen, dass der Mensch, ohne es zu wissen, zum Schöpfer einer Welt – seiner Welt – wird, die er für die Wirklichkeit hält, und als deren selbstverständlichen Mittelpunkt er sich selbst versteht? Wir haben dies oben (S. 39ff) als das Wesen der Sünde erkannt. Diese eigentümliche Welt entsteht durch die unbewusste Verdrängung überfordernder Ängste, die mit Traumata, erlittenen Beziehungsverletzungen und der Unvermeidlichkeit des Todes verbunden sind. In dieser seiner Welt bestimmt der Mensch als ihr Schöpfer die Regeln: In ihr kann er sein Leben rechtfertigen durch Leistung oder Kontrolle oder Rückzug. In ihr wird eine fremde Person zu einer bekannten durch den Mechanismus der Übertragung, der Kennenlernen von Neuem und Infragestellungen verhindert. Dasselbe Ereignis können verschiedene Menschen verschieden erleben, nämlich jeweils so, wie es ihrer Welt entspricht: auch hier nichts Neues, alles im sicheren Bereich. In der jeweiligen eigentümlichen Welt kann dem amerikanischen Psychotherapeuten und Romancier Irvin D. Yalom (*1931) zufolge das Problem des leiblichen Todes bewältigt werden mit einer Mischung aus Sich-für-etwas-Besonderes-Halten, so dass der Tod zwar die anderen, aber nicht einen selbst trifft, und der Hoffnung auf einen Retter, der das Schlimmste verhindert.[55] Da diese eigentümliche Welt unbewusst erschaffen wird, hält

---

[55] I.D. Yalom, Existenzielle Psychotherapie, S. 141–177.

ihr Schöpfer sie selbstverständlich für die Wirklichkeit.[56] Sie macht ihm seine Ängste, erlittenen Zurückweisungen und das Gefühl, von allem getrennt zu sein, erträglich, und er kann damit leben. Damit das so bleibt, muss er diese seine Welt immer wieder neu schaffen, indem er sich ihr entsprechend verhält und ihr entsprechende Ziele anstrebt. So wirkt er daran mit, dass eine Gesellschaft entsteht, die von Ablenkungen und vom Streben nach Ansehen, Einfluss, Besitz, rauschhafter Befriedigung ... bestimmt ist. Der Einzelne wächst selbstverständlich in diese Gesellschaft hinein und kann sich als Mitte seiner Welt manchmal als grandios, manchmal als ihr hilfloser Gefangener erleben. In jedem Fall verfehlt er die Wirklichkeit, auch seine eigene.

Die Befreiung aus dieser selbstkonstruierten Welt ist nicht einfach. Da Infragestellungen Bedrohungen sein können, die an die Wurzeln dieser eigentümlichen Welt gehen, werden sie abgewehrt, solange das möglich ist, obwohl sie eigentlich die Chance sind, zur Wirklichkeit aufzuwachen. So sind beispielsweise die Warnungen des Club of Rome in den 1970er Jahren bezüglich der Grenzen des Wachstums weitgehend folgenlos geblieben. Es scheint nachhaltiger wirkende Grenzerfahrungen und spürbare Verluste zu brauchen, wie etwa den Reaktorunfall in Fukushima oder Vorboten der Klimakatastrophe auf der staatlichen oder Tod und Krankheit auf der persönlichen Ebene wie bei Ijob. Ijob musste alles verlieren, um den Prozess der Befreiung aus der Mitte seiner Welt zuzulassen und Erfüllung zu finden: Er stirbt lebenssatt. So taucht das Leben auch uns immer wieder fraglos ein in Grenzerfahrungen, aus denen wir „immer versehrter und immer heiler stets von neuem zu uns selbst entlassen werden", worin die Lyrikerin Hilde Domin (1909–2006) die Erfüllung sieht, die uns Menschen bestimmt ist. Was dabei „taugt" bzw. „nicht taugt", stellt sie eindrucksvoll in ihrem Gedicht „Bitte" dar:

---

56 B. Dickerhof, Der spirituelle Weg, Abschnitt Idiopolis S. 44–61.

„Wir werden eingetaucht
und mit dem Wasser der Sintflut gewaschen,
wir werden durchnässt
bis auf die Herzhaut.

Der Wunsch nach der Landschaft
diesseits der Tränengrenze
taugt nicht,
der Wunsch, den Blütenfrühling zu halten,
der Wunsch, verschont zu bleiben,
taugt nicht.

Es taugt die Bitte,
dass bei Sonnenaufgang die Taube
den Zweig vom Ölbaum bringe.
Dass die Frucht so bunt wie die Blüte sei,
dass noch die Blätter der Rose am Boden
eine leuchtende Krone bilden.

Und dass wir aus der Flut,
dass wir aus der Löwengrube und dem feurigen Ofen
immer versehrter und immer heiler
stets von neuem
zu uns selbst
entlassen werden."[57]

DIE VERWANDLUNG

Die Verheißungen der Seligpreisungen werden den im Gericht in Ordnung gebrachten Menschen nun anfanghaft zur Erfahrung: Das gilt für den Trauernden ebenso wie für den Betenden. Das Wollen kommt zur Ruhe, so dass sie im Hier und Jetzt gegenwärtig werden und feststellen: Es ist alles da! Nichts fehlt! Sie sind *gesättigt*: Sie kosten etwas von der Erfüllung, auf die hin sie geschaffen sind. Sie sind getröstet. Wir dürfen uns diesen Trost mit Ignatius von Loyola (1491–1556), dem Schöpfer der ignatia-

---

57 Hilde Domin, Gesammelte Gedichte, © 2009, S. Fischer Verlag, Frankfurt a. M., S. 181.

nischen Exerzitien und Gründer des Jesuitenordens, vorstellen als „eine innere Bewegung der Seele, durch welche sie zu Gott zu entbrennen beginnt und alles Geschaffene nicht mehr in sich, sondern nur noch in Gott zu lieben vermag"; sodann als „Tränen, die zur Liebe zu Christus bewegen", z. B. aus Schmerz über die im bisherigen Leben missachtete Wahrheit, und schließlich als „jeglichen Zuwachs an Hoffnung, Glaube, Liebe und jede innere Freude, die zum eigenen Seelenheil aufruft und hinzieht, indem sie der Seele Ruhe und Frieden in ihrem Schöpfer und Herrn spendet"[58]. *Das Land,* das der Betende bzw. der Trauernde *erbt,* ist sein wahres Selbst, zu dem er befreit wurde, als er als Verfehlung erkannte und loslassen konnte, was er in seiner Eigenwelt meinte erfüllen zu müssen, um leben zu dürfen. Dabei hat er *Erbarmen gefunden* und *Gott geschaut.* Mit dieser Gottesschau wollen wir uns unten noch ausführlicher beschäftigen.

Der Kern der Verwandlung im Gericht ist geistiger Art, eine Transformation des Selbst- und Weltverständnisses: Aus „Ich hänge über dem Abgrund und strample, um nicht hineinzustürzen", wird „Ich bin und ich liebe". Betender und Trauernder finden den Grund ihrer Existenz, eine unbedingte, freilassende Liebe und werden dadurch mehr zur Person, die sich selbst in Bewusstheit und Freiheit besitzt. Sie sind umgekehrt zum „Wiedererkennen der Mitte, [zum] Sich-wieder-hinwenden. In dieser Wesenstat ersteht die verschüttete Beziehungskraft des Menschen auf ... und erneuert unsere Welt."[59] Begegnung ist die Sprache, die mitzuteilen vermag, was existenzieller Beter und Trauernder erfahren haben. Sie findet an der Grenze von zwei Menschen statt, an der sie sich als der eine und der andere, als Ich und Du erleben können. Identifikation mit dem anderen oder Symbiose verhindern Begegnung ebenso wie Desinteresse und Abwendung. Mit dem Erleben von Grenzen haben Betender und Trauernder reichlich Erfahrung sammeln können auf dem Weg der Seligpreisungen, ein Weg, der sie daher zur Begegnung befähigt.

---

58 GÜ 316.
59 Buber, Ich und Du, S. 102.

Dieser Kern der Herzensreinigung verändert die ganze Ausrichtung des Menschen: Begegnung und freilassende, annehmende Liebe werden zentral, da sich in ihnen die Sehnsucht erfüllt, bei sich und im Grund aller Wirklichkeit anzukommen.

DIE SCHAU GOTTES

Die Schau, von der unsere Seligpreisung spricht, ist Begegnung mit dem trinitarischen Gott. Wo das Gericht das Herz des Trauernden reinigt und ihn befreit, mehr bei der Person anzukommen, die er selbst in Wirklichkeit ist, erscheint ihm der Auferstandene, Christus (S. 99f). Christus ist Typus und Vollendung seines wahren Selbst, auf das hin er entworfen wurde, das zu sein er ersehnt. Je mehr ein Mensch zu sich selbst befreit wird, umso mehr prägt sich in ihm die Gestalt Christi aus. Nicht so, dass seine persönliche Geschichte, seine Beziehungen, seine Individualität ausgelöscht würden. Die Gestalt Christi überstrahlt sie, so wie die Schönheit eines Menschen, die von innen kommt, alle Äußerlichkeiten überstrahlt: Diese sind da, aber das Ganze der Person wird von ihrer inneren Schönheit bestimmt. Um diesen Gedanken auszudrücken, spricht Paulus von Christus als Gewand (Röm 13,14), das wir anziehen, oder vom himmlischen Haus, mit dem überkleidet zu werden wir uns sehnen (2 Kor 5,2): Die Persönlichkeit wird nicht genommen, im Gegenteil, sie wird durch das „Gewand" oder das „himmlische Haus" unterstrichen. Sie kommt erst recht zur Geltung bei denen, die „in Christus sind".

Die Öffnung des Menschen zu seinem wahren Selbst in der Erkenntnis seiner Wunden und seiner Verfehlungen ist zugleich Ausgießung des Heiligen Geistes. Das zeigt die Ostererscheinung des Auferstandenen vor den Jüngern im Johannesevangelium (Joh 20,19–23): *Am Abend dieses ersten Tages der Woche, als die Jünger aus Furcht vor den Juden bei verschlossenen Türen beisammen waren, kam Jesus, trat in ihre Mitte und sagte zu ihnen: Friede sei mit euch! Nach diesen Worten zeigte er ihnen seine Hände und seine Seite. Da freuten sich die Jünger, als sie den Herrn sahen. Jesus sagte noch einmal zu ihnen: Friede sei mit euch! Wie mich der Vater gesandt hat, so sende ich euch. Nachdem er das gesagt hatte, hauchte er sie an und sagte zu ihnen: Empfangt den Heiligen Geist! Denen ihr die Sünden erlasst, denen sind sie erlassen; denen ihr sie behaltet, sind sie behalten.* Der Text schildert ein in sich differenziertes, aber einheitliches Geschehen, das die Jünger nicht unterbrechen können. Die Begegnung mit dem wahren Selbst lässt sich zwar nicht festhalten. Jedoch ist „alle Offenbarung ... Berufung und Sendung"[60], wie der jüdische Religionsphilosoph Martin Buber (1878–1965) feststellt. Die Jünger empfangen den Geist dieser Begegnung, und ihre Sendung ist, in seiner Gegenwart zu leben und aus ihm zu wirken. Diese Sendung findet ihren Höhepunkt in der Vergebung. Sie ereignet sich in einer Begegnung, von der die Beichte, wie wir sie kennen, eine ritualisierte Form darstellt. Begegnung ist ein Prozess, ähnlich dem, was mit den Jüngern auf dem Weg nach Emmaus geschah. Er entwickelt sich dadurch, dass ausgesprochen wird und Raum bekommt, was die Herzen in welcher Weise auch immer bewegt und vielleicht belastet. Menschen, die im Geiste des Vaterunsers beten, die Jesus nachfolgen, kennen solche Prozesse. Sie wissen, was sie fördert. In der Gegenwart des Geistes können sie darin mit Vertrauen und Offenheit vorangehen. In dem Maße, wie wirkliche Begegnung stattfindet, erfährt der andere nicht nur die Annahme des anderen, sondern darin, wie in jeder wahren Begegnung, auch die annehmende und versöhnende Präsenz des Grundes aller Wirklichkeit. Wer sich einem solchen Prozess verschließt, der geht weniger versöhnt oder gar mit seiner Last wieder nach Hause. Begegnungen, die Vergebung vermitteln, sind Fundamente von Gemeinschaft und Erfahrungen Christi: *Wo zwei oder drei in meinem Namen versammelt sind, da bin ich mitten unter ihnen* (Mt 18,20).

Christus ist das Antlitz Gottes, das der Betende in der Reinigung seines Herzens und in wahrhaftigen Begegnungen „schaut". Die Schau des Vaters hingegen, des Urgrundes der

---

60 Buber, Ich und Du, S. 117.

Gottheit, ist dunkel. Er bleibt der verborgene Gott, den *niemand je gesehen [hat]*, von dem *der Einzige, der Gott ist und am Herzen des Vaters ruht*, lediglich *Kunde gebracht [hat]* (Joh 1,18). Der Vater bleibt Geheimnis. Und dennoch hat der existenzielle Beter mit ihm zu tun gehabt.

Schauen wir daher genauer hin, wie die Befreiung aus der selbstkonstruierten Welt vonstattengeht. Wir haben uns ja bereits klargemacht, dass dabei vertraute Stützen des eigenen Selbst- und Weltverständnisses zu einem Zeitpunkt wegbrechen, an dem ein neues Fundament als solches noch nicht erkennbar ist. Diese Phase der Transformation wird der Trauernde wie einen Sturz in einen Abgrund erleben. Auch wenn er ihn letztlich nicht verhindern kann, er müsste dagegen protestieren, ihn ablehnen. Wenn er das auch tut, während er darum ringt, anzunehmen, was ist, am Ende hat der Trauernde ihm doch zugestimmt. Mehr noch: Er **wollte** das Alte loslassen! Er **wollte** sich aus der Hand geben. Er war einverstanden mit seinem Sterben, er bejahte seinen Sturz in den Abgrund, den er weder kontrollieren konnte noch musste. Wie kann das sein?

Es kann nur so sein, dass in ihm ein nichtwissendes Wissen davon ist, dass dieser Sturz nicht das Aus, sondern Aufgang neuen Lebens ist. Vor seiner Erfüllung mit sättigender Gerechtigkeit muss er die Gottheit „irgendwie" bereits als Bedingung der Möglichkeit dafür „*geschaut*" haben, so dass er der Reinigung seines Herzens zustimmen konnte. Ja, er muss „irgendwie" auf dem Weg durch den ganzen Trauerprozess begleitet und an den Punkt gezogen worden sein, an dem er zu seinem wahren Selbst aufwachen konnte. Jesus weiß das: *Niemand kann zu mir kommen, wenn nicht der Vater, der mich gesandt hat, ihn zieht; und ich werde ihn auferwecken am Jüngsten Tag* (Joh 6,44). Die im Dunkel verborgene Gottheit, die Jesus als „Vater" anspricht, trägt den ganzen Prozess des Durchlebens der Grenzsituation. Ja, „führt" sie sogar in die Grenzsituation, damit wir „immer versehrter und immer heiler zu uns selbst entlassen werden" können?

Uns begegnet hier der biblische Gedanke, dass sich im Gericht Gott offenbart. Doch zugleich bleibt Gott verhüllt. Die *ein reines Herz haben, werden Gott schauen*: Ja, das stimmt! Doch schauen sie ihn in der Wolke (Ex 34,4–6; Mk 9,7 par). Es ist eine dunkle Schau. Zu sehen ist nichts. Christus, das wahre Selbst, be-greifen wir in Jesus von Nazareth, des Heiligen Geistes werden wir inne, wo Begegnung gelingt. Da der Mensch in der Begegnung mit seinem Grund mehr zu der Person wird, die er ist, liegt es nahe, diesen Grund als Person zu verstehen. Denn nur durch Personen wird der Mensch zur Person: „Ich werde am Du; Ich werdend spreche ich Du"[61], sagt Buber. Im wahren Selbst offenbart die freilassende Liebe, die der verborgene Grund aller Wirklichkeit ist, ihr personales Antlitz, im Heiligen Geist ihre belebende, neu ausrichtende geistige Präsenz, die den Menschen umgibt und durchdringt. Mit der Zeit gehen die Bilder vom lieben oder angstmachenden Gott, von Gott als „Buchhalter", „strengem Richter", „Chef, dem nichts genügt" oder vom Gott, „der einem nichts gönnt" ... in der bildlosen Transzendenz Gottes unter, wie es das zweite Gebot des Dekalogs will (Ex 20,4f). Es bleiben Jesus und die Kunde, die er gebracht hat.

5.7 Selig, die Frieden stiften; denn sie werden Kinder Gottes genannt werden

Die Gottesschau kann den Betenden dazu verführen, seine Erfahrungen festhalten zu wollen, ähnlich den Jüngern auf dem Berg der Verklärung, die zu diesem Zweck drei Hütten bauen wollten. Doch dieses Vorhaben vereitelte damals die Stimme Gottes selbst, die die drei auffordert, auf Jesus zu hören (Mk 9,5–7). Das Auf-Jesus-Hören ist existenzielles Beten, wie wir im nächsten Abschnitt (S. 191ff) sehen werden. Hören und Beten münden in Sendung und Tun und damit in diese siebte Seligpreisung. Mit ihr nimmt der Prozess, der sich bisher vor allem im „stillen Kämmerlein" und im Inneren der Person vollzogen hat, die Wendung nach außen, in den Raum der Geschichte. Das Wirken des existenziellen Be-

---
[61] Buber, Ich und Du, S. 15.

ters in der Welt wird als „Frieden-Stiften" zusammengefasst. Der Blick in unsere Gegenwart bestätigt sehr schnell, wie sehr die Welt gerade Friedensstifter, Versöhner – nicht Beschwichtiger – von Spannungen nötig hat: Der Unfrieden reicht von militärischen Konflikten über die Zerrissenheiten der Zivilgesellschaften, in denen die Fronten immer härter aufeinanderprallen, bis hin zum Streit in Beziehungen und zur Unversöhntheit eines Menschen mit sich selbst und seinem Leben. Da kann die Begegnung mit einer Person, die in Frieden mit sich selbst ist und in sich ruht, die demütiger geworden ist auf ihrem Weg durch die Trauer, dem anderen helfen, herunterzukommen, aufzuatmen und sich selbst, seine Situation und seine „Feinde" nüchterner und aus einer versöhnteren Perspektive zu betrachten. Darüber hinaus sind mit der Umkehr zum Friedenstiften auch konkrete Schritte und Initiativen in zwischenmenschlichen Beziehungen gemeint. Der Trauernde selbst kann Anlass zu Unfrieden geworden sein: durch Hass auf die Verursacher seines Verlustes, in gekränktem Vorwurf gegenüber denen, die verschont blieben, z. B. von Krankheit und Einschränkungen ... oder durch seine verbitterte Unleidlichkeit oder Herrschsucht, worin erlittenes Unrecht sich oft so lange ausdrücken muss, bis es vergeben werden kann. Mit den konkreten Schritten und Initiativen des Friedensstiftens ist auch das Verhalten im Blick, das die Antithesen als wahre Gerechtigkeit jeweils fordern: der respektvolle, verbindliche Umgang mit anderen; die Bereitschaft, sich selbst in Frage stellen zu lassen, sich zu entschuldigen, eine (im Gespräch) erlittene Verletzung zu verarbeiten und den Gesprächsfaden wieder aufzunehmen ...

Manchmal stellt der Alltag den existenziellen Beter auch in Situationen wie die des guten Samariters, der sich plötzlich vor einem Unter-die-Räuber-Gefallenen vorfindet: Es ist das Mitleid, das er empfindet und ihn zur Zuwendung bewegt.

Zu einem friedensstiftenden Handeln ist der Beter nach der Pädagogik der Seligpreisungen grundsätzlich in der Lage. Die Entkoppelung, die er geübt hat, lehrt ihn, aufrichtig zu sein und sich in Frage stellen zu lassen. Die Wandlung seines Selbst-

und Weltverständnisses zu „Ich bin und ich liebe", die er dabei erfährt, hilft ihm, auf Vergeltung zu verzichten und Versöhnung zu initiieren. Denn sein verwandeltes Selbst ist *in Christus Jesus zu guten Werken erschaffen, die Gott für uns im Voraus bestimmt hat, damit wir mit ihnen unser Leben gestalten* (Eph 2,10). Es ist tatsächlich so, dass da, wo der Betende zu sich selbst kommt, ihm oft gleichzeitig klar wird, was er in seiner Situation zu tun hat: ein Tun, durch das er sowohl sein wahres Selbst vollzieht und damit in der Sphäre der freilassenden Liebe lebt als auch die wahre Gerechtigkeit verwirklicht, die Jesus verkündet. Solches Wirken ist keine aus irgendwelchen Prämissen abgeleitete Folgerung, z. B. weil Jesus das getan hat, muss auch der Beter jetzt etwas Ähnliches tun, sondern spontane, intuitive Klarheit. Nicht Fremdbestimmung, sondern „Ich bin". Er wird dabei zu einem „anderen Jesus", durch den das Himmelreich heute und hier in der Welt ankommt. So verheißt auch Buber: „Im Ausgesandtsein bleibt Gott dir Gegenwart; der in der Sendung Wandelnde hat Gott stets vor sich: je treuer die Erfüllung, umso stärker und stetiger die Nähe."[62]

Mit schönen Gefühlen und euphorischen Worten wird das Friedenstiften nicht zu bewältigen sein. Es ist eine gefährliche Sache. Nicht nur, weil der Friedensstifter, wie es Jesus geschah, selbst als Aufrührer unter die Räder kommen kann, sondern auch, weil es Prüfstein für seine Nüchternheit, innere Freiheit, Bereitschaft zum Leiden und seine Liebe ist. Der Auftrag deckt auf, wo der Friedensstifter sich auf dem Weg der Verwandlung von „Ich hänge über dem Abgrund und strample" zu „Ich bin und ich liebe" wirklich befindet. Ohne Selbstentleerung und Entkoppelung ist er nicht zu erfüllen. So wird offensichtlich, wieweit der Friedensstifter in den Grund eingegangen ist, der, obgleich Inbegriff des Guten und der Gerechtigkeit, *seine Sonne aufgehen [lässt] über Bösen und Guten und regnen [lässt] über Gerechte und Ungerechte* (Mt 5,45).

---

62 ebd.

5.8 Selig, die verfolgt werden um der Gerechtigkeit willen; denn ihnen gehört das Himmelreich

Um der Gerechtigkeit willen Verfolgte kennt auch das Alte Testament. Verfolgt und getötet zu werden ist Prophetenschicksal (Mt 23,30), das sich z. B. auch an Johannes dem Täufer vollzieht (Mt 14,3ff), und die Psalmen sind voll der Klagen der Gerechten über ihre Behandlung durch andere: *Die Frevler spannen den Bogen, sie legten ihren Pfeil auf die Sehne, um im Dunkel auf die zu schießen, die redlichen Herzens sind* (Ps 11,2; um einige weitere Beispiele zu nennen: Ps 3; 4; 5,9; 6; 7; 9,4.14; 10,2; 11,2; 17,9; 31,5.9; 35; 38,13; 55,4.14f; 64,3 ...). Anscheinend haben Gerechte etwas an sich, was andere dazu reizen kann, an ihnen zu „Frevlern" zu werden. Aus der Sicht des Evangeliums wirkt sich das Beten im Geiste des Vaterunsers, also die Verwirklichung des Kerns des Evangeliums, allmählich im Glauben, Leben und Wirken des Beters und der Beterin aus. Gegen den Zustand der Welt glauben sie, dass der Grund des Seins Liebe ist und in der Liebe alle Wirklichkeit vollendet wird. Sie glauben, dass Verluste zugleich Chancen sind, je ihrem wahren Selbst zu begegnen, so dass die Hoffnung wächst, dass auch der Tod nicht Abbruch des Lebens, sondern Vollendung der Person in der ewigen Zukunft des Tanzes mit der Liebe ist, Begegnung mit Gott: *Wir werden ihn sehen, wie er ist* (1 Joh 3,2). In der Hoffnung auf ewiges Leben sieht auch Paulus, der selbst Haft und Verfolgung wegen seines Glaubens erlitten hat, den Punkt, an dem die Geister sich scheiden: *... damit ihr nicht trauert wie die anderen, die keine Hoffnung haben* (1 Thess 4,13). Im Laufe der Zeit erleben die existenziellen Beter allmählich die Herrlichkeit, Freiheit und Erfüllung des Person-Seins schon hier und heute. Sie fühlen sich anders. So bekommt ihr Leben eine andere Ausrichtung: Haben durch Karriere, Macht, Besitz, Ansehen ... verliert an Bedeutung. Bewusst in der Gegenwart zu sein und echte Begegnungen zu erleben sind ihnen wichtig. Ablenkungen und Events meiden sie, sie bleiben lieber nüchtern und im Besitz ihrer selbst. Grenzerfahrungen versuchen sie anzunehmen und zu durchleben. Ihr Verhalten und Handeln verändern sich im Sinne der wahren Gerechtigkeit der Antithesen. Sie spüren den Zwiespalt zwischen den Annehmlichkeiten der Wohlstandsgesellschaft und ihrer Verwahrlosung, ihrer Ungerechtigkeit gegenüber den sich entwickelnden Ländern und ihrer Zerstörung der natürlichen Lebensgrundlagen auf der Erde.

Auch der persische Sufi-Mystiker Rumi (1207–1273) ist sich dessen bewusst, wie sehr der Glaube an Auferstehung und die Suche danach die Ausrichtung des Lebens verändern und es vom Mainstream unterscheiden.

„Die Auferstehung
Die einzige Bedingung für die Auferstehung ist, erst zu sterben: denn was heißt auferstehen, wenn nicht ‚vom Tod ins Leben übergehen'?
Die Welt schlägt die ganz andre Richtung ein: Jeder ist auf der Flucht vorm Nichtsein – der einzig dauerhaften Zufluchtsstätte.
Wie erringen wir wahres Gewahrsein? Indem wir unseren Vorstellungen entsagen.
Wie nähern wir uns der Erlösung? Durch Verzicht auf Erlösung durch uns selbst.
Wie können wir zum Sein gelangen? Indem wir unserem Dasein entsagen.
Wie finden wir die wahre Frucht des Geistes? Indem wir die Hand nicht ausstrecken nach der Frucht der Täuschung."[63]

Die Lehren der Bergpredigt über das existenzielle Beten springen einem aus diesem Text eines Muslims geradezu in die Augen. Sie sind Grund legend für ein Leben in wahrer Erfüllung, quer durch die Religionen. Wer umkehrt und zum existenziellen Beter wird und diesen Weg sein Leben lang geht, wird zum Fremden schon in seiner nächsten Umgebung. Fremde gehören nicht dazu. Sie verunsichern, stellen in Frage, machen Angst. Also werden sie belächelt, verachtet, gehasst, verfolgt.

---

63 Aus dem Masnawi, in: Harvey, Die Lehren des Rumi, S. 83.

Dieser Verfolgung verheißt unser Text die Seligkeit der Zugehörigkeit zum Himmelreich. Inmitten von Gefangenschaft, Folter und Hinrichtung war für Alfred Delp die Welt Gottes so voll, dass dieser Gott ihm aus allen Poren der Dinge entgegenquillt, um ihm zu begegnen. Stephanus sieht auf dem Höhepunkt der feindseligen Auseinandersetzung um die Bedeutung Jesu *den Himmel offen und den Menschensohn zur Rechten Gottes stehen* (Apg 7,56). Als eines Tages der Hohe Rat die Apostel wegen ihrer Verkündigung verhaften, ins Gefängnis werfen und schlagen lässt, *gingen [die Apostel] fröhlich von dem Hohen Rat fort, weil sie würdig gewesen waren, um Seines Namens willen Schmach zu leiden* (Apg 5,41). In großer Not erleben sie in intensiver Weise ihre Zugehörigkeit zu Jesus, und diese Gewissheit ist Freude. Auch Paulus, der vielerlei Verfolgung erlebt hat, kennt diese Erfahrung: *Wir gelten als Betrüger und sind doch wahrhaftig; wir werden verkannt und doch anerkannt; wir sind wie Sterbende und siehe, wir leben; wir werden gezüchtigt und doch nicht getötet; uns wird Leid zugefügt und doch sind wir jederzeit fröhlich; wir sind arm und machen doch viele reich; wir haben nichts und haben doch alles* (2 Kor 6,8–10).

Ob im Friedenstiften oder in seiner Ablehnung, ob in Erfolg oder Scheitern, ob in guten oder bösen Stunden: In allen Dingen kann dem existenziellen Beter die Gegenwart der unbedingten Liebe bewusst werden, in der er Geborgenheit, Sinn, Hoffnung, Orientierung erfährt. Das ist eine gewaltige Perspektive.

5.9 Zusammenfassung

Was die Betrachtung der Seligpreisungen im Einzelnen ergeben hat, möchte ich in drei Punkten zusammenfassen:

Wie vermutet, bezieht sich, erstens, der Korpus des Textes tatsächlich auf die Bewältigung eines Verlustes. Das Konstruktionsprinzip der matthäischen Seligpreisungen besteht also darin, eine Methode aufzuzeigen, wie mit einem Verlust so verfahren werden kann, dass der Trauernde bei seinem wahren Selbst ankommt und sich in innerer Freiheit bestimmen kann, also dazu befreit wird, als Person zu leben. Die Erfahrung, in sich selbst als in Gott zu gründen, ist die Erfahrung, zum Himmelreich zu gehören. Das genannte Konstruktionsprinzip der Seligpreisungen schließt nicht aus, dass die einzelnen Seligpreisungen auch für sich betrachtet werden können und dann weitere Sinnebenen entfalten. Nach dem matthäischen Jesus wird ein Verlust, überhaupt eine Notlage, betend bewältigt. Betend nicht in der Art, dass der Beter versucht, Gott zu manipulieren, damit dieser hilft, die äußere Situation so zu verändern, wie der Beter sich die Lösung vorstellt, sondern betend im Sinne des Vaterunsers und der Pädagogik der Seligpreisungen. Danach ist Beten ein Weg der Hingabe und des Lassens im Vertrauen darauf, zu genügen auch in der Not und geliebt zu sein auch angesichts der Wahrheit der eigenen Verfehlung.

Zweitens haben wir oben festgestellt, dass die erste Seligpreisung als Überschrift dient und somit „Arm-Sein vor Gott" der Schlüssel zur Erfahrung des Himmelreiches ist, der Boden, auf dem der gesamte Text steht. Wenn wir die Pädagogik der Seligpreisungen nochmals innerlich Revue passieren lassen, dann können wir sehen, dass tatsächlich **Demut und Vertrauen die Grundlage ihrer Methodik sind**: Vertrauen, das barmherzigen, wertschätzenden und gewaltfreien Umgang mit sich selbst, verweilendes Hinschauen in geschehenlassender Offenheit, statt Kontrolle und Erstreben eigener Absichten wagt. Demut ist ein leicht missverstehender Begriff, wie bereits der spanische Franziskaner Francisco de Osuna (1492–1541) dokumentiert, dessen geistliche Lehre großen Einfluss auf die spanische Mystik hatte: „Manche verstehen unter Demut eine Enge des Herzens und die platte und kleinmütige Veranlagung eines Menschen, den nur Unwesentliches interessiert. Andere denken, Demut sei kränkliches Aussehen und Niedrigkeit, die sich in Haltung, Kleidung und Benehmen manifestiert. Manche verwechseln die Demut mit Feigheit und Furcht, von denen einige beherrscht sind, so dass sie sich nicht an große Dinge wagen. Schließlich meinen einige, es sei demütig, über keine Fähigkeiten zu verfügen oder die vorhandenen nicht zu nutzen, sondern zu verbergen. Alle diese Auffassungen sind falsch und haben nichts mit der Demut zu tun."[64] Was aber ist Demut wirklich? Das Wort kommt von althochdeutsch *diomuoti*, „dienstwillig". Tatsächlich verlangt die Pädagogik der Seligpreisungen einen Menschen, der sich willig von der Wirklichkeit, wie sie ist, in Dienst nehmen lässt, d. h., der

- sich ihr stellt und sie annimmt, ob sie ihm gefällt oder nicht,
- die Grenze akzeptiert, die sie dem eigenen Selbstverständnis und Wollen setzt,
- das Gericht über sich bejaht,
- sich neu ausrichten lässt und
- den Auftrag erfüllt, den er vernimmt und der dieser neuen Ausrichtung entspricht.

Abbildung 3 stellt das Beten im Sinne des Vaterunsers nach der Methode der Seligpreisungen dar und vervollständigt damit Abbildung 2 von S. 155.

Drittens macht existenzielles Beten den Menschen zum **Mitarbeiter Gottes** in der Welt. Es besteht ja aus zwei Bewegungen: Die eine ist die Bewegung von außen nach innen. In ihr trägt der Beter Ereignisse, die ihn betreffen, und damit Welt zu Gott, so wie ein Mitarbeiter seinem Chef die Lage unterbreitet. Dabei übt der Beter Entkoppelung und widersetzt sich auf diese Weise Mächten, die ihn fremdbestimmen wollen, indem sie ihn dazu verlocken, sich gemäß seiner Muster zu verhalten und als Person zu überspringen. Er stellt sich in die geistige Linie des Exodus Israels aus dem „Sklavenhaus Ägypten". Dass Sklaven ihren Herren davonlaufen, weil sie deren Fron nicht länger ertragen wollen, war für die damaligen geschichtlich-kulturellen Verhältnisse ein unerhörter Vorgang. Dieser Exodus wird durch Christus vollendet in der Befreiung des Menschen zu seinem wahren Selbst aus der Sklaverei der Sünde, den Zwängen seiner eigentümlichen Welt. Das Geheimnis aller Wirklichkeit ist der Grund, den er „kennt", aus dem er als Person lebt. Als Mitarbeiter Gottes ist er also kein fremdbe-

---

64 Francisco de Osuna, S. 105.

oben

Selig die Sanftmütigen:
Sein lassen, was und wie es ist

innen

Selig die Trauernden:
Wende nach innen

Auslösende Situation: Notlage

Innehalten

außen

Innewerden

Selig, die hungern und dürsten nach der Gerechtigkeit:
Sehnsucht nach seiner Wahrheit und Heilung von innen her

Tun

Selig die Barmherzigen:
Aufruf zu Selbstliebe und Geduld

Selig, die verfolgt werden um der Gerechtigkeit willen:
Leben in der Treue zu seinem wahren Selbst

Selig, die Frieden stiften:
Initiativen aus der Liebe des wahren Selbst

Selig, die reinen Herzens sind:
Sterben des Egos. Gründung des Selbst in Gott. Ausgerichtet, aus seinem Grund zu leben und zu wirken.

Tiefe

Abbildung 3: Beten im Geiste des Vaterunsers

stimmter *Knecht*: *Ich nenne euch nicht mehr Knechte; denn der Knecht weiß nicht, was sein Herr tut. Vielmehr habe ich euch Freunde genannt; denn ich habe euch alles mitgeteilt, was ich von meinem Vater gehört habe* (Joh 15,15).

Die zweite Bewegung des existenziellen Betens ist die von innen nach außen. Sie bedeutet, Gott in die Welt zu tragen, indem der zu sich befreite Beter vollzieht, was seinem wahren Selbst in einer gegebenen Situation entspricht. So macht er in den unscheinbaren Verrichtungen und Begegnungen des Alltags die Liebe erfahrbar, die sein Grund und die Vollendung aller Wirklichkeit ist. Ein Beispiel, das mir sehr gefällt und das ich sehr bewundere, ist der Dienst des Christen Hananias am neu bekehrten Saulus. Er besteht nur in einer kleinen Geste, völlig unspektakulär und doch bedeutungsvoll für den weiteren Verlauf der Geschichte, wie sich erst viel später herausstellt. Aber was hat dieser Dienst der Liebe den Hananias gekostet: *In Damaskus lebte ein Jünger namens Hananias. Zu ihm sagte der Herr in einer Vision: Hananias! Er antwortete: Siehe, hier bin ich, Herr. Der Herr sagte zu ihm: Steh auf und geh zu der Straße, die man Die Gerade nennt, und frag im Haus des Judas nach einem Mann namens Saulus aus Tarsus! Denn siehe, er betet und hat in einer Vision gesehen, wie ein Mann namens Hananias hereinkommt und ihm die Hände auflegt, damit er wieder sieht. Hananias antwortete: Herr, ich habe von vielen gehört, wie viel Böses dieser Mann deinen Heiligen in Jerusalem angetan hat. Auch hier hat er Vollmacht von den Hohepriestern, alle zu fesseln, die deinen Namen anrufen. Der Herr aber sprach zu ihm: Geh nur! Denn dieser Mann ist mir ein auserwähltes Werkzeug: Er soll meinen Namen vor Völker und Könige und die Söhne Israels tragen. Denn ich werde ihm zeigen, wie viel er für meinen Namen leiden muss. Da ging Hananias hin und trat in das Haus ein; er legte ihm die Hände auf und sagte: Bruder Saul, der Herr hat mich gesandt, Jesus, der dir auf dem Weg, den du gekommen bist, erschienen ist; du sollst wieder sehen und mit dem Heiligen Geist erfüllt werden. Sofort fiel es wie Schuppen von seinen Augen und er sah wieder; er stand auf und ließ sich taufen* (Apg 9,10–18). Hananias empfängt und versteht den Willen Gottes und traut ihm, obwohl er dabei ein hohes Risiko für sich selbst eingeht. Im existenziellen Beten arbeitet der Mensch mit bei der Vollendung der Wirklichkeit in Liebe. *Wir wissen, dass die gesamte Schöpfung bis zum heutigen Tag seufzt und in Geburtswehen liegt und [sehnsüchtig] wartet ... auf das Offenbarwerden der Söhne [und Töchter] Gottes* (Röm 8,19,22).

6. Existenzielles Beten als Hören und Tun des Willens Gottes

Die Bedeutung, die in der Bibel dem Hören und Ernst-Nehmen des Willens Gottes zukommt, ist nicht zu überschätzen. Das gilt für das Alte wie das Neue Testament. Wer in einer Bibelkonkordanz unter dem Stichwort „Hören" nachschlägt, wird dort einen der längsten Einträge überhaupt finden. Was das Alte Testament angeht, sei nur an das grundlegende „Höre, Israel" erinnert oder an das zum Hören auffordernde „So spricht der Herr" der Propheten oder an die Torah, die Wort Jahwes ist, das gehört und ernst genommen werden soll. Überhaupt machen Offenbarungen der Gottheit, wie sie in Judentum, Christentum und Islam ergangen sind, nur Sinn, wenn sie von den Adressaten gehört und befolgt werden.

Auch für das Neue Testament sollen wenige Hinweise genügen, um die Bedeutung des Hörens und Tuns des Willens Gottes zu belegen: *Die wahren Verwandten Jesu*, die Personen also, denen Jesus sich zugehörig fühlt und die ihm nahe sind, sind diejenigen, die den Willen Gottes tun (Mk 3,33–35). Als Maria wegen ihres Sohnes Jesus seliggepriesen wird, stellt dieser Sohn klar: *Selig sind vielmehr, die das Wort Gottes hören und es befolgen* (Lk 11,28). In der Getsemani-Szene (S. 147, 203ff) stellt Jesus die Hingabe an den Willen Gottes, die sein ganzes Leben prägt, über eine Flucht aus Todesangst. Ebenfalls charakterisiert das Johannes-Evangelium Jesus als Menschen, dem es um das Tun des Willens Gottes geht: *Meine Speise ist es, den Willen dessen zu tun, der mich gesandt hat, und sein Werk zu vollenden* (Joh 4,34). ... *Von mir selbst aus kann ich nichts tun; ich richte, wie ich es vom Vater höre* (Joh 5,30). ..., *denn ich bin nicht vom Himmel herabgekommen, um meinen Willen zu tun, sondern den Willen dessen, der mich gesandt hat* (Joh 6,38).

Auch die Bergpredigt fordert zum Tun des Willens Gottes auf, und zwar an prominenten Stellen: zum einen direkt in ihrem Zentrum, im Vaterunser, in dem der Beter schwerlich bitten kann, dass der Wille Gottes auf Erden geschehe, ohne selbst diesen Willen vernehmen und tun zu wollen. Und zum anderen am Ende, in der den Seligpreisungen korrespondierenden und damit ebenso schwergewichtigen Ausleitung der Rede: *Nicht jeder, der zu mir sagt: Herr! Herr!, wird in das Himmelreich kommen, sondern nur, wer den Willen meines Vaters im Himmel erfüllt. Viele werden an jenem Tag zu mir sagen: Herr, Herr, sind wir nicht in deinem Namen als Propheten aufgetreten und haben wir nicht mit deinem Namen Dämonen ausgetrieben und mit deinem Namen viele Wunder vollbracht? Dann werde ich ihnen antworten: Ich kenne euch nicht. Weg von mir, ihr Übertreter des Gesetzes* (7,21–23)! Das Tun des Willens Gottes ist durch nichts zu ersetzen, nicht durch ein Bekenntnis des Glaubens an den Sohn Gottes, nicht durch spektakuläre Großtaten für die Menschheit, nicht einmal durch gute Werke, wenn bei alledem die Ausführenden sich die Frage ersparen, was denn der Wille Gottes hier und jetzt für je ihre Person ist. Das Tun dieses Willens hat Jesus immer wieder zu Heilungen am Sabbat geführt – wahre Erfüllung des Gesetzes in seinen Augen, schlechte Taten, Gesetzesübertretungen in den Augen seiner Zeitgenossen.

Doch wie wird der Wille Gottes getan? Die Bibel spricht in diesem Zusammenhang in der Regel vom Hören auf Gott und vom Ernstnehmen des Gehörten. Das Wort „Gehorsam" verwendet sie, bezogen auf Gott, nur, wenn die Erhabenheit dessen herausgestellt werden soll, der gehört und ernst genommen wird. Das ist im folgenden Text der Fall, dem sogenannten Philipperhymnus. Paulus stellt darin den Christen in Philippi als Beispiel für das Erkennen und Tun des Willens Gottes die Gesinnung des gehorsamen Jesus vor: *Er war Gott gleich, hielt aber nicht daran fest, Gott gleich zu sein, sondern er entäußerte sich und wurde wie ein Sklave und den Menschen gleich. Sein Leben war das eines Menschen; er erniedrigte sich und war gehorsam bis zum Tod, bis zum Tod am Kreuz. Darum hat ihn Gott über alle erhöht ... Jesus Christus ist der Herr zur Ehre Gottes, des Vaters* (Phil 2,6–9a.11). Dieser Text skizziert die Grundlinien des Hörens und Ernstnehmens Gottes: Am Beginn steht, dass der Mensch die Erniedrigung annimmt, die Umstände seines Lebens nicht restlos kontrollieren zu können. Er findet sich daher immer wieder in Grenzsituationen vor, die „von außen" auf ihn zukommen. Insofern ähnelt er einem Sklaven, der sich nicht aussuchen kann, was sein Herr ihm aufträgt. Zur Annahme des Jetzt und Hier können manche der Vorstellungen und Bestrebungen des Menschen, der sich als Erschaffer und Erhalter seiner Eigenwelt Gott gleichsetzt, in Spannung stehen. Trägt er die Spannung zwischen anzunehmender Wirklichkeit und seiner bisherigen Ausrichtung, wie Jesus sein Kreuz getragen hat, dann hält auch er *nicht daran fest, Gott gleich zu sein,* er lässt los und entäußert sich dessen, was der Annahme des Hier und Jetzt widerspricht. Es stirbt die verfehlte Ausrichtung seines Lebens, seine bisherige Identität. Dieser Tod begründet seine Befreiung zu seinem wahren Selbst, seine Erhöhung mit Christus in Gott und seine Sendung: Der Wille Gottes ist, was der Mensch in diesem Prozess, ausgelöst durch den Anruf einer konkreten Situation, vernimmt, wenn er in sich selbst als in Gott gegründet wird. Sein Tun ist dann Wirken im Geiste Gottes, Handeln an Christi statt, Leben der freilassenden Liebe, die das Geheimnis und die Vollendung aller Wirklichkeit ist. Wie anders könnte das Wirken jene Liebe sein, die über jeden guten Willen hinausgeht?

So überrascht es nicht, dass das Erkennen und Tun des Willens Gottes auf den Prozess hinausläuft, den wir als existenzielles Beten kennengelernt haben. In der Tat lautet die klassische Antwort auf die Frage, wie Gottes Wille vernommen werden kann: „durch Unterscheiden der inneren Bewegungen." Wie geht das praktisch? Durch Innehalten und Sich-nach-innen-Wenden, um seiner Motive innezuwerden und sie erkennen zu können:

Wohin führt mich eine solche Bewegung?
Aus welchem Geist entspringt sie?
Will ich mit ihr etwas vermeiden oder etwas gestalten?
Suche ich darin vor allem meinen eigenen Nutzen, meine Bestätigung oder überwinde ich darin das Egomane?

Offenheit ist nötig, um die Fixierung auf eine Lieblingsidee bemerken zu können. Und aus der Liebe und Wertschätzung gegenüber dem eigenen Sein und seines Grundes, Gott, entspringt die Bereitschaft, das der Person in dieser Situation Entsprechende zu tun, auch wenn es keine Lust bereitet.

Dass Hören und Tun des Willens Gottes existenzielles Beten und existenzielles Beten Hören und Tun des Willens Gottes ist, verdeutlicht auch Abbildung 4.

oben

Zulassen der Wirkungen

in der Wahrnehmung dessen verweilen, was ist und wie es ist

innen

außen

Anrede durch Wort oder Situation

Innehalten

Tun

Innewerden

Wunsch nach einer persönlichen Antwort und Begegnung

achtsam – gelassen – liebevoll bei sich aushalten

Antwort durch Wort oder Tat aus dem wahren Selbst. Ermöglichung von Begegnung

Aufgehen von Verstehen, Wahrheit und Unterscheidung. Selbstbestimmung der Person in innerer Freiheit

Tiefe

Abbildung 4: Prozess des Hörens, des Erkennens des Willens Gottes, des Dialogs

Eine besondere Anwendung dieses Schemas ist der Dialog. Seine Grundlagen sind interessierte Offenheit und die Bereitschaft, sich selbst zu sein und die Person des anderen davon unterschieden sein zu lassen. Für eine persönliche Antwort auf das Gegenüber sind zwei Bedingungen zu erfüllen: Die erste ist, dass der Hörer wirklich zuhört, was sein Gegenüber sagt, und es zu verstehen sucht. Die größten Hindernisse dabei sind der Druck, etwas erwidern zu wollen oder zu sollen, erst recht, wenn man nicht so genau weiß, was, oder Reizworte, die der Sprecher gebraucht, die den Hörenden aufregen und denen er widersprechen will. Beides setzt ihn unter Spannung, die es ihm erschwert, dem Sprechenden bis zum Ende zuzuhören und aufzunehmen, was er eigentlich sagen will, bzw. nachzufragen, wenn er sich des Verstehens nicht sicher ist.

Die zweite Bedingung ist, nicht nur auf die Worte zu achten, sondern auch auf die inneren Bewegungen, die der Sprechende im Hörer auslöst. Das Gesagte wird so nicht nur mit dem Kopf, sondern auch mit dem Herzen „gehört" und verstanden. Daraus entsteht durch Unterscheidung die Antwort, die vernünftig und emotional geklärt ist, die aus der Mitte der Person kommt, sich auf den andern und seine Äußerung bezieht und einer Begegnung der Personen dient. Nur so ist die Antwort Äußerung einer Person, die dazu beiträgt, dass das Du Vertrauen fasst und nach und nach auch mitteilen kann, was es bewegt. Wichtiger als eine „horizontale Exploration", die sich für die Umstände eines Ereignisses interessiert, ist für eine wirkliche Begegnung nämlich die „vertikale Exploration", die den inneren Bewegungen und dem Erleben Raum gibt und sie annimmt.

Der Kern des Christlichen II

An dieser Stelle will ich versuchen, den Bogen der beiden ersten Kapitel zusammenzufassen.

Eine Suche nach dem „Kern des Christlichen" ist ja letztlich nur bedeutungsvoll, wenn von ihr Antworten zu erhoffen sind auf die Lebensfragen, die wir als Menschen haben – nach dem Sinn des Lebens, nach einer wirklichen und nicht nur kurzen und oberflächlichen Erfüllung, nach dem Tod –, und wir eine Wegweisung erhalten, wie wir in diese Antworten hineinleben können. Wir finden uns vor, wie wir uns immer wieder mit anderen vergleichen, bewundernd oder neidisch nach „oben" schauen und auch gerne den Erfolg derer da oben haben möchten: ihren Besitz und ihre Möglichkeiten, das Leben zu genießen, ihre Beliebtheit, Macht, Publicity oder was immer wir für erstrebenswert halten. Der bekannte Pastoralpsychologe Henri Nouwen (1932–1996) spricht von „upward mobility", die er bei seinen Studenten diagnostiziert: Sie wollen aufsteigen, Karriere machen, hohe Positionen erreichen. Wer nach oben kommen will, muss sich nach außen orientieren und womöglich nach unten treten und zur Seite beißen. Als Professor an renommiertesten Universitäten wie Yale und Harvard in USA dürfte Nouwen selbst ein Protagonist dieser „upward mobility" gewesen sein. Doch 1983 lernt Nouwen die Arche kennen. In ihr bilden Behinderte mit Menschen ohne Behinderung eine Lebensgemeinschaft. Dort wird eine „downward mobility"[65] gelebt, eine Orientierung nach unten. Die Beziehungen dort geben sowohl den Schwächen und der Bedürftigkeit der anderen als auch den eigenen In-Frage-Stellungen Raum. Dies bewegt Nouwen derart, dass er 1986 Harvard zu Gunsten der Arche verlässt. Er erkennt, dass gegenüber Geld, Macht, Prestige, Publicity, Konsum und Bequemlichkeit eine ganz andere Ebene entscheidend ist: Das Leben gelingt und findet Erfüllung, je mehr der Mensch

---

65 Henri Nouwen, Jesus, Sinn meines Lebens, S. 61.

ankommt bei sich selbst und in innerer Freiheit aus seinem Grund lebt, d. h. zur Person wird, die andern als sie selbst begegnen kann ohne Fassaden. Das Neue Testament spricht davon als von „ewigem Leben" und „Kindschaft Gottes" und gibt dadurch zu erkennen, dass dies letztendlich Geschenk und nicht Lohn für eigene Anstrengungen ist. Dennoch gibt es einen Weg, auf dem der Mensch sich bereiten kann, diese Verwandlung seines Daseins in Existenz, die im Grund aller Wirklichkeit gründet, zu empfangen. Dieser Weg besteht darin, sich dem Leben, insbesondere auch Grenzsituationen, zu stellen und darin bei sich auszuhalten. In Kapitel I haben wir gesehen, dass das Wesentliche dabei ist, die automatische Koppelung des augenscheinlich Missfälligen mit Vermeidung und des auf den ersten Blick Gefälligen mit Erstreben zu erkennen und zu durchbrechen. Derjenige, der Jesus nachfolgen möchte, *nehme sein Kreuz auf sich* (Mk 8,34 par).

Nun, am Ende von Kapitel II, können wir die Frage beantworten, mit der das erste Kapitel endete, wie nämlich dieses Auf-sich-Nehmen des Kreuzes im Leben gelingen kann. Die Antwort lautet: durch Üben. Zu üben sind Innehalten – Innewerden – Tun, Beten nach Geist und Methode des Vaterunsers und der Seligpreisungen. Als Übung erlaubt dieses Beten, das Aushalten von Spannungen zu dosieren, und es lehrt, was sie zu ertragen hilft. Durch Üben wächst der Beter in die Nachfolge Jesu hinein, die dann mehr und mehr sein ganzes Verhalten und Handeln prägt.

Beten im Geist des Vaterunsers erfüllt die Kern-Botschaft des Evangeliums, *Kehrt um! Denn das Himmelreich ist nahe* (Mt 4,17), in doppelter Weise: Zum einen ist schon allein die Tatsache, das Gebet zu üben, ein Akt der Umkehr. Der Betende unterbricht in ihm den Alltag und entkoppelt sich dadurch von den Kräften, die in diesem wirken und von Haben-Wollen und Machen-Müssen bestimmt sind. Wie im Gleichnis vom Schatz im Acker (Mt 13,44) gibt er das Haben auf, um in der Nähe des Himmelreiches zu sein. Diese Aktivität beansprucht zwar seinen Willen und kostet ihn Anstrengung. Sie ist aber vor allem getragen von seiner Sehnsucht und der

Freude, sich der freilassenden Liebe, die der Grund aller Wirklichkeit ist, öffnen zu können.

Im Raum dieser Liebe, die dem Betenden Liebe und Barmherzigkeit mit sich selbst erlaubt, ist, zum anderen, das offene, aufmerksame, verweilende Wahrnehmen der inneren Bewegungen, gleich, ob sie angenehm oder unangenehm anmuten, ebenfalls eine Übung von Entkoppelung. Hier ist der Betende „passiv": Empfangen, Innewerden und Loslassen aller eigenen Vorstellungen, Wünsche und Absichten stehen im Mittelpunkt. Die grundlegenden Haltungen dabei, die durch die Übung wachsen, sind Demut vor dem und Vertrauen in das Geheimnis der Wirklichkeit. Im Verlauf dieses Betens kann es geschehen, dass das bisherige „falsche" Selbst des Betenden und seine bisherige Liebe sterben und er befreit wird zu seinem wahren Selbst, in dem seine Liebe zu größerer Fülle aufersteht. Denn in diesem Geschehen teilt sich ihm die freilassende, unbedingte Liebe mit, die der Grund aller Wirklichkeit ist. Aus diesem Grund als ihrem eigenen Grund lebt die Person, zu der der existenzielle Beter in höherem Maße geworden ist. In der Verwandlung seines Daseins in Existenz erfährt der Betende ein Angeld bleibender Erfüllung, wenn er aus diesem Grund lebt und liebt.

Das Kreuztragen als Weg zur Erfüllung der Sehnsucht über alles hinaus konkretisiert sich in dieser Übung existenziellen Betens. Sie ist der Kern des Christlichen.

Wie diese Übung im Alltag zu gestalten ist und wie sie in vielfältiger Weise über die Gebetszeit hinausreicht, davon handelt das dritte Kapitel.

III. Der Alltag ist der Weg, auf dem Gott den Menschen zur immer tieferen Einheit mit sich führt

Wenn der Alltag des Lebens erfüllend wäre, gäbe es keine Sehnsucht über ihn hinaus. Diese gibt es jedoch immer wieder, und dann erscheint es naheliegend, die Erfüllung außerhalb des Alltags zu suchen: im Besonderen eben, auf Reisen in ferne Länder, in außergewöhnlichen Events, einer neuen Verliebtheit usw. Viele Geschichten erzählen von Menschen, die auf der Suche nach dem Schatz wirklicher Erfüllung Reisen voller Abenteuer in die Fremde unternehmen und dabei zu ahnen beginnen, dass der Schatz, den sie suchen, zuhause verborgen ist. Vielleicht müssen solche Reisen unternommen werden, wie auch die der drei Magier aus dem Osten, um an ihrem Scheitern zu lernen und den Weg nach innen zu finden. Zuhause – das ist innen, im ernüchternden Grund seiner selbst. Wenn der Alltag aus diesem Grund heraus gelebt werden kann, wird er erfüllend. Doch dazu braucht es eine tägliche Stille Zeit, in der der Weg nach innen gesucht werden kann.

Durch eine solche Stille Zeit wächst allmählich das Verständnis, dass die Ereignisse des Lebens nicht zusammenhanglos, nicht Willkür eines blind wütenden Schicksals sind, sondern dass sie einen Weg bilden, der eine Richtung und ein Ziel hat: das Leben aus der immer tieferen Einheit mit sich selbst und seinem Grund, in dem die wahre Erfüllung liegt. Das heißt nicht, dass im Leben alles leicht und wunschgemäß vonstattengeht. Gott führt auch durch Leiden.

Erlebt habe ich das als Klinikseelsorger mit einer Krebspatientin, Frau B.: Schritt für Schritt war es in den letzten Wochen bergab gegangen, allen Therapien zum Trotz, immer weiter hinab, immer noch elender, noch hinfälliger war sie geworden, und ich fürchtete, ihr Elend bei meinem Besuch nicht zu ertragen. Ich lehnte mich gegen Gott auf, der ihr ohne Erbarmen so viel Leid zumutete. So erschien es mir. Als das Gespräch es zuließ, fragte ich sie aufgebracht, wieso sie nicht gegen Gott rebelliere. Da schaute mich Frau B. verständnislos an. Sie erlebte das Geschehen anders. Sie erlebte Gott ganz nah, lebte in seiner Gegenwart, er ging ihren Weg mit und gab ihr die Kraft, ihn zu bewältigen. Wieso sollte sie sich gegen Gott auflehnen? Das war ihre Erfahrung, und ich hatte keinerlei

Anlass, sie anzuzweifeln. Im Gegenteil: In der gelösten Ruhe, Klarheit und Sicherheit, mit der sie sprach, teilte sich auch mir ein Hauch der Welt Gottes mit. Ich hatte in ihrer Krankheit bisher nur Verlust, nur Abbruch gesehen. Doch nun ging mir auf, dass das nicht alles war. Was geschah, gerade in dieser letzten Phase – und es ist mir unvergesslich –, war Umzug in die Welt Gottes. Und Frau B. konnte dies auch so erleben: *Wenn unser irdisches Zelt abgebrochen wird, dann haben wir eine Wohnung von Gott, ein nicht von Menschenhand errichtetes ewiges Haus im Himmel. Im gegenwärtigen Zustand seufzen wir und sehnen uns danach, mit dem himmlischen Haus überkleidet zu werden. Solange wir nämlich in diesem Zelt leben, seufzen wir unter schwerem Druck, weil wir nicht entkleidet, sondern überkleidet werden möchten, damit so das Sterbliche vom Leben verschlungen werde* (2 Kor 5,1f.4). Die Gottverlassenheit, die sie auf dem Weg erlitten hatte, hat sie wie Jesus im Gebet bewältigt. Sie war eine Beterin. Das Gebet aber lehrt, in allen Situationen in der Gegenwart Gottes zu leben und das Leben als von Gott geführt zu verstehen. Doch das braucht Geduld und in vielfacher Weise auch die Begleitung anderer Menschen.

1. Alltägliche Geistliche Übungen

„Stille Zeit" nenne ich den alltäglichen Vorgang des Innehaltens – Innewerdens – Tuns, den ein Leben im Dialog mit Gott braucht. Sie ist der Ort, an dem existenzielles Beten geübt werden und ein geistlicher Text den Betenden inspirieren kann.

1.1 Gebet in der Stillen Zeit

In den Evangelien gibt es eine Begebenheit, von allen Synoptikern berichtet, in der die Leser Zeugen des Betens Jesu sein dürfen: Es ist die Szene im Garten Getsemani (Mk 14,32–42 par). Der Grundbestand des Textes ist älter als das älteste Evangelium, das des Markus, er liegt diesem bereits vor. In ihm sind vor allem drei Traditionen miteinander verwoben, die davon handeln, wie die Jünger die Bedeutung der Stunde verkennen, wie die drei Auserwählten versagen und wie die Gläubigen, insbesondere in Zeiten der Versuchung, richtig beten.[66] Man kann sich vorstellen, dass die Jünger im Laufe der Zeit durch Beobachtungen, durch Bemerkungen Jesu, durch Fragen und gelegentliche Gespräche eine konkrete Vorstellung von Jesu Gebetspraxis bekommen haben. Sie werden auch selbst geübt haben, wie der Meister zu beten. Der Kern des Geschehens der Getsemani-Geschichte ebenso wie der Schauplatz und die beteiligten Personen werden der Wahrheit entsprechen, ebenso die Hinweise auf die Gebetspraxis. Hier zunächst der Text in der Markus-Fassung:

Sie [Jesus und die Zwölf] kamen zu einem Grundstück, das Getsemani heißt, und er sagte zu seinen Jüngern: Setzt euch hier, während ich bete! Und er nahm Petrus, Jakobus und Johannes mit sich. Da ergriff ihn Furcht und Angst und er sagte zu ihnen: Meine Seele ist zu Tode betrübt. Bleibt hier und wacht! Und er ging ein Stück weiter, warf sich auf die

---
66 Siehe Gnilka, EKK I/2, S. 255ff.

Erde nieder und betete, dass die Stunde, wenn möglich, an ihm vorübergehe. Er sprach: Abba, Vater, alles ist dir möglich. Nimm diesen Kelch von mir! Aber nicht, was ich will, sondern was du willst. Und er ging zurück und fand sie schlafend. Da sagte er zu Petrus: Simon, du schläfst? Konntest du nicht einmal eine Stunde wach bleiben? Wacht und betet, damit ihr nicht in Versuchung geratet! Der Geist ist willig, aber das Fleisch ist schwach. Und er ging wieder weg und betete mit den gleichen Worten. Als er zurückkam, fand er sie wieder schlafend, denn die Augen waren ihnen zugefallen; und sie wussten nicht, was sie ihm antworten sollten. Und er kam zum dritten Mal und sagte zu ihnen: Schlaft ihr immer noch und ruht euch aus? Es ist genug. Die Stunde ist gekommen; siehe, jetzt wird der Menschensohn in die Hände der Sünder ausgeliefert. Steht auf, wir wollen gehen! Siehe, der mich ausliefert, ist da.

Was können wir aus diesem Text über das Beten lernen? Jesus hat Todesangst: *Meine Seele ist zu Tode betrübt.* Was tut er in dieser Situation? Er betet. Er sucht nicht Ablenkung, Vergessen oder gutes Zureden und Vertröstung. Er läuft auch nicht vor der Angst davon. Er vermeidet sie nicht. Im Gegenteil: In-die-Stille-Gehen, die Aufmerksamkeit-nach-innen-Wenden und Wachen decken ja auf, wie es um die Person jetzt und hier bestellt ist. Hierin liegt der Grund, dass Beten oft auch mit einer Abneigung verbunden ist, so dass plötzlich alles andere wichtiger erscheint. Vom Widerstand gegenüber dem Beten lässt Jesus sich jedoch nicht abhalten. Er überwindet sich und spürt dann in der Tat seine Angst in ihrer ganzen Wucht sowie den heftigen Impuls, dass *die Stunde, wenn möglich, an ihm vorübergehe.* Soll er davonlaufen, sich in Sicherheit bringen?

Er tut es nicht. Er hält die Spannung von Angst und Fluchtimpuls bewusst aus und entkoppelt sie damit im Beten.

Der Koppelung, die einen unangenehmen Eindruck mit Flucht oder Angriff verbindet, sind wir schon oft begegnet in diesem Buch. Sie basiert auf einer kurzen Wahrnehmung, einer spontanen Bewertung und einem automatischen Handlungsimpuls, also drei Aktionen, von denen keine auf ihre Wahrheit hin überprüft ist. Es ist also fraglich, ob das daraus resultierende Verhalten der Situation, den Beteiligten und der Person des Handelnden angemessen ist. Den Besuch eines Schwerkranken möchte man vielleicht zunächst vermeiden. Wer ihn aber dennoch macht, kehrt nach Hause zurück und merkt, dass es gut war. So stellt sich häufig gerade zu Beginn des Betens ein Gefühl der Erleichterung und des Aufatmens ein, das Mut macht, sich dem zu stellen, was im Innehalten auf einen zukommt: Oft sind das die Gefühle.

In der nächsten Phase seines Betens ist auch Jesus eingehüllt in und durchdrungen von einer Wolke aus Angst und Loswerden-Wollen der Angst. Dabei bleibt es aber nicht: Der nächste Vers, auf den ersten Blick eine Doppelung, zeigt eine wesentliche Veränderung an: Jesus *sprach: Abba, Vater, alles ist dir möglich. Nimm diesen Kelch von mir! Aber nicht, was ich will, sondern was du willst.* Hier herrscht nicht mehr blinder Fluchtwunsch. Vielmehr ist im Beten ein Raum innerer Freiheit entstanden, in dem es möglich ist, nicht nur nach dem Willen des Vaters zu fragen, sondern offen für diesen zu sein und, mehr noch, ihn zu wollen.

Wo zuvor Überwältigt- und Getrieben-Sein von der Angst herrschten, beginnt nun allmählich die Person Jesu die Regie wieder zu übernehmen und die Freiheit ihres Geistes zurückzugewinnen: Jesus möchte nach wie vor, dass der Kelch von ihm genommen wird, dass er nicht leiden und sterben muss! Doch neu ist nun sein Wollen, sich auch jetzt vom Vater bestimmen zu lassen, wie er es in seinem bisherigen Leben getan hatte. Jesus spürt sich wieder selbst, weiß, wer er ist, hat Kontakt mit seinem Grund. Darin findet er Stärke und Vertrauen.

Er muss mehr oder weniger eine Stunde ausgehalten haben mit seiner Angst, wenn er zu Petrus sagt: *Konntest du nicht eine Stunde mit mir wachen?* Nein, das konnte Petrus nicht. Noch nicht. Wie tröstlich für uns, die wir es auch nicht können und entweder gleich vor dem Gebet flüchten oder, wie die Jünger, uns ins Dösen retten. Wenn jedoch die Praxis des Innehaltens nicht völlig aufgegeben wird, dann erwächst aus dem

Innewerden des eigenen Verhaltens allmählich die Kraft zu wachen, auch in Stunden, die schwer auszuhalten sind.

Jesus versteht sein Gebet offenbar als Wachen und hinterlässt es seinen Jüngern als „Waffe" in der Versuchung: *Wacht und betet, damit ihr nicht in Versuchung geratet.* In der Tat hat es Jesus geholfen, nicht von der Angst überschwemmt zu sein, sondern er selbst zu sein und seine Angst zu spüren.

Nehmen wir uns etwas Zeit, besser zu verstehen, was Jesus seinen Jüngern hier hinterlässt, und beginnen wir mit der „Versuchung": Der Mensch ist Person, ein Wesen, das sich in Freiheit und Bewusstheit selbst besitzt. Doch ist er es mehr oder weniger: Petrus hatte in Getsemani nicht die Freiheit zu wachen, der Schlaf hat ihn gefesselt, wohingegen Jesus die Fesseln der Angst abwerfen konnte. Immer wieder haben wir gesehen, dass das Christliche darauf hinauswill, dass der Mensch mehr Person wird, dass er in Freiheit mehr sich selbst besitzt, dass seine Fesseln gelöst werden und er entbunden wird zu seinem wahren Selbst. In Versuchungen wirken Kräfte, die sich dieser Zielrichtung entgegenstellen. Sie halten uns in unseren alten Mustern, versprechen Entlastung durch Loswerden des Personseins in einer Art Schlaraffenland, als Auflösung im Wohlgefühl. Sie erlösen wie ein Rausch, in dem alles Unangenehme, alles Belastende, alle Erdenschwere untergeht und der den Süchtigen dazu animiert, immer mehr davon zu haben. Wenn die Kräfte der Versuchung den Menschen beherrschen wie die Sucht den Süchtigen, haben sie ihr Ziel erreicht: Der Mensch ist nicht mehr er selbst, unfähig zu Beziehung und Dialog, unfähig, sich selbst zu bestimmen. In diesem Spannungsfeld von Sich-als-Person-Loswerden und Sich-selbst-in-Freiheit-Besitzen ist „Wachen und Beten" Licht und Hilfe für den angefochtenen Menschen.

Was ist über „Wachen und Beten" zu sagen? Zunächst einmal dies, dass es nicht zwei verschiedene Dinge sind, sondern damit ein Vollzug beschrieben wird: Wachen und Beten, das ist Wahrnehmen vor einem offenen Horizont, offenes Gewahrsein. Stellen wir uns einen Wächter vor: Das kann kein Mensch sein, der weder hört noch sieht noch etwas empfindet, der seinen Gedanken nachhängt, unkonzentriert ist, sich ablenkt oder leicht abzulenken ist oder döst. Wachen heißt, die Tore der Sinne weit aufzumachen, aufmerksam zu sein und zu bemerken, was geschieht. Merkt der Wächter etwas, hilft Nachdenken letztlich nicht weiter. Er kann seine Einfälle, worum es sich handeln könnte, nur in der Wahrnehmung überprüfen und unterscheiden. Doch darf er durch nichts seine Aufmerksamkeit völlig binden lassen. Bei allem, was er merkt, könnte es sich um eine Finte handeln, die ablenkt vom eigentlichen Geschehen, das an einer anderen Stelle stattfindet. Mit anderen Worten: Ein guter Wächter bringt aufmerksame Wahrnehmung zusammen mit Offenheit für das Ganze.

Dieses Beispiel umschreibt das offene Gewahrsein des Wachens und Betens. Menschen, die wie wir in einer Leistungsgesellschaft leben, neigen unwillkürlich dazu, sich auch beim Wachen und Beten zu sehr anzustrengen. Unvoreingenommenes Wahrnehmen gelingt jedoch besser unverkrampft. Zu hohe Anspannung verschließt den Horizont und verhindert, die Weise des Wahrnehmens selbst gewahren zu können und dadurch zu erkennen, wo die Aufmerksamkeit gebunden wird durch eigene Vorstellungen, Absichten und Erwartungen. In diesem Fall steht die Wahrnehmung in der Gefahr, vom Wunsch nach Bestätigung geleitet zu werden und deswegen letztlich nicht frei zu sein für die Wirklichkeit, wie sie ist.

Ein zweites Wort gilt starken Gefühlen. Sie verführen zum Nachdenken, weil sie verstanden und gelöst werden wollen. Hätte Jesus in Getsemani über seine Angst und ihre Ursachen und seine Fluchtmöglichkeiten nachgegrübelt, dann hätte er auf diese Weise seine Angst verstärkt: Die von Angst imprägnierten Gedanken platzieren, indem sie gedacht werden, die Angst eben immer wieder neu ins Bewusstsein. Sie steigern sie dadurch. Nur durch Wahrnehmen seiner Gefühle konnte Jesus in den Raum innerer Freiheit eintreten. Denn im Wahrnehmen geschieht eine Polarisierung: Der eine Pol besteht im Objekt der Wahrnehmung – hier das Gefühl der Angst und der Wunsch, ihr zu entkommen –, der andere Pol ist das Subjekt, das sich im Wahrnehmen als wahrnehmendes Ich erfährt. Die

Distanz zwischen beiden Polen schafft einen Raum, der Loslassen, Entkoppelung und Freiheit ermöglicht. Die Gefühle und Impulse sind nach wie vor da, aber der sie Wahrnehmende hat Abstand dazu bekommen. Wo das Gefühlserleben als solches wahrgenommen wird, spürt die Person den Grund, aus dem sie lebt. Jesus möchte nach wie vor den Kelch nicht trinken, aber in aller Spannung und Angst spürt er auch, dass er sich selbst nicht verraten will. Was hier geschieht, ist Vollzug des Vaterunsers seinem Geiste nach, an das unser Text ja auch erinnert. Dreimal musste Jesus hingehen und seine *zu Tode betrübte Seele* erleben. So oft eben, bis *es* – durch das Licht und die Hilfe des Wachens und Betens – *vorbei ist*.

Was ist dann vorbei? Die Macht der Versuchung ist gebrochen. Nach wie vor hat Jesus den Wunsch, verschont zu werden. Doch er flieht nicht. Er bleibt da, bereit für das, was kommt. Nur so verliert er sich nicht selbst. Ihn stärkt die Kraft aus der Tiefe. Als habe er nur eben Jesu Entscheidung abgewartet, bricht der Sturm nun rasch über ihn herein: *Die Stunde ist gekommen. Jetzt wird der Menschensohn den Sündern ausgeliefert. Steht auf, wir wollen gehen* (V 42). Wer einen der Passionsberichte liest, gleich aus welchem Evangelium, dem wird auffallen, dass Jesus, obschon der gefesselte, gedemütigte, ans Kreuz geheftete Delinquent, seine Ankläger, Richter und Henker an innerer Freiheit und an Selbstbesitz überragt und dadurch zum Herrn des Geschehens wird.

Zusammenfassend ist zu sagen, dass Jesus durch das *Wachen und Beten* offen geworden ist und bereit, sich auf das einzulassen, was auf ihn zukommt: Passion und Tod. Das verdeutlicht, wie zentral Offenheit für das Christliche ist.

Ein zweiter Aspekt sei hervorgehoben: Bei all seiner Offenheit ist Jesu Angst nicht weg. Die Oberfläche seines Bewusstseins steht in Spannung zu seiner Tiefe, in der er weiß, *dass er von Gott gekommen war und zu Gott zurückkehrt* (Joh 13,3). So ist es auch im Leben des Christen: Sein Bewusstsein bleibt zeitlebens den Einflüssen der Welt und seinen spontanen Reaktionen darauf ausgesetzt, seien jene Glück oder Leid. Das macht ihn aber nicht mehr zur Gänze aus. Je mehr er bei sich selbst und seinem Grund angekommen ist, umso mehr ruht er gleichzeitig auch in Liebe, Frieden, Geduld und Gelassenheit, Güte und Treue. Darin besteht die Erfüllung, die dem Menschen in dieser Welt geschenkt wird. Tolle Gefühlserlebnisse, die sie manchmal begleiten, vergehen rasch auch wieder. Das Angekommen-Sein im eigenen Grund wirkt dämpfend auf die Turbulenzen an der Oberfläche, stellt Abstand zu ihr her und hilft, die Spannung zu ertragen.

In der Ölbergszene prallen wir auf den Gegensatz zwischen den Wegen und Gedanken, die der Gott Jesu führt und hat, und unseren menschlichen Vorstellungen. Wir Menschen möchten gerne nach unserer Façon selig werden und wünschen uns einen Gott, der uns das ermöglicht. Wachen und Beten ist jedoch eine Brücke, auf der der Beter loslassen kann, weil er entdeckt, was viel wahrer und beglückender ihm selbst entspricht.

1.2 Die Heilige Schrift in der Stillen Zeit

Die Erfahrungen, die die Apostel rund um Tod und Auferstehung Jesu gemacht haben, waren für sie bestimmt ähnlich verwirrend, beglückend, in Frage stellend, wie es auch für uns besondere spirituelle Erfahrungen sein können. Kann man ihnen trauen? Ist, was man erfahren hat, nur Einbildung oder echt und verlässlich? Das ließ die Jünger im Licht ihrer Auferstehungserfahrungen die Heiligen Schriften studieren, ob sie in ihnen Anhaltspunkte fänden, um das Erlebte in einen größeren spirituellen Zusammenhang einordnen zu können. Zugleich öffnen die neuen Erfahrungen ihre Augen für ein neues Verständnis der Schrift (Lk 24,45). Die Jünger vermögen nun in ihr eine Sinnebene zu entdecken, die bis dahin für sie verschlossen war. So spielt z. B. schon früh das sogenannte Vierte Gottesknechtslied aus Jesaja 53, in dem ein „Knecht Gottes" von „uns" verachtet und durch Haft und Gericht dahingerafft wird, eine große Rolle. Eine dunkle Schriftstelle. Man wusste nicht, ist mit dem „Gottesknecht" Israel als Ganzes gemeint, das von „uns", das wären dann die anderen Völker, verachtet wird? Oder bezieht sich „Gottesknecht" auf eine einzelne

Person – wer sollte das aber sein? – und die erste Person Plural auf ihre jüdischen Mitbürger? In der Gestalt des Gottesknechtes sehen bereits die ersten Christen Jesus, sein Schicksal und seine Bedeutung vorgezeichnet. Denn es heißt von ihm: „Wir" – Jesu jüdische Brüder und Schwestern – hielten ihn für von Gott geschlagen. Die Wahrheit aber ist: *Er wurde durchbohrt wegen unserer Vergehen, wegen unserer Sünden zermalmt. Zu unserem Heil lag die Züchtigung auf ihm, durch seine Wunden sind wir geheilt* (53,5). Und: *Nachdem er vieles ertrug, erblickt er das Licht. Er sättigt sich an Erkenntnis. Mein Knecht, der gerechte, macht die Vielen gerecht; er lädt ihre Schuld auf sich* (53,11). Nicht der Gottesknecht ist der von Gott Verfluchte, auch wenn es so aussieht, da er am Pfahl hängt, sondern „wir" sind die Verfluchten, die Sünder, die Begegnung mit sich selbst, mit anderen und mit Gott verfehlen und damit ihrem Leben eine verkehrte Ausrichtung geben. Das wird den Jüngern eingeleuchtet haben, angesichts sowohl ihrer eigenen Schuld als auch des ungerechten Handelns der Autoritäten, die mit falschen Zeugen eine Verurteilung Jesu zu erzwingen suchten, den Aufrührer Barabbas, einen Mörder, laufen ließen und den Aufrührer der Liebe, Jesus, kreuzigten. Der Gottesknecht erleidet sein Schicksal zu unserem Heil. So hatte doch auch Jesus beim letzten Abendmahl sein Leiden gedeutet: **für euch!** Der Gottesknecht sieht am Ende Licht, die Jünger wissen den Auferstandenen in Gott. Das Vierte Gottesknechtslied erfüllt sich in Jesus. E r ist der Gottesknecht, den der Prophet in diesen vier Liedern (Jes 42,1–9; 49,1–13; 50,4–11; 52,13–53,12) vor über fünfhundert Jahren vorausgesehen hatte.

Ähnlich besagt Psalm 16,10, den Petrus sogar in seiner Pfingstpredigt (Apg 2,26) zitiert: *Denn du gibst meine Seele nicht der Unterwelt preis, noch lässt du deinen Frommen die Verwesung schauen,*[67] dass Gott an dem Verstorbenen han-

---

67 Petrus zitiert aus der Septuaginta, einer ab dem 3. Jh. v. Chr. entstehenden Übersetzung der hebräischen Bibel und anderer jüdischer Schriften in griechischer Sprache. In der hebräischen Bibel steht statt „Verwesung" nur „Grab".

delt, ihn aus der Scheol herausholt. Und in Ps 110 prophezeit David: *So spricht der* HERR *zu meinem Herrn: Setze dich zu meiner Rechten und ich lege deine Feinde als Schemel unter deine Füße,* d. h., David sieht, wie Gott eine Person, die David als seinen Herrn betrachtet, auffordert, sich zu seiner Rechten zu setzen. Gott erhöht diese Person in seine Herrlichkeit, macht sie sich gleich. Den Jüngern wird es wie Schuppen von den Augen gefallen sein: Diese Schriftworte haben sich in Jesus erfüllt! Vom ihm spricht die Schrift!

Auch dem heutigen Beter gibt die Schrift, besonders das Neue Testament, einen Rahmen, der ihm erlaubt, sein Leben, das ihm in seinem existenziellen Beten zu Bewusstsein kommt, zu verstehen und sich auszurichten. Von daher ist das Lesen und Betrachten der Schrift ein wichtiger Bestandteil dieses Gebetsweges.

In immer neuen Anläufen weisen die Perikopen des Evangeliums auf den Kern der Botschaft Jesu und damit auf das existenzielle Beten im Geiste des Vaterunsers hin. Um nur ein paar Beispiele zu nennen:

- Die Reaktion des Besessenen in Mk 1,21–28 – *Was haben wir mit dir zu tun, Jesus von Nazaret? Bist du gekommen, um uns ins Verderben zu stürzen? Ich weiß, wer du bist: der Heilige Gottes* – deckt die Ambivalenz des Betenden auf: Das Gebet ist attraktiv als Chance der Begegnung mit dem Heil schaffenden Gott. Da es aber zugleich das Kreisen um sich selbst empfindlich stören und einem die eigene schiefe Ausrichtung gehörig verderben kann, das bisherige Leben des Betenden also irritiert und durcheinanderbringt, gibt es auch Abwehr gegen die Begegnung mit Jesus als seinem wahren Selbst.
- Immer wieder gibt es Phasen, in denen Menschen, die das Gebet regelmäßig üben, das Gefühl haben, dass es nichts bringt. Das ist das Problem, das die Witwe mit dem Richter hat, der in ihrem Fall einfach nichts unternimmt (18,1–8[68]).

---

[68] Zit nach Bovon EKK III/3, S. 185.

So wartet auch Gott seinen Auserwählten gegenüber ab. Sind aber die Beter ausdauernd wie die Witwe und schreien zu ihm Tag und Nacht, so wird Gott ihnen unverzüglich Recht verschaffen. Auch wenn das Gebet nichts zu bewirken scheint, mach weiter, lass nicht nach! Plötzlich gehen dir die Augen auf und du stellst fest, dass du verwandelt (= gerichtet) bist: ein Problem, das dich gequält hat, ist verschwunden; Unversöhnlichkeit der Vergebung gewichen; Hartes weich geworden ...

- Beten kennt schmerzliche Phasen. Es sind diejenigen, in denen der Weinstock gereinigt werden muss, um mehr Frucht zu bringen: *mein Vater, der Weingärtner, reinigt jede Rebe an mir, die Frucht bringt, dass sie mehr Frucht bringe* (Joh 15,2). Wachstum, auch auf dem spirituellen Weg, vollzieht sich eben an Grenzen und unter (Wachstums-)Schmerzen.

- Da die Wachstumsimpulse meist im Störenden, Unpassenden, Ungeliebten, Unangenehmen enthalten sind, verdient dies Aufmerksamkeit. Wer also mehr Gemeinschaft mit Gott sucht, dem ist empfohlen, das Armselige, Verkrüppelte, Lahme und Undurchsichtige in ihm selbst ganz besonders in seine Aufmerksamkeit einzuladen. Denn zum Gastmahl – ein Bild für die Gemeinschaft mit Gott – sollst Du *weder deine Freunde noch deine Brüder noch deine Verwandten noch reiche Nachbarn* rufen ..., *sondern rufe Arme, Krüppel, Lahme, Blinde, und du wirst glücklich sein, weil sie dir nicht vergelten können. Es wird dir aber vergolten werden bei der Auferstehung der Gerechten* (Lk 14,12f[69]). In der Tat hat der Kontakt mit dem Ungewünschten, das der Beter sich eingesteht, das dann also da sein darf in seinem Bewusstsein, eine ernüchternde und zugleich spirituell beglückende Wirkung.

- Dass *Gott die Welt so sehr geliebt hat, dass er seinen einzigen Sohn hingab, damit jeder, der an ihn glaubt, nicht verloren geht, sondern ewiges Leben hat* (Joh 3,16), oder dass darin die Liebe besteht: *Nicht dass wir Gott geliebt haben,*

---

[69] Übersetzung Bovon, EKK III/2, S. 481–499.

sondern dass er uns geliebt und seinen Sohn als Sühne für unsere Sünden gesandt hat (1 Joh 4,10), ist die Grundlage existenziellen Betens. Gott ist ein Liebender, der sich für den Geliebten – Beterin und Beter – interessiert. Er möchte Anteil nehmen an dessen Leben, ist offen dafür zu erfahren, wie es ihm geht, wie er dies und das erlebt, welcher Geist ihn dabei bewegt, und wendet damit den Blick des Geliebten auf dessen innere Bewegungen, die er erforscht, um sich der Liebe, die ihn hält, mitteilen zu können. Nach dem ersten Buch der Bibel, Genesis, sind die ersten Worte Gottes an den sich nach dem Sündenfall schämenden Adam die Frage: *Wo bist du?* (Gen 4,9). Viele Menschen hören darin: „komm raus, damit ich dich bestrafen kann!" Doch lässt sich die Frage auch als ein liebevolles Interesse am Ergehen des schuldig Gewordenen und nun entblößt Dastehenden auffassen. Dieses liebevolle Interesse erlaubt Adam, seiner selbst innezuwerden und sich selbst zu bestimmen. So kann er weiterleben, wie schuldig auch immer er geworden ist. Gott nimmt ihn an. Wo bist Du, ...? Wo bist Du ..., Du Leserin, Du Leser, Du Autor? Das ist unser Gebet: Wir schenken Gott, dessen Liebe sich für uns interessiert und uns hält, Anteil an unserem Erleben des Lebens. Wir werden dadurch seiner Liebe allmählich sicherer und fangen an, auch ihn zu lieben – und dürfen es machen wie der Geliebte in Brechts Gedicht, das dieser „morgens und abends zu lesen" hat:

„Der, den ich liebe,
Hat mir gesagt,
Dass er mich braucht.

Darum
Gebe ich auf mich acht
Sehe auf meinen Weg und
Fürchte von jedem Regentropfen
Dass er mich erschlagen könnte."[70]

---

70 B. Brecht, Werke. Große kommentierte Berliner und Frankfurter Ausgabe. Bd. 14: Gedichte 4 © Bertold-Brecht-Erben/Suhrkamp Verlag 1993.

Wenn Beten im Geiste des Vaterunsers die Mitte der Evangelien ist, ist es nicht verwunderlich, dass diese überall, meist implizit, auch vom Gebet sprechen. Das Verständnis existenziellen Betens ist ein Schlüssel für das Verständnis der Schrift. Umgekehrt gibt die Schrift überall Impulse für das Gebet. Ganz grundlegend handelt sie von einem Gott, der sich mitteilt: Also wird der Beter offenes Gewahrsein üben, um die Mitteilungen dieses Gottes zu empfangen. Im Gleichnis vom „verlorenen Sohn" stellt die Schrift Gott als guten Vater dar: Gleich ob der Beter mit Schuld, Scham, Scheitern, mit Ärger und Selbstgerechtigkeit oder wie auch immer ins Gebet eintritt, er darf auf eine ihm entgegeneilende Liebe vertrauen, die ihn versöhnen will, wenn er bereit ist, seine Wahrheit anzuerkennen. Der Beter darf sich keine Gewalt antun. Er darf geschehen lassen, was geschieht, da er Gott nicht suchen kann, sondern sich von ihm zu ihm hinziehen lassen muss – wie die Sterndeuter zur Krippe durch den Stern ihrer Sehnsucht und Liebe.

Die Sehnsucht nach dem Ganz-Anderen und Hinweise für den Weg zu ihm halten die Heiligen Schriften in uns lebendig. Das gilt für die Bibel. Es gilt auch für die Schriften der anderen Religionen. Sie alle mahnen uns, uns nicht von unserem Alltag mit seinem Vielerlei an Aufgaben und Sorgen einschließen zu lassen, sondern über die Dinge dieser Welt immer wieder hinauszusehen, dorthin, „wo die wahren Freuden sind."

1.3 Die tägliche Stille Zeit

Wer beginnen will, das Gebet zu üben, wer es also beim spontanen Beten allein nicht belassen will, der wird dafür eine feste Zeit in seinem Alltag finden müssen und damit etwas Schwieriges versuchen: eigene Gewohnheiten und entsprechende Erwartungen der anderen verändern. Das ist nicht leicht und eine der Stellen, wo eine Begleitung von außen hilfreich ist.

Es empfiehlt sich, seine Stille Zeit morgens zu halten, vor allem deswegen, weil man noch nicht so von den Eindrücken des Tages belastet ist wie zu späterer Stunde. Außerdem schafft die Meditation die Grundlage für jene Distanz, die es ermöglicht, inmitten der Turbulenzen des kommenden Alltagsbetriebs bei sich zu bleiben und damit die Freiheit seines Geistes zu wahren, statt sich in den sich seiner bemächtigen wollenden Dynamiken des Tagesablaufs zu verlieren. Was den Ort angeht, ist ein eigener, fester Gebetsplatz zu Hause ideal, so dass das Gebet nicht schon am Bereiten des Platzes scheitert. Der Meditationsplatz kann ganz einfach sein: Es genügt schon ein Stuhl, auf dem man aufrecht und entspannt sitzen kann. Geht es nicht zu Hause, dann z. B. in der Bahn oder im Bus auf der Fahrt zum Arbeitsplatz; in einer Kirche, die am Weg liegt, oder welchen geeigneten Ort die eigene Kreativität sonst findet. Wie so oft im Leben gilt auch hier: Das Bessere ist der Feind des Guten. Wichtig ist, überhaupt anzufangen – wenn es nicht anders geht, auch an einem lauten Platz zu ungünstiger Stunde. Lieber das Beste aus den vorhandenen Möglichkeiten machen, als das ganze Vorhaben scheitern zu lassen, weil sich die gewünschten idealen Rahmenbedingungen nicht herstellen lassen.

Ich würde die Stille Zeit so aufbauen, dass ich so lange meditiere, bis ein spürbares Ruhiger-Werden, ein erstes Loslassen eintritt; gewöhnlich ist das bei etwa 20 Minuten der Fall. Entsprechend würde ich dann eine Uhr stellen, die nach der gewünschten Dauer durch ihr Läuten die Gebetszeit beendet.[71] Man kann damit beginnen, dass man hinspürt, wo der Körper auf der Sitzunterlage oder auf dem Boden aufruht, um überhaupt ins Spüren, Empfinden, Wahrnehmen hineinzukommen. Danach könnte Zeit für ein paar Minuten entspannten Atmens sein. Dies kann z. B. folgendermaßen geschehen: Sie atmen ganz normal. Und dabei spüren Sie hin, wie beim Einatmen der Luftstrom an den Nasenlöchern vorbeistreicht, dann die Brust und schließlich die Bauchdecke sich heben und beim Ausatmen in umgekehrter Reihenfolge sich wieder senken und der Ausatem an den Nasenlöchern vorbei austritt. Eine andere Möglichkeit ist, sich beim Atmen auf eine dieser drei Stellen zu fokussieren. Sie atmen entspannt in Ihrem Tempo und Ih-

---

71 Beispielsweise lassen sich „meditationtimer" aus dem Internet aufs Handy laden.

rer Tiefe weiter und nehmen dabei aufmerksam wahr, wie sich die Bauchdecke hebt und senkt; oder, wenn das besser zu spüren ist, wie die Brust sich hebt und senkt; oder wie die Luft an den Nasenlöchern einwärts und auswärts vorbeistreicht. Sie wählen die Stelle, mit der Sie am besten zurechtkommen. Diese Phase hilft, ruhiger zu werden und mehr Sammlung aufzubauen, auch wenn häufige Gedankentätigkeit die Sammlung dauernd stört. Das ist so. Der buddhistische Mönch, der mich in die Vipassana-Meditation einführte, war der Meinung: kein Atemzug ohne Gedankentätigkeit! Zu tun ist stets nur eines: unaufgeregt in die Wahrnehmung zurückzukehren und das Denken bleiben zu lassen, sobald man's merkt. In der nächsten, dritten Phase interessiert man sich dafür, wie es eigentlich gerade um einen selbst bestellt ist, was vom Körper zu empfinden ist, in welcher Stimmung man sich befindet, was einen bewegt und wie es einem dabei geht, in welchem Geist man dasitzt, und verweilt für etwa zehn Minuten in der Wahrnehmung dessen, was man bei diesem Interesse von sich spürt.

Das Wichtigste dabei in Kürze:

- wahrnehmen, spüren, fühlen – nicht denken
- beim Gespürten verweilen, ganz gleich, ob die Empfindung angenehm oder unangenehm ist
- im liebenden Blick auf sich selbst verharren, dem Blick Christi

Hilfreich ist, eine Meditationsmethode mit einem Lehrer einzuüben. Angebote sind im Internet zu finden, auch die des von mir gegründeten Ashram Jesu.[72]

Nach dieser Meditationszeit eine kurze Schriftbetrachtung: Da Wiederholung im Spirituellen ein wichtiges Prinzip ist – es dauert, bis etwas vom Kopf ins Herz gelangt –, empfehle ich, pro Woche höchstens zwei Texte zu nehmen – den ersten Text die ersten drei, den zweiten Text die letzten drei Tage der Woche – und jeden der beiden jeweils für etwa zehn Minuten in folgender Weise zu betrachten: den Text so lange lesen – lang-

---

72 www.ashram-jesu.de

sam, vielleicht auch laut, Halbsatz für Halbsatz oder sogar Wort für Wort zum Atem –, bis man merkt, dass ein Wort, ein Halbsatz, ein Gedanke einen anspricht, d. h. Interesse weckt, Nachdenken auslöst, eine innere Bewegung hervorruft: Zustimmung oder Abwehr, Freude oder Ärger, Neugier oder Langeweile. Dabei dann verweilen für den Rest der Zeit. Am nächsten Tag an dieser Stelle wieder einsetzen, um zu schauen, ob das Interesse noch da ist. Wenn ja: verweilen; wenn nein, den Text lesen wie zu Beginn.

Besonders für Bibeltexte können folgende Methoden hilfreich sein, um sich den Text ein wenig zu erschließen:

- die Situation zu Beginn und am Ende des Textes miteinander vergleichen. Was hat sich verändert? Wodurch?
- sich in die Rolle einer der auftretenden Personen versetzen: Wie geht es mir in der Lage dieser Person und mit dem Geschehen, den Reaktionen der anderen usw.?
- den Text als Drehbuch für einen Film ansehen und die einzelnen Schauspieler für ihre Rollen instruieren: Wo starten sie? Wohin bewegen sie sich? Was sagen sie zu wem, was sind ihre Gesten, was ist ihre Mimik? Was sind ihre Absichten, ihre Gefühle? Wie sind die Beziehungen zwischen den Personen?

Doch aufgepasst: Das Ziel ist nicht ein intellektuelles Verstehen, sondern ein Im-Inneren-berührt-Werden. Denn „Nicht das Vielwissen sättigt und befriedigt die Seele, sondern das Verspüren und Verkosten der Dinge von innen her."[73] Deshalb sollte der Beter den Text als Anrede Gottes an sich selbst verstehen. Was Gott ihm sagen möchte, hängt mit dem zusammen, wo der Text ihn berührt hat. Und am Ende seiner Schriftbetrachtung könnte er sich Gott zuwenden und ihm seine persönliche Antwort geben, die er ins Sprechen des Vaterunsers einmünden lässt.

Die Textauswahl sollte ohne Aufwand erfolgen können, um alltagstauglich zu sein. Als biblische Texte eignen sich die

---

[73] Ignatius, GÜ 2.

Schriftlesungen des kommenden Sonntags, die beispielsweise in der App „Die Bibel" des katholischen Bibelwerks zu finden sind. Im Buchhandel lassen sich Werke finden, die Texte anderer Religionen biblischen Texten gegenüberstellen.[74] Eine dankbare Quelle sind immer auch Verse des persischen Mystikers und Dichters Rumi[75].

Auf diese Weise dauert die Stille Zeit ungefähr eine halbe Stunde. Eine halbe Stunde früher aufzustehen dürfte kein Ding der Unmöglichkeit sein. Vielleicht ist es gut, von Anfang an Tage einzuplanen, z. B. am Wochenende, an denen die Stille Zeit anders als sonst stattfindet oder auch pausiert. Aller Planung zum Trotz wird der Takt nicht immer einzuhalten sein. Dann sind weder Selbstabwertung noch der Versuch angebracht, die ausgefallene Gebetszeit nachzuholen. Wieso sollte jetzt plötzlich das doppelte Pensum klappen? Vielmehr sind die Gründe zu würdigen, die dazu geführt haben, die Stille Zeit storniert zu haben: Hier kommen doch offenbar Kräfte zum Tragen, die kennenzulernen sich lohnt. Der geeignete Ort dafür ist eigentlich die Meditation, in der sie zum Objekt der Betrachtung werden, sobald sie sich zeigen. Dieses Vorhaben könnte dem Meditierenden Auftrieb geben, seine Praxis anzupassen und wieder aufzunehmen. Es gilt, die für einen selbst passende Struktur zu finden, damit die Stille Zeit einen „sättigt und befriedigt".

Welche Tugenden braucht die regelmäßig geübte Stille Zeit? Disziplin ist nötig, die an der eigenen Planung festhält, auch wenn die Nacht kurz war, eigentlich zu viel zu tun und die Abneigung gegenüber dem Gebet groß ist. Ferner sind Geduld und Ausdauer verlangt. Wer meint, er könne wie Cäsar kommen, sehen und siegen, der scheitert. Immer wieder sind Durststrecken durchzustehen. Sie verwandeln den Beter in der Tiefe, aber die Stimmung dabei ist öde und trocken. Das wichtigste

---

74 So auch auf www.ashram-jesu.de > Spiritualität > Schriftbetrachtungen.
75 Dschalal ad-Din Muhammad Rumi, * 30.9.1207 in Balch im mittelalterlichen Chorasan, heute in Afghanistan; † 17. Dezember 1273 in Konya (heute in der Türkei), war ein persischer Mystiker und einer der bedeutendsten persischsprachigen Dichter des Mittelalters.

Instrument des Beters ist nur durch Üben und nur allmählich zu erlernen. Es ist eine gelassene Aufmerksamkeit, die sich auf die inneren Bewegungen richtet, sie zulässt und wahrnimmt und dabei ihren eigenen Krafteinsatz, ihre Intentionalität und die Weise ihres Wahrnehmens im Blick behält.

Das alles ist wichtig. Aber es ist nutzlos, wenn es keine Sehnsucht und keine vertrauende Hoffnung gibt: eine Sehnsucht, die durch die Erfahrung gereift ist, dass die Güter der Erde, alle eigenen Erfolge, Macht und Ruhm sie nicht sättigen können und daher Ausschau hält nach einer Erfüllung, die über die Welt hinausgeht; eine vertrauende Hoffnung, dass das existenzielle Beten zu Begegnung führt, einer wahrhaftigen Berührung, die lebendig macht und erfüllt. Vertrauen und Hoffnung sind der Motor, die Sehnsucht der Lenker des Wagens Gebet.

Wer beten will, beginnt natürlich so, wie er es kann und wie er dabei etwas findet, was ihn nährt. Wer das Gebet regelmäßig übt, wird im Laufe der Zeit feststellen, dass es sich entwickelt, wenn auch in kleinen Schritten. Der Fortschritt besteht darin, dass das Beten innerlicher und stiller, offener und passiver wird, vergleichbar mit einer immer vertrauter werdenden Beziehung zwischen Menschen.

Oft ist der Start einer Beziehung ein wenig steif, geprägt von Unsicherheit. Was soll man sagen? Der Beter, der nicht weiß, was er machen soll, nimmt Gebetstexte anderer zu Hilfe, die Psalmen z. B. oder Texte aus einem Gebetbuch, und bringt mit ihrer Hilfe sein Inneres in ein Wort zu Gott. Auch Beziehungen zwischen einander Fremden starten eher formell. Formeln erleichtern den Austausch erster Worte. Werden sie zu Boten eines gegenseitigen Interesses, dann geht das Gespräch weiter: Was macht der andere? Was sind seine Hobbys? Hat er Familie? Was ist ihm wichtig? Was denkt er zu politischen Themen? ... Informationsquelle für entsprechende Fragen des Beters sind die Heiligen Schriften. Und so ist die nächste Phase des Gebets dadurch gekennzeichnet, Gott durch die Betrachtung der Heiligen Schriften mehr kennenlernen und sich mit ihm auseinandersetzen zu wollen. Doch allmählich ist der Betende mit seinem doch eher kopflastigen Beten nicht mehr zufrieden: zu viel Gedankengeklingel, zu laut, zu phrasenhaft, zu wenig innerlich. Es verlangt ihn danach, seine inneren Bewegungen zu erforschen – Empfindungen, Impulse, Gefühle – und sie vor Gott auszudrücken. Wenn ihm allmählich aufgeht, dass er Gott eigentlich nichts sagen muss, weil Gott besser als er selbst um ihn weiß, genügt es ihm, sich Gott einfach nur hinzuhalten, indem er mit der Aufmerksamkeit bei dem verweilt, was er von sich merkt. Das Gebet mündet in ein Schweigen, das nicht Verschlossenheit, sondern Offenstehen und Lauschen ist. Wenn Freunde einander ihr Herz geöffnet und sich im wahrsten Sinne des Wortes aus-gesprochen haben, wenn nichts zurückgehalten wurde und es daher nichts mehr zu sagen gibt, wenn alles Gesagte zu Verständnis und Annahme gebracht werden konnte, dann schlagen die Herzen der beiden im Gleichklang. Sie sind auf einer tiefen Ebene miteinander verbunden, eins im und mit dem Geheimnis der Wirklichkeit, ob sie einen Namen dafür haben oder nicht. Sie lauschen, doch nicht vom anderen erwarten sie ein Wort; er hat ja alles gesagt. Sie lauschen auf die Mitte zwischen ihnen, auf die Stille, die sie umfängt und durchdringt und trägt. Diese Stille ist so köstlich, dass sie nicht durch Tun gestört werden darf. So kann es auch dem Beter in dieser Phase des Betens gehen. Er möchte diese tiefe Stille und Ruhe immer wieder erleben, doch wie? Denn Tun aller Art ist kontraindiziert. Ein Ausweg aus diesem Dilemma öffnet sich, sobald sich zwei Gewissheiten einstellen: Dass Gott weit mehr den Menschen sucht und sich ihm schenken möchte, als der Mensch nach Gott verlangt, und dass restlos alles zum Medium der Begegnung mit Gott werden kann. Dann wird der Beter beginnen, sich in seinem Beten dem zu überlassen, was geschieht, und seine Vorstellungen und Intentionen aufgeben. In diesem Sinn wird das Gebet passiver. Die Sammlung ist hoch geworden inzwischen. Der Beter ist bei sich. Lassen ist nun wichtig. Aufmerksam geschehen lassen, was geschieht: bemerken, was unmittelbar vor den Augen der Aufmerksamkeit liegt, seien es körperliche, gefühlshafte, geistige Objekte, der Atem, eine Wahrheit, die aufgeht – alles empfangen und da sein lassen, ob es unangenehm oder angenehm ist – und dabei offen bleiben: Denn nichts von alledem ist Gott. Je mehr der Betende Absichten und Kontrolle aufgibt, je mehr er sich überlassen kann, umso mehr wird er in allem eins mit Gott, auch in allen Turbulenzen des Alltags. Mit dem Gebet entwickelt sich auch die Vorstellung des Beters von Gott. Gewöhnlich entspricht im ersten Stadium der Gebetsentwicklung das Verhältnis von Beter und Gott dem von Kind und Eltern. Das Kind erwartet, dass die Eltern es umsorgen, seine Wünsche erfüllen, dass sie so für es da sind, wie das Kind es sich vorstellt. So ähnlich geht es auch dem Beter mit Gott. In der zweiten Phase kommt der Aspekt hinzu, sich für gemeinsam geteilte Ziele, Werte, Vorhaben zu engagieren und auf diese Weise in Gottes Dienst zu stehen. Im dritten Stadium mehr emotionalen Betens wird Gott mehr zum Vertrauten, dem man alles anvertrauen kann, weil man sich seines Interesses, seiner Empathie und seiner Akzeptanz sicher ist: Er wird zum Seelenfreund. Wenn das Beten weit fortgeschritten ist, versteht der Beter, dass Gott und Mensch nicht zwei sind, auch wenn sie nicht identisch sind. Er versteht, dass sein wahres Selbst Gottes Gegenwart in der Tiefe seines Seins ist. Und er versteht, dass Gott bedingungslose Liebe ist, die sich an alle hingibt und in allen zu finden ist: *Denn er lässt seine Sonne aufgehen über Bösen und Guten und er lässt regnen über Gerechte und Ungerechte* (Mt 5,45).

1.4 Der Alltag als Übungsfeld

Die Stille Zeit, besonders wenn sie morgens ihren Platz findet, errichtet eine Art Puffer zwischen Beter und Alltag. „Dass ich zu dem, was ich da alles so zu tun habe, gerade einen kleinen Abstand gewonnen habe und nicht ganz so getrieben durch den weiteren Tag gehe", fasst eine Frau ihre Erfahrung mit dem morgendlichen Innehalten zusammen. Diese kleine Distanz hat eine große Bedeutung: Sie verhindert, dass die Alltagsdynamik sich ohne weiteres des Menschen bemächtigen kann, um ihn dann nach ihrer Pfeife tanzen zu lassen. Sie bewahrt ihm die Chance der Selbstbestimmung. Und sie ermöglicht Begegnung mit anderen Personen, denn Begegnung findet nicht durch Identifizierung mit dem anderen oder durch dessen Vereinnahmung statt, sondern durch Interesse und Zuwendung im Bewusstsein, dass ich „Ich" bin und der andere „Du" ist. Kurz gesagt: Der Puffer erlaubt, Person zu sein. Eine Person hat beispielsweise die Freiheit, mit einem Besucher, der sie zu ungünstiger Zeit aufsucht, eine für beide passendere Zeit auszuhandeln oder einzusehen, ihre bisherigen Pläne zurückzustellen. Oder sie kann sich einer anderen Tätigkeit zuwenden, wenn sie merkt, dass sie mit der vorliegenden Aufgabe nicht weiterkommt. Oder sie wird sich bewusst, dass sie eine Pause braucht usw. Eine Person bleibt die Bestimmerin ihres Lebens, die Tuerin ihrer Arbeit – solange sie Achtsamkeit und Bewusstheit für sich selbst aufrechterhalten kann und ernst nimmt, was sie merkt.

Diese Freiheit des Geistes ist jedoch gefährdet durch etwas, was in der klassisch spirituellen Literatur des Hinduismus und Buddhismus[76] „Anhaften" und im Christlichen „böse Begierde"[77] oder „Konkupiszenz" heißt. Ein Wunsch, ein Verlangen eröffnen Perspektiven im Leben, die Person kann sie aufgreifen oder verwerfen, wie es ihrer Selbstbestimmung in Freiheit entspricht. Manchmal geht einem aber ein solcher Wunsch dauernd im Kopf herum, lässt einen nicht mehr los, aus dem Wunsch und der Freiheit ihm gegenüber ist Begierde und der Zwang zum Streben- und Haben-Müssen geworden, eben Anhaften. „Böse" ist diese Begierde, insofern sie den Menschen seiner Freiheit und Würde beraubt. Er funktioniert in ihrem Sinn wie ein Hamster im Rad, nicht selten bereit, Unrecht zu begehen, um sein Ziel zu erreichen. Der Kontakt zu seinen inneren Bewegungen vernebelt sich. Er möchte auch gar nicht mehr wirklich wissen, wie es um ihn steht, da

---

[76] In der Bhagavad Gita, Kapitel II und III, ist Anhaften eine der Hauptquellen des Leidens. Ähnlich im Buddhismus: siehe van Allmen, Buddhismus, S. 116ff.

[77] Oft wurde die „böse Begierde" nur als sexuelles Begehren verstanden und Sexualität damit schlecht gemacht. Dass auch sexuelles Begehren böse werden kann, das ist uns heute bewusst. Jedoch ist „böse Begierde" ein sehr viel breiteres Phänomen: Unfrei und blind machen auch Hass, Gier, Neid, Eifersucht, Feindschaft, Sucht ...

er ahnt, dass es nicht gut ist und dass er sein Tun sofort stoppen müsste, wenn er sein Inneres ernst nehmen würde. Aber das kann er nicht. Die Anhaftung hat Besitz von ihm ergriffen und er ist dabei, sich als Person zu verlieren. Was sind Beispiele solcher Anhaftungen? Einen Arbeitenden erfasst plötzlich ein Perfektionismus, der in der Sache nicht viel bringt, ihn selbst aber unter Druck setzt. Ein Kollege offeriert ständig alle möglichen Aufmerksamkeiten und erzeugt den Eindruck, dass er das tun muss, um „everybodies darling" zu sein. Ein anderer klammert sich an seinen Freund oder seine Freundin. Oder meint, unbedingt etwas zu brauchen, wie es mir vor 20 Jahren bei Boston, Massachusetts, in den Exerzitien vor meinem halbjährigen Indienaufenthalt geschehen ist: Mir schien, dass ich mich ohne eine Kompassuhr in Indien unmöglich zurechtfinden könne. Tagelang kämpfte ich gegen den Gedanken: „Jetzt wart erst mal; wenn sie wirklich notwendig ist, kannst du sie immer noch kaufen; das muss nicht jetzt während deiner Exerzitien sein ..." Ich wurde diesen Gedanken nicht los, im Gegenteil, er gewann immer mehr Macht, ständig hämmerte es in meinem Kopf „Kompassuhr, Kompassuhr!", bis ich eines Abends 30 Meilen zur nächsten Mall fuhr, um das Ding zu kaufen. Es gab dort aber keine. Bloßgestellt, beschämt, wütend und gedemütigt fuhr ich zurück – und ohne Kompassuhr nach Indien, wo ich sie nie vermisste.

Was steckt dahinter? Die Kompassuhr war letztlich bedeutungslos. Aber nach ihr gegriffen habe ich wie ein Ertrinkender nach dem Strohhalm. Wenige Zeit später erfasste mich die Wirklichkeit meines Todes mit voller Wucht. Einen vollen Tag irrte ich herum, bis ich mich dieser Wirklichkeit stellen konnte. Waren es die Vorbeben dieses Ereignisses, die mich Halt im Außen suchen ließen? Etwas kaufen und besitzen: Meines! Das *auf Sand gebaute* (Mt 7,26) Selbst lenkt sich ab und vergewissert sich zugleich seiner selbst durch Haben. Durch Haben von Befriedigung, Macht und Ruhm wird Jesus in Versuchung geführt (Mt 4,1–11; Lk 4,1–13). In ihnen begehren wir Bestätigung und haften an, wenn wir uns unseres Selbst nicht mehr sicher sind.

Die geistliche Übung des Alltagslebens besteht darin, Anhaftungen zu erkennen, im Bewusstsein da sein zu lassen, sie sich einzugestehen und in barmherzigem Blick auf sich selbst einen Schritt zu finden, der das Ertragen der Spannung erleichtert. Der Versuch, sie als Störung der eigenen Pläne abtun und wegkriegen zu wollen, scheitert, wie das Beispiel der Kompassuhr mir gezeigt hat. Gefragt ist die Kunst, die Gefühle wahrzunehmen, die mit dem Begehren verbunden sind, und sich Raum und Zeit dafür zu schaffen, sie bewusst auszuhalten. Dies wäre gerade Vollzug der eigenen Personalität und damit Gründung in sich selbst und ist so wichtig, dass Ignatius von Loyola in seiner Sorge um den Menschen immer wieder zu bedenken gab: „Bewahre dir überall die Freiheit des Geistes, die von menschlicher Rücksicht unbeeinflusst ist! Du solltest immer frei sein für das Gegenteil dessen, was du gerade tust, und diesen inneren Selbstbesitz dir durch kein Hindernis entreißen lassen."[78] Rücksichtnahme auf andere darf nicht zum Gesetz des Handelns und Tätig-Sein nicht zum Mittel oder zur Rechtfertigung der Ablenkung von sich selbst werden. Die Freiheit des Geistes ermöglicht dem Menschen, als Person zu leben und damit anderen Personen zu begegnen. In der Begegnung von Personen aber liegt Erfüllung: „Alles wirkliche Leben ist Begegnung"[79], konstatiert Buber.

Person-Sein, Selbstbesitz in innerer Freiheit, ist auch nach einer morgendlichen Stillen Zeit im bewegten Alltag nicht ohne weiteres aufrechtzuerhalten. Es hilft, seine Aufmerksamkeit hin- und herpendeln zu lassen zwischen außen und innen, zwischen den Alltagsereignissen und -tätigkeiten einerseits und andererseits den Wirkungen, die sie auf den eigenen Geist jeweils haben. Beginnen ein Gedanke oder eine Stimmung sich einzunisten und zu verfestigen, sind sie auf dem Weg, die Herrschaft über die Person an sich zu nehmen. Dann gilt es innezuhalten! Ein paarmal tief atmen, sich aufmerksam dieser

---

78 Otto Karrer SJ (Hrsg.), Des heiligen Ignatius von Loyola Geistliche Briefe und Unterweisungen, S. 293.
79 Martin Buber, Ich und Du, S. 15.

Bemächtigung zuwenden und sie spüren. Auch wenn es nicht immer möglich sein wird, sie ganz und gar loszulassen, können eine kurze Zeit des Innehaltens und Innewerdens am Arbeitsplatz, ein Gang zur Toilette, eine Zigaretten- oder die Mittagspause, die Fahrt in öffentlichen Verkehrsmitteln, der Halt an einer roten Ampel genügen, um sich zu wappnen oder neu auszurichten. Johann Baptist Metz (1928–2019), Begründer der Neuen Politischen Theologie, hat einmal gesagt: „Die kürzeste Definition von Religion ist Unterbrechung."[80] Diese Unterbrechung des Alltags, um den Mächten des Alltags etwas entgegenzusetzen, ist eben ein wichtiger Teil des spirituellen Lebens. Paulus spricht in diesem Zusammenhang manchmal auch vom „geistlichen Kampf" (z. B. Phil 1,30; Eph 6,10–24; 1 Thess 5,8; 1 Tim 1,18; 6,12; 2 Tim 4,7).

Da das Pendeln der Aufmerksamkeit zwischen außen und innen viel Erfahrung braucht, ist das von Ignatius von Loyola zweimalig am Tag – mittags und abends – vorgeschlagene „Examen" hilfreich. Dies ist kein Check der eigenen Vorsätze und Moral. Um dieses Missverständnis zu vermeiden, firmiert das „Examen" heute unter dem Namen „Gebet der liebenden Aufmerksamkeit": Der liebende Blick auf sich selbst gewahrt, ob die gerade durchlebte Tageshälfte die innere Freiheit und den Selbstbesitz der Person beeinträchtigt hat. Dazu richtet sich der Blick nach innen: Ich erspüre, wie es mir geht, was ich vom Zustand meines Leibes, meiner Seele, meines Geistes wahrnehme. Gibt es etwas, was mich mit Dankbarkeit oder Freude erfüllt? Gibt es etwas, was mich besetzt und übermächtigen will? Was ist es, was mir nachgeht? Dabei verweile ich aufmerksam und verbinde die Empfindung mit dem Atmen. Manchmal lohnt sich der Versuch, die Entstehung der Unfreiheit zeitlich einzugrenzen: Wann hat es angefangen? Wodurch? War ich vor zwei, drei ... Stunden noch frei? So kann es gelingen, ihren Auslöser zu finden und zu verstehen, wieso dieser eine solche Macht bekommen konnte. Schließlich: Wie

---

80 Johann Baptist Metz, Der Kampf um die verlorene Zeit – Unzeitgemäße Thesen zur Apokalyptik, in: ders., Unterbrechungen, S. 85–94, hier S. 86.

mache ich jetzt weiter, um mich nicht noch mehr in meiner beginnenden Unfreiheit zu verstricken? Wonach verlangt mich? Was geht jetzt? Der Alltag ist ein Übungsfeld auch für den persönlichen Konsum- und Lebensstil. Die Briefe des Neuen Testaments mahnen zur Nüchternheit. Zehnmal kommt diese Mahnung vor.[81] Die anempfohlene Nüchternheit verbindet sich dabei vor allem mit Wachsamkeit und Besonnenheit. Habe ich mein Leben nüchtern, wachsam und besonnen eingerichtet oder irre ich in unserer Wohlstandsblase umher und glaube „anything goes"? Als ein Beispiel sei die Ernährung genannt. Fast Food, Fertigprodukte und billiges Fleisch spielen darin noch immer eine große Rolle. Wem immer und wozu das dient, dem gesunden Leben dient es nicht, und wir nehmen dafür auch noch in Kauf, Tiere nicht als Mitgeschöpfe zu achten und entsprechend ihrer Art zu halten, sondern als „Sachen" zu missbrauchen. Generell kann man wohl sagen,[82] dass Ernährung, die nicht krank macht, sondern die Gesundheit und das Wohlbefinden fördert, für den Erwachsenen darin besteht, vor allem vollwertige, pflanzliche Nahrungsmittel zu sich zu nehmen. Dabei ist auf den Verzehr von Hülsenfrüchten als Eiweißlieferanten zu achten und je nach Eigenart des Einzelnen und seiner Lebenssituation noch manches zu berücksichtigen, um Mangelzustände zu verhindern. Wenn man sich der individuellen Situation entsprechend über kritische Vitamine und Mineralstoffe informiert oder beraten lässt, ist die Ernährungsumstellung ohne Defizite möglich und einer genussvollen Ernährung steht nichts im Wege.[83] Ich selbst habe meine Ernährung in dieser Weise verändert und ergänze Vitamin B_{12} und Vitamin D. Ein hundertprozentiger Veganer bin ich nicht geworden. Doch gefällt mir neben den spürbaren

---

[81] 1 Kor 15,34; 1 Thess 5,6.8; 1 Tim 3,2.11; 2 Tim 4,5; Tit 2,2; 1 Petr 1,13; 4,7;5,8.
[82] Leitzmann C.; Keller, M.: Vegetarische und vegane Ernährung, utb 2019. Bracht, P.; Leitzmann, C.: Klartext Ernährung, München 2020.
Zum Ausprobieren: Gätjen, Edith; Keller, Markus: Das genial vegetarische Familienkochbuch, TRIAS-Verlag 2019.
[83] Bei Vorerkrankungen sollte die Ernährungsumstellung therapeutisch begleitet werden.

positiven gesundheitlichen Auswirkungen dabei vor allem, dass ich mich leichter und beweglicher fühle und mehr Energie habe. Außerdem hat eine pflanzenbasierte Ernährung weniger negative Auswirkungen auf das Klima und gute für Tiere und ihre Haltung.[84] Denn die Frage der Nüchternheit unseres Lebensstils muss heute insbesondere auch im Blick auf den Artenschutz, auf die globale Gerechtigkeit und den Klimawandel gestellt werden. Auf dem Klimagipfel im Dezember 2019 in Madrid sprach der UNO-Generalsekretär davon, dass die Menschheit zurzeit wissentlich die Ökosysteme zerstöre, die sie am Leben erhielten. „Der Krieg gegen die Natur muss beendet werden."[85] Wohlgemerkt: Das sind nicht Worte eines ideologisch Verbohrten. So spricht der höchste Repräsentant der Weltgemeinschaft. In der Tat: Die Menschheit, allen voran der christentümliche Westen, ruiniert ihre Lebensgrundlagen auf der Erde. Nach Daten der Non-Profit-Organisation Global Footprint Network übersteigt die weltweite Nachfrage nach natürlichen Ressourcen seit 1971 durchgehend das Angebot an regenerierten Ressourcen – eine Situation, die sich im globalen Maßstab zum ersten Mal in der Menschheitsgeschichte findet. Gegenwärtig bräuchte die Erde mehr als anderthalb Jahre, um den Verbrauch eines Jahres zu decken. Entsprechend findet ein „anhaltender Raubbau" am Bestand statt. Dabei sind die Unterschiede zwischen den Staaten und Regionen beträchtlich: Wenn alle Menschen so lebten wie die Europäer, wären fast drei Erden notwendig, um den Verbrauch nachwachsender Ressourcen, dessen also, was die Menschen von Pflanzen und Tieren brauchen, nachhaltig zu ermöglichen. Wenn alle Menschen so lebten wie die Nordamerikaner, wären es sogar knapp fünf Erden. „Durch diesen Raubbau sind", so das Global Footprint Network, „letztlich alle natürlichen Prozesse der Biosphäre des Planeten gefährdet. Dies ist eine gewaltig unterschätzte und zu wenig beach-

---

84 Siehe beispielsweise URL [7.8.20] https://www.nachhaltigeernaehrung.de
85 URL vom 6.12.2019: https://www.deutschlandfunk.de/uno-klimagipfel-guterres-spricht-von-krieg-gegen-die-natur.2932.de.html?drn:news_id =1076366.

tete Bedrohung unserer Lebensgrundlage."[86] Wenn Sucht in der Medizin „das unabweisbare Verlangen nach einem bestimmten Erlebniszustand"[87] bezeichnet und bedacht wird, dass dieser Zustand heute nicht mehr allein durch Substanzen wie Alkohol, Drogen, Tabletten, sondern auch durch Arbeit, Sport, Sex, Beziehungen ... erreicht werden kann, dann müssen wir sagen, dass wir in einer Suchtgesellschaft leben."[88]

Die verbreitete Sinngebung des Daseins, alles an Genuss und Erlebnis aus dem Leben herausholen zu wollen, was möglich ist, hat sich als fatale Zerstörung erwiesen.

Wir werden also zu einem nüchterneren Leben zurückfinden müssen, sonst zerstören wir die Erde und uns selbst. Beten im Geiste des Vaterunsers ernüchtert und vermittelt Sinn und Erfüllung. Sinn und Erfüllung, die dem Leben eine andere Ausrichtung geben. Ob ohne die Erfahrung existenziellen Betens die nötige Wende bewältigt werden kann? Ich kann von mir selbst berichten, dass mein Lebensstil ohne besondere Anstrengung über die Jahre des Betens einfacher und nüchterner geworden ist, ohne dass ich das Gefühl habe, ich müsse Verzicht üben. Vieles, was ich früher meinte, unbedingt zu brauchen, hat im Laufe der Zeit seine Bedeutung verloren. Das heißt allerdings nicht, dass ich keine Versuchungen auf diesem Feld mehr kenne.

1.5 Der Alltag als Ort, aus dem Geist Christi zu handeln

Alle Weltreligionen haben eine Ethik als Voraussetzung dafür, in der Freiheit des Geistes zu wachsen. So hat Moral auch in der Geschichte des Christentums immer eine große Rolle ge-

---

86 Bundeszentrale für Politische Bildung, Globalisierung. Ökologischer Fußabdruck und Biokapazität vom 1.9.2017 URL: https://www.bpb.de/nachschlagen/zahlen-und-fakten/globalisierung/255298/oekologischer-fussabdruck-und-biokapazitaet.
87 Wikipedia, Art. Abhängigkeit. URL: https://de.wikipedia.org/wiki/Abh%C3%A4ngigkeit_(Medizin).
88 „Wir leben in einer Suchtgesellschaft, da müssen wir uns nichts vormachen." So Wilfried Huck, Oberarzt im Westfälischen Institut für Kinder- und Jugendpsychiatrie, in: taz vom 12.7.2005.

spielt. Die neutestamentliche Briefliteratur lässt es nicht an Ermahnungen aller Art für die Gemeinden fehlen: *Im Übrigen, Brüder und Schwestern: Was immer wahrhaft, edel, recht, was lauter, liebenswert, ansprechend ist, was Tugend heißt und lobenswert ist, darauf seid bedacht* (Phil 4,8)! *Richtet euren Sinn auf das, was oben ist, nicht auf das Irdische! ... Ihr sollt das alles ablegen: Zorn, Wut, Bosheit, Lästerung und schmutzige Rede, die aus eurem Munde kommt. Belügt einander nicht ...* (Kol 3,2.9). Das Problem dabei ist, dass Ideale zur Norm des Verhaltens werden. Ideale sind jedoch wie die Sterne am Himmel: Sie geben Orientierung, bleiben jedoch unerreichbar. Das wirkt auf manche wie ein Stachel, diese Unerreichbarkeit durch ein strenges, manchmal gewalttätiges, asketisches und moralisches Streben überwinden zu wollen. Innere Bewegungen wie sexuelles Begehren, *Zorn, Wut, Bosheit, Lästerung und schmutzige* Gedanken, die diesem Streben entgegenstehen, werden dann schnell als Sünde betrachtet, die nicht sein soll. Das Nach-innen-Schauen wird in der Folge vermieden, und die inneren Bewegungen werden nicht zum Gegenstand der Wahrnehmung und der Auseinandersetzung. Da damit der Weg versperrt ist, der zu Lebendigkeit in Integration und Liebe führt, bleiben nur Heuchelei und Erstarrung zwischen dem Ideal, das man nicht leben kann, und den „sündigen" Bewegungen, die man nicht leben darf. Und schon ist der Kern der Botschaft Christi desavouiert. In der Tat ist von einem derart falsch verstandenen Evangelium für das Meistern und die Entfaltung des Lebens nicht viel zu erwarten.

Unserer Zeit fehlt es nicht an Moral. Das öffentliche Bewusstsein für Ungerechtigkeit, Verletzung der Menschenrechte, für den Schutz von Minderheiten ist hoch. Um den Egoismen von Personen, Unternehmen und Staaten und ihren Machtmitteln zu begegnen, sind viele Initiativen entstanden: Transparency International, Greenpeace, Ärzte ohne Grenzen, der Jesuitenflüchtlingsdienst, Fridays for Future ... Diese strukturelle Ebene des Engagements hat sich im Laufe der Geschichte herauskristallisiert, und viele Christen arbeiten mit anderen Menschen darin zusammen.

Die ursprüngliche Wirkung des Menschensohns, der kein politischer Messias sein wollte, liegt allerdings auf der Ebene der Begegnungen im Alltag. Sie sind so bedeutungsvoll, weil sie so basal sind und das darin erfahrene Gute sich von selbst fortzeugt: Im Kontakt mit Jesus, so wie er sprach, sich verhielt, handelte, sich in Beziehung setzte ..., teilte sich versöhnte Freude mit, manche waren wie befreit oder geheilt, konnten aufatmen, fühlten sich verstanden, getröstet, hörten Worte, die ihnen Orientierung gaben oder sie würdigten und aufrichteten. Sie stifteten Gemeinschaft: Viele folgten ihm. Die Begegnung mit ihm war wie Öl im Getriebe des alltäglichen Miteinanders. Oft sind es kleine, ungeplante Gesten, die etwas verändern: Durch den Kunden, der an der Kasse Kontakt herstellen kann, kommt Frische in die ermüdende Monotonie der Arbeit einer Kassiererin. Der Autofahrer, der einem anderen das Einfädeln erlaubt, trägt zur Entspannung bei. Der Kollege, der konstruktiv und ohne Vorwurf auf ein Versäumnis reagiert, verbessert damit Betriebsklima und Motivation. Der Freund, der durch die Art und Weise seines Zuhörens und Reagierens es möglich macht, sich auszusprechen, entlastet und verhilft zu Orientierung. Humor kann die Verkrampftheit einer Gruppe auflösen, eine Ansprache Lebensgeister wecken. ... Als junger Mann habe ich im Berlin-Kreuzberg der frühen 1980er Jahre aus Solidarität in einem besetzten Haus übernachtet, das zur Zwangsräumung anstand. Meine „Kollegen" und ich merkten schnell, dass wir ganz unterschiedlichen Milieus angehörten. Eine Atmosphäre von Misstrauen entstand. Ich wurde gemieden und zog mich meinerseits ängstlich zurück. Da trat ein Mann zu mir, wenige Jahre älter als ich, der dem Milieu der Hausbesetzer anzugehören schien. Ganz natürlich und offen kam er auf mich zu, sprach mit mir, nahm mir meine Ängste und half mir, meine Fragen zu klären. Er entspannte die Situation im ganzen Haus. Als unser Gespräch zu Ende war, hatte ich den Wunsch, so zu werden wie er, der mir so offen, natürlich und freundlich begegnen konnte. Bis heute habe ich das nicht vergessen.

Solches Verhalten und Handeln kommt nicht allein aus Willen, der von Ethik und Moral geleitet wird, sondern fließt aus der Person selbst und dem Geist, der sie beseelt. Wie beim guten Samariter, der sich vom Unter-die-Räuber-Gefallenen anrufen lässt, inkarniert sich dieser Geist in einer jeden Alltagssituation, wenn eine der beteiligten Personen ihm offensteht: „Heute noch, zu jeglicher Stunde, füllt und überströmt der Heilige Geist alle Gründe und alle Herzen und Seelen, wo er Raum findet. Er füllt die Täler und die Tiefen, die ihm geöffnet sind", ist der Mystiker und Dominikaner Johannes Tauler (1300–1360) überzeugt. Denn dieser Heilige Geist möchte das Wunder der Begegnung wirken, das in sich dreifaltig ist: Begegnung mit sich selbst in den Bewegungen seines Herzens, insbesondere dessen Tälern und Tiefen; Begegnung mit dem Mitmenschen, der bereit ist, sich einzulassen und sich zu öffnen; und im Austausch der geöffneten Herzen mit dem überströmenden Grund aller Wirklichkeit selbst.

Nochmals: Ethik und Moral sind wichtig. Sie richten das Handeln auf ein menschliches Miteinander aus. Dieses menschliche Miteinander wird jedoch in der Konkretheit des Alltags im Hier und Jetzt dann zur Wirklichkeit, wenn die Menschen einander als Personen begegnen. Dazu ist es nötig, sich seinen inneren Impulsen aufrichtig zu stellen und im Alltag über seine innere Freiheit zu wachen. Wer sich kennt und annimmt, gerade in seinen weniger edlen Antrieben, der vermag zu den anderen aufzublicken, ohne dabei sich selbst minderwertig oder zweitrangig zu fühlen. Er schätzt *in Demut den andern höher ein als sich selbst* (Phil 2,3), sieht nicht nur, dass etwas geschehen sollte, sondern ist in der Lage, sich von einer Situation zum Handeln bewegen zu lassen – wie z. B. Jesus durch die dreckigen Füße seiner Apostel beim letzten Abendmahl oder der barmherzige Samariter durch den Unter-die-Räuber-Gefallenen. Er weiß, dass im Dienst an der Begegnung mit dem anderen wahre Größe besteht: *Wer bei euch groß sein will, der soll euer Diener sein, und wer bei euch der Erste sein will, soll der Sklave aller sein* (Mk 10,43f).

Buddhadāsa Bhikkhu (1906–1993), der vielleicht einflussreichste buddhistische Lehrer Thailands, hat einen Katalog von Hinweisen zusammengestellt, wie es gelingen kann, den anderen als Freund zu sehen:

„Behandle jeden Menschen als Freund, indem du daran denkst:

- Er ist unser Freund, der wie wir geboren wurde und der alt werden wird, krank werden wird und sterben wird, genau wie wir.
- Er ist unser Freund, der der Kraft der Herzenstrübungen unterliegt, deshalb irrt auch er gelegentlich, genau wie wir.
- Er ist nicht frei von Gier, Hass und Verblendung, genauso wenig wie wir.
- Er macht deshalb manchmal Fehler, genau wie wir.
- Er weiß weder, warum er geboren wurde, noch kennt er das Ziel des Weges, genau wie wir.
- Er ist bei manchen Dingen dumm, genau wie wir.
- Er tut manche Dinge, wie es ihm gefällt, genau wie wir.
- Er will gut sein, herausragend, berühmt, genau wie wir.
- Er nimmt oft, wenn sich ihm die Gelegenheit bietet, von anderen, so viel er nur bekommen kann, genau wie wir.
- Er hat das Recht, verrückt nach dem Guten zu sein, sich am Guten zu berauschen, sich vom Guten blenden zu lassen, im Guten zu ertrinken, genau wie wir.
- Er ist ein gewöhnlicher Mensch, der an vielen Dingen haftet, genau wie wir.
- Er hat nicht die Pflicht, für uns zu leiden oder zu sterben, er muss sein eigenes Leben leben, genau wie wir.
- Er gehört einer Nation und einer Religion an, genau wie wir.
- Er handelt impulsiv und übereilt, genau wie wir.
- Er hat die Pflicht der Verantwortung gegenüber seiner Familie, genau wie wir.
- Er hat das Recht auf einen eigenen Geschmack und auf eigene Vorlieben, genau wie wir.
- Er hat das Recht zu wählen (sogar eine andere Religion), was immer ihn zufriedenstellt, genau wie wir.

- Er hat das Recht, öffentliche Einrichtungen zu benutzen und einen gerechten Anteil am Allgemeingut zu haben, genau wie wir.
- Er hat das Recht, neurotisch oder verrückt zu sein, genau wie wir.
- Er hat ein Recht auf Hilfe und Sympathie, genau wie wir.
- Er hat ein Recht auf Vergebung entsprechend der Umstände, genau wie wir.
- Er hat das Recht, entsprechend seiner Veranlagung, Konservativer, Sozialist oder Freidenker zu sein, genau wie wir.
- Er hat das Recht, auf seinen eigenen Vorteil bedacht zu sein, bevor er an andere denkt, genau wie wir.
- Er hat das Menschenrecht, auf dem Angesicht dieser Erde zu wandeln, genau wie wir."[89]

Diese Worte sind wie eine Entfaltung der Goldenen Regel der Bergpredigt: *Alles nun, was ihr wollt, dass euch die Leute tun sollen, das tut ihr ihnen auch! Das ist das Gesetz und die Propheten* (Mt 7,12). Die wesentliche Voraussetzung dafür, an die das refrainhaft wiederholte „genau wie wir" in jeder Zeile erinnert, ist die Bewusstheit des *Balkens im eigenen Auge* (Mt 7,3–5) und damit die Übung des existenziellen Betens.

---

[89] Buddhadāsa Bhikkhu: Ānāpānasati, Vorrede.

2. Die anderen

Mitmenschen sind für das Leben des Individuums von größter Bedeutung. Ohne unsere Eltern wären wir nicht einmal da. In der Ursprungsfamilie erlernen wir die Grundlagen des Lebens: Essen und Trinken, Laufen und Sprechen, Händewaschen und Zähneputzen und hunderterlei mehr. Wir lernen, wie mit guter und schlechter Stimmung, mit Arbeit und Freizeit umgegangen wird. Und im Zusammenleben mit Eltern und Geschwistern, Großeltern, Verwandten, Bekannten und Freunden, Männern und Frauen werden die Fundamente von Beziehung gelegt. Lehrer erklären uns die Welt, in der sich der Einzelne zurechtfinden muss. Im Vordergrund stehen dabei zwar Sachthemen. Doch auch in der Schule geht das Beziehungslernen weiter. Die Anwesenheit der Person des Lehrers fordert und fördert die Aufmerksamkeit mehr als ein Text. Der Lehrer kann auf den Schüler eingehen, seine Fragen beantworten, seine Schwächen schwächen und seine Stärken stärken. (Natürlich kann er leider auch das Umgekehrte.) Auch wenn die Beziehung meist nur im Störfall zum Thema wird, gibt der Lehrer sich dem Erleben seiner Schüler preis, die dadurch ihr Lernen über Beziehungen erweitern: Steht der Lehrer hinter dem, was er sagt? Umgeht er etwas? Welche Beziehung bietet er an: eine distanzierte oder nahe? Will er Kumpel oder Autorität sein? Oder will er von den Schülern bewundert werden? Immer, wenn Menschen miteinander zu tun haben, teilen sie sich nicht nur Sachinformationen mit, sondern geben auch etwas preis von sich selbst, von ihrer Sicht des anderen und ihren Wünschen an ihn. Sie lassen sich umso weiter aufeinander ein, je mehr sie eine Übereinstimmung dabei erleben, d.h. spüren, wie der andere in ihnen etwas anrührt, wovon sie mehr erleben möchten. Sie werden Freunde oder verlieben sich. Sie identifizieren sich miteinander. Zunächst unmerklich, dann aber immer deutlicher, beginnen sie allerdings auch das Fremde und Andersartige des anderen und seines Verhaltens zu erleben. An diesen Grenzen erleben sie sich umgekehrt als unterschiedenes Selbst.

Identifizierung und Differenzierung in der Beziehung verhelfen dem Menschen zu mehr an eigener Persönlichkeit: „Der Mensch wird am Du zum Ich."[90] Diese Selbstwerdung in Beziehungen ist nicht auf das Psychische beschränkt. Sie betrifft auch das Spirituelle. In Beziehungen teilt sich etwas vom Wesen des Ganzen der Wirklichkeit mit. Buber nennt dies das „ewige Du". Er schreibt: „Die verlängerten Linien der Beziehung schneiden sich im ewigen Du. Jedes geeinzelte Du ist ein Durchblick zu ihm. Aus diesem Mittlertum des Du aller Wesen kommt die Erfülltheit der Beziehungen zu ihnen und die Unerfülltheit. Das eingeborene Du verwirklicht sich an jeder und vollendet sich an keiner. Es vollendet sich einzig in der unmittelbaren Beziehung zu dem Du, das seinem Wesen nach nicht Es werden kann."[91] M. a. W., Gott, das ewige Du, ist allen Wesen eingeboren, d. h., sie sind auf dieses Du ausgerichtet, ob sie es wissen oder nicht, ersehnen oder nicht. Das ewige Du kann auch für Buber nie „Es", d. h. nie zum Objekt unserer Erkenntnis werden. Doch es vermittelt sich, wo sich Begegnung ereignet. Das macht letztlich die Erfülltheit von Begegnung aus. Da das ewige Du aber darin eben nur vermittelt erfahren wird, d. h. das konkrete Du das ewige Du immer auch verstellt, ist die Erfüllung in menschlichen Beziehungen unvollkommen: Es sind eben nur „die verlängerten Linien der Beziehung, die sich im ewigen Du schneiden", nicht die gegenseitigen Bezogenheiten selbst. Diese Unerfülltheit kann nur in der unmittelbaren Beziehung zum ewigen Du aufgehoben werden.

Wenden wir uns zunächst dem erfüllenden Teil von Beziehung zu: Insofern sich in ihr etwas vom Grund der Wirklichkeit mitteilt, ist es nicht verwunderlich, dass Beziehungen Heilsames innewohnt, das die Person stärkt. Wer hätte das nicht schon erfahren? Das Neue Testament charakterisiert das Wirken Jesu als *Blinde sehen wieder und Lahme gehen; Aussätzige werden rein und Taube hören; Tote stehen auf und Armen*

---
90 Martin Buber: Ich und Du, S. 32.
91 Martin Buber: Ich und Du, S. 76.

wird das Evangelium verkündet (Mt 11,5). In Jesu heilenden Begegnungen kommen die Umstehenden in Kontakt mit dem Grund aller Wirklichkeit: Ihr Lobpreis Gottes – nicht Jesu – ist typischer Teil neutestamentlicher Wundergeschichten (z. B. Mk 2,12). So sehr vermittelt sich in der Begegnung mit Jesus das „ewige Du" Bubers, dass Jesus im Johannesevangelium auf die Bitte des Apostels Philippus: *Herr, zeig uns den Vater,* antworten kann: *Wer mich gesehen hat, hat den Vater gesehen. Wie kannst du sagen: Zeig uns den Vater? Glaubst du nicht, dass ich im Vater bin und dass der Vater in mir ist?* (Joh 14,9f). In menschlichen Begegnungen vermittelt sich Gott. Deswegen ist kein Buch wie im Islam, keine Methode, wie der edle achtfache Weg im Buddhismus, kein Gesetz wie im Judentum, sondern mehr als in allen anderen Religionen eine Person, Jesus, die ausdrückliche Mitte des Christlichen. Wie die Begegnung mit Jesus heilt und auf Gott verweist, geschieht dies in Begegnungen schlechthin (Mk 6,13; Apg 3,1–11; 14,11), umso mehr, je mehr „die Tiefen und die Täler" in den Herzen der Begegnenden geöffnet sind.

Der Normalfall von Begegnung ist das allerdings nicht. Damit kommen wir zum zweiten Aspekt der Vermittlung des „ewigen Du" in Beziehungen: seine Ver-stellung. Die Person des anderen, die zwischen dem mir eingeborenen und dem ewigen Du vermittelt, steht eben meiner unmittelbaren Beziehung zum ewigen Du auch im Weg, behindert sie, lässt die Beziehung unerfüllt bleiben – und natürlich mache ich es in Bezug auf den anderen genauso. Worte, denen keine Tiefe innewohnt, können halt keine Oberflächen öffnen. Unruhe lässt kein Bleiben bei einem Gedanken oder Gefühl zu. Wer unbedingt Nähe will, verhindert sie eben dadurch. Wer das Störende in Beziehungen unangesprochen lässt, verhindert ihre Entfaltung. Oftmals fehlen das Vertrauen und die Gelassenheit zu den kleinen Schritten des Sich-Einlassens und Sich-Aussetzens, die mit Geduld zu mehr Begegnung führen können. Wie weit, das hat keiner in der Hand. So bleibt menschliches Begegnen eben oft im Vorfeld gegenseitigen Verstehens hängen: Vielleicht hat man „etwas" verstanden, aber nicht den anderen. Kein Klang des

„ewigen Du" wurde vernommen, sondern der Missklang eines enttäuschenden Kontakts.
Doch damit ist das Geschehen nicht zwangsläufig zu Ende. Denn das „ewige Du" erfüllt auch den Missklang. Um ihn zu vernehmen, braucht es die Pause, die Unterbrechung. Wie ein Musikstück erst am Ende, wenn alle Töne verstummt sind, als Ganzes zur Wirkung kommt, so kann auch die Wirkung der Begegnung erst in der Unterbrechung des Alltags, in der Stille, vernommen werden. Wenn die Person sich dafür öffnet, vollendet sich in der Annahme des Missklangs der misslungenen Begegnung die Beziehung zum „ewigen Du".

Im Prozess existenziellen Betens spielen die Mitmenschen verschiedene Rollen: Sie sind Auslöser von Betroffenheit, Begleiter des Gebets, Adressaten des zu mehr Liebe verwandelten Beters. Da wir über Letztere bereits oben gesprochen haben, betrachten wir jetzt die beiden ersten etwas näher.

2.1 Die anderen im Alltag

Vielen Menschen wäre wohl am liebsten, wenn der Alltag möglichst reibungsfrei verlaufen würde. Gelegentliche Bestätigungen durch andere wären willkommen. Man könnte ansonsten einfach sein Ding machen. Kein Kreisen der Gedanken um irgendwelche Probleme und Schwierigkeiten würde einen beschweren. Ist das Leben in unserer Gesellschaft nicht schon anstrengend genug? Da braucht es keine weiteren Belastungen, die einen zur Auseinandersetzung zwingen. Außerdem kann diese Auseinandersetzung nur geführt werden, wenn es ein ausreichendes Maß gefühlter Sicherheit gibt. Keiner, der auf Glatteis steht, kann mit einem anderen ringen; dazu fehlt es an Stabilität. Auf der anderen Seite geht von einem nur störungsfreien Leben, in dem alles funktioniert, keine Herausforderung aus. Es bietet keinen Anreiz, sich als Person zu entwickeln, obgleich darin die ersehnte bleibende Erfüllung liegt. Die bisher gewordene Identität kann dann allmählich wie ein goldener Käfig empfunden werden, der ein tieferes Glück, eine größere Freiheit, eine höhere Zufriedenheit und echtere Beziehungen zu anderen nicht zulässt. Man funktioniert, isst und trinkt, arbeitet und macht Urlaub, nett, das alles. Ein solcher goldener Käfig ist auch „Gut Immensee" in Theodor Storms gleichnamiger Erzählung[92] für Elisabeth geworden. Die Nachbarskinder Elisabeth und Reinhard wachsen in den sehr beschränkten Verhältnissen ihrer Mütter miteinander auf. Eines kann ohne das andere nicht sein. Es keimt die Liebe. Doch als Reinhard schließlich zur weiteren Ausbildung in die Stadt übersiedeln muss, beginnt ein reicher Bauernsohn Elisabeth den Hof zu machen. Schließlich kann sie seinem Werben nicht widerstehen, heiratet ihn und zieht mit ihrer Mutter zu ihrem Mann ins Herrenhaus am Immensee. Viele Jahre später besucht sie dort der Volkslieder (!) sammelnde Wanderer Reinhard. Er entdeckt eine Elisabeth, die ihrem Mann eine geschwisterliche Frau ist, deren blasse Hand „jenen feinen Zug geheimen Schmerzes [zeigt], der sich so gern schöner Frauenhände bemächtigt, die nachts auf krankem Herzen liegen"[93]. Reinhard begreift, dass Elisabeths Mutter zu dieser Hochzeit gedrängt hatte, um ein sicheres Auskommen für sich und ihre Tochter zu haben, das er, Reinhard, nicht bieten konnte. Reinhard flieht schließlich aus Immensee: „Elisabeth stand bewegungslos an derselben Stelle und sah ihn mit toten Augen an. Er tat einen Schritt vorwärts und streckte die Arme nach ihr aus. Dann kehrte er sich gewaltsam ab und ging zur Tür hinaus. – Draußen lag die Welt im frischen Morgenlichte; die Tauperlen, die in den Spinngeweben hingen, blitzten in den ersten Sonnenstrahlen. Er sah nicht rückwärts; er wanderte rasch hinaus; und mehr und mehr versank hinter ihm das stille Gehöft, und vor ihm auf stieg die große, weite Welt."[94] Elisabeth hatte in der Wahl zwischen Offenheit und Vertrauen auf der einen und Sicherheit auf der anderen Seite die Sicherheit gewählt, durch die sie „Leid gewonnen" und Freiheit verloren hat.[95] Nach den Worten der Bergpredigt ist eine solche Wahl stets auch eine Ent-

---

92 Theodor Storm: Immensee, in: Meistererzählungen S. 5–48.
93 A. a. O., S. 44.
94 A. a. O., S. 47.
95 A. a. O., S. 39f.

scheidung zwischen Gott und Mammon: *Ihr könnt nicht Gott dienen und dem Mammon* (Mt 6,24). „Mammon" bedeutet ursprünglich „Vorrat"[96], ist also das, woraus man in Notzeiten leben kann und was somit Sicherheit gewährt. Statt der Liebe zu dienen und auf Offenheit und Beziehung zu setzen, hat Elisabeth die Abgesichertheit gewählt. Von der „großen, weiten Welt", die „im frischen Morgenlichte" zu Begegnung und Erfüllung einlädt und Gottes voll ist, hat sie sich ausgeschlossen. „Gewonnen" hat sie „tote Augen" und einen Mammon, der durch ihre Unzufriedenheit aufgezehrt wird. Bei aller Angst vor Störung oder Krise, die wir mit Elisabeth teilen: Ihr Schicksal lässt Störung oder Krise auch als Chance erscheinen.

Bei der Bedeutung, die Beziehungen für das Leben des Menschen haben, ist es nicht überraschend, wenn gerade Beziehungen Betroffenheit auslösen und einen über die Dauer der Begegnung hinaus beschäftigen können; dies umso mehr, je näher und bedeutsamer die Beziehung und je intensiver die ausgelöste Irritation ist. Viele Menschen waren erschüttert vom Foto des syrischen Flüchtlingskindes Aylan Kurdi, das am 3. September 2015 tot am Strand von Bodrum lag. Es ließ das Leid der Flüchtlinge im Alltag der Betrachter ankommen, und manche von ihnen ließen sich dadurch zu Kontakt und Hilfe für die Geflüchteten bewegen.

Eine Störung des Alltags ist auch Verliebtheit. Verliebte finden sich plötzlich auf einer Achterbahn der Gefühle vor, herausgerissen aus ihrem Alltagstrott. Sie lernen sich selbst neu kennen: neue Interessen, neue Abläufe des Alltags, die Welt bekommt neue Farben. Was zuvor bedeutungslos erschien, wird nun wichtig. Die Erwartung des Zusammenseins mit dem oder der Geliebten, die erfüllte Nähe, die immer mehr Nähe ersehnt, die Verschmelzung mit ihm oder ihr wird zur Erfahrung einer Erfüllung, von der man nicht ahnte, dass sie im Leben Wirklichkeit werden kann. Doch das alles lässt sich nicht festhalten. Unvermeidlich dämmert der Abend der Verliebtheit herauf und mit ihm die Frage, ob es das war mit der Liebe. In Wahr-

---

96 Luz I/1, S. 468.

heit stehen die ernüchterten Verliebten nun vor der Chance, in der einsetzenden Differenzierung sich selbst zu finden und die Verliebtheit sich in personal begegnende Liebe verwandeln zu lassen. Diese Chance wird Wirklichkeit, wenn die beiden riskieren, darüber zu sprechen, wie es ihnen im Beisammensein geht, wie sie den anderen und sich selbst erleben, was sie bewegt, was sie sich wünschen. Eigentlich sind Unterschiede auf diesem Feld bei unterschiedlichen Personen doch naheliegend. Da sie aber die erwartete Nähe stören, werden sie schnell als Enttäuschung, Zurückweisung und Verletzung erfahren.

Damit sind auch die Verliebten angekommen bei den Alltagsstörungen der unangenehmen Art, die häufig mit Störungen in Beziehungen zu tun haben. Dann erlebt man spontan sich selbst als Opfer, den anderen als Täter, der an der Misere schuld ist. Es mag entlasten, über ihn herzuziehen und sich Rachegedanken hinzugeben. Bleibt es dabei, wird die Beziehung erkalten. Man geht sich aus dem Weg. Trifft man doch aufeinander, begegnet man sich distanziert und vorsichtig, begleitet von dem unguten Gefühl, dass es, wie es ist, nicht in Ordnung ist. Es geht nur weiter, wenn beide sich dem Konflikt stellen in der Absicht, ihren eigenen Anteil daran zu erkennen. Begegnung und Kommunikation ähneln einem Ping-Pong-Spiel. Spieler B reagiert auf den Ball, den A ihm zugespielt hat. Die Reaktion von B hängt natürlich von As Vorlage ab: Auf einen scharf geschlagenen Ball wird er anders reagieren als auf einen, der „behäbig" daherkommt. Sodann hängt Bs Reaktion von seinen spielerischen Fähigkeiten ab, seinen Vorerfahrungen mit As Verhalten und von seinen eigenen Absichten. Tischtennis ist ein schnelles Spiel, ähnlich Wortwechseln, da kann Bs Erwiderung nicht völlig logisch und kontrolliert sein, sondern intuitiv und gespickt mit ihm unbewussten Anteilen. Fehlt daher die Bereitschaft, die eigenen Anteile, auch die einem selbst unbewussten Anteile, zu erkennen, bleibt es in einem Gespräch bei gegenseitigen Vorwürfen und der Bestätigung der negativen Urteile über den jeweils anderen.

Das existenzielle Beten ist ein Ort, der die Bereitschaft wachsen lässt, die eigenen Anteile zu sehen. Sie zu suchen fordert auch die Bergpredigt auf: *Wie kannst du zu deinem Bruder sagen: Lass mich den Splitter aus deinem Auge herausziehen! – und siehe, in deinem Auge steckt ein Balken! Du Heuchler! Zieh zuerst den Balken aus deinem Auge, dann kannst du zusehen, den Splitter aus dem Auge deines Bruders herauszuziehen!* (Mt 7,4f). Das Gebet ist ein dem Betenden geschenkter Raum unbedingter Annahme, in dem kein anderer etwas von ihm will, in dem er sich entspannen und damit sich in Frage stellen und seiner selbst innewerden kann. Das Beten stärkt ihn und sein Vertrauen, so dass das Märchen vom allein schuldigen anderen bröckeln darf. Empfindungen und Impulse dürfen auftauchen, die das eigene Verhalten im Konflikt gesteuert haben können. Die Frage ist, wieweit der Beter sie als solche zulassen und erkennen kann. Denn oft spielen bei Konflikten die sogenannten blinden Flecken eine Rolle: eigenes Verhalten, dessen man sich selbst nicht bewusst ist, dessen Wirkungen andere jedoch zu spüren bekommen und das sie daher sehr wohl wahrnehmen. Einige Beispiele sollen das veranschaulichen: Mit den besten Absichten will jemand einen anderen Menschen persönlich kennenlernen, ist dabei aber selbst in einer Weise verschlossen, die jeden Kontakt verhindert. Eine Frau erzählt Begebenheit auf Begebenheit aus ihrem Leben und merkt nicht, dass sie ihre Zuhörer als Bewunderer missbraucht. Ein anderer bietet Beziehung stets auf ungleicher Augenhöhe an: Gleich, ob das Gegenüber höher oder tiefer gestellt wird, auf Dauer ist beides unbefriedigend. Ein Mitarbeiter pflegt Meetings zum Flirten zu nutzen usw. Solange ein Konfliktpartner nicht mit der Wirkung seines Verhaltens konfrontiert wurde, ist es gut möglich, dass er die seinem Verhalten zugrunde liegenden unbewussten Impulse auch im Gebet nicht als solche erkennen kann. Belässt er es dabei, werden sie auch in Zukunft sein Verhalten steuern.

Es lohnt sich also, seine blinden Flecken zu erkennen. Dabei kann der Konfliktpartner helfen – oder ein Zeuge des Vorfalls, der Feedback gibt. Was die Konfliktregulierung so gefürchtet macht, ist die mögliche Konfrontation mit einem der Person unbewussten Impuls, durch die sie sich dann wie ertappt fühlen würde. Es verschlüge ihr die Sprache, der Boden würde unter ihr weggezogen und ihr bisheriges Selbstbild bräche zusammen. Ob es so kommt, das weiß man vorher nicht, aber die Angst davor ist da. Manchmal stellt der Automatismus im Verhalten sich als einfache Gedankenlosigkeit, Versehen oder blöde Gewohnheit heraus: ein Missverständnis, das sich leicht ausräumen lässt. Oft ist das unbewusste Verhalten jedoch gekoppelt mit jenen überfordernden Erlebnissen oder frustrierenden Zurückweisungen des Beziehungsverlangens in der eigenen Biographie, die durch die Kreation der eigenen eigentümlichen Welt bewältigt werden (S. 199).

Der Verlauf einer Konfliktbearbeitung kann die Partner mit je dieser ihrer unbewussten Welt in Berührung bringen und damit mit dem Schmerz und der Angst, auf der sie errichtet ist: Das tut weh – so wie Wehen bei einer Geburt. Eine Geburt kann sich hinziehen, und auch das Annehmen des aufgedeckten blinden Flecks braucht Zeit. Diese ist durch existenzielles Beten gut genutzt: In dessen geschütztem Raum darf sich der Beter seines Wehs und seiner Scham bewusst werden und den aufgedeckten Impuls kennenlernen. Auf diese Weise integriert sich dieser in die sich dabei verwandelnde Identität des Beters. Dann sind die Geburtswehen vergessen: Er erlebt sich selbst neu und ist versöhnt mit dem, der bisher sein Gegner war: Beide sind einander nähergekommen und gleichzeitig freier geworden.

Existenzielles Beten und Konfliktaustragung stützen und bereichern sich also gegenseitig. Das existenzielle Beten stärkt das Vertrauen, sondiert die innere Welt und klärt, ob der Beter es beim Zerwürfnis mit dem anderen belassen will oder nicht. Die Konfliktaustragung kann den Beter in Kontakt mit unbewussten Impulsen bringen und die Beziehung versöhnen und vertiefen.

Allerdings siegt oft die Angst vor der Konfliktaustragung. Man hofft, dass sich alles wieder einrenkt, und manchmal geht das auch, mal besser, mal schlechter. Wie kann der Wachstumsimpuls fruchtbar werden, der einer Beziehungsstörung innewohnt? Existenzielles Beten ist eine Chance, ihn aufgreifen zu können, besonders wenn es von einem Außenstehenden begleitet wird.

2.2 Begleitung des Gebetes

Die häufigen Mahnungen zum Gebet in den neutestamentlichen Briefen weisen schon darauf hin, dass regelmäßiges Beten keine Selbstverständlichkeit ist. Deswegen ist eine Begleitung des Betens durch andere eine große Unterstützung. Diese ist auf mehreren Ebenen möglich:

Auf einer ersten Ebene geht es um die Begleitung des Betens selbst durch eine Gruppe oder Gemeinschaft, die sich regelmäßig dazu trifft. Die Gruppe begleitet den Vollzug des existenziellen Betens ihrer Mitglieder. In den 10-tägigen Grundübungen im Ashram Jesu[97] tritt die Kursgruppe viermal täglich zu jeweils 45-minütigen Sitzmeditationen zusammen. Nach den ersten drei Kurstagen ist den Teilnehmenden freigestellt, ob sie an mehr als zwei gemeinsamen Meditationen teilnehmen wollen. In diesem Rahmen mache ich in Bezug auf die das Meditieren begleitende Gruppe zwei Erfahrungen: Die eine ist, dass in der Regel alle bei allen vier Gebetszeiten da sind – trotz Widerstand, trotz Unruhe oder Müdigkeit, trotz der Aussicht auf Schmerzen oder Langeweile. Allein wäre dieses Meditationsprogramm schwer durchzuhalten. Irgendetwas Attraktives scheint sich also für die Gruppe zu ereignen. Was ist es? Das Erlebnis der Zugehörigkeit? Der Erfolg, die 45 Minuten durchgestanden zu haben? Die Konkurrenz mit den anderen? Der Zeitvertreib durch die Meditation, da man sonst nichts mit sich anzufangen weiß? Wenn dies alles auch mitspielen mag, glaube ich nicht, dass die Attraktivität des Sitzens vollständig darin begründet ist. Denn die zweite Erfahrung ist, dass sich im gemeinsamen bewegungslosen Sitzen in der Stille eine intensive Atmosphäre der Sammlung und des Gebets einstellt. Oft ist die Stille regelrecht zu „hören" und zieht die Betenden geradezu in sich hinein. Eine nüchterne, ganz einfache, feine Prä-

---

[97] Siehe: www.ashram-jesu.de oder Dickerhof (2016), S. 257–272.

senz breitet sich in ihr aus, die unbegreiflich ist. Sie hilft dem Einzelnen nicht nur, bei sich auszuhalten. Sie lockt ihn nicht nur gegen all seine Widerstände immer wieder von neuem an. Vielmehr entfacht sie seine Sehnsucht nach dieser Stille, in der nichts ist und die doch unsagbare Fülle in sich birgt.

Ähnliches erlebe ich bei unseren Ashramtagen. Das sind Tagesveranstaltungen mit drei Sitz- und drei Gehmeditationen: Einen Tag auf diese Weise alleine zu durchleben, ist schwierig, zumal in der eigenen Wohnung, in der die Distanz zum Alltag fehlt. Was allein nur mit viel Disziplin zu Stande zu bringen ist, gelingt in der Gruppe selbstverständlich, und am Nachmittag gehen die meisten Teilnehmenden in wohltuender Weise zentriert, geerdet und mehr bei sich selbst wieder nach Hause. Solche Erfahrungen geben der persönlichen Gebetsübung neue Motivation – und, möglicherweise, auch neue Impulse.

Die neuen Impulse ergeben sich, wenn in der Gruppe Erfahrungen mit oder Fragen zur Meditation zur Sprache kommen. Dadurch wird eine zweite Ebene der Begleitung des Gebets eingerichtet, nämlich die der Begleitung der Methodik des Gebetes. Diese ist wichtig, weil der Übende in seiner Praxis die Methodik des existenziellen Betens verfälscht. Das geschieht unwillkürlich auf eine Weise, die oben zwar schon erwähnt wurde, auf die ich hier aber wegen ihrer Bedeutung für die Praxis noch einmal zurückkommen will: Wer meditiert, hat, wie bei allem Tun, dabei eine Intention. Er erwartet etwas, hat eine Absicht, verfolgt ein Ziel. Gewöhnlich geht es darum, in der Meditation irgendwie Erfüllung zu erfahren. Der Übende neigt dann dazu, von jedem inneren Impuls wegzuschauen, der nicht nach der Erfüllung aussieht, die er sich vorstellt, und sich umgekehrt auf jede innere Bewegung zu konzentrieren, die verheißt, seine Intention zu erfüllen. Wenn das Eintreffen der Erfüllung sich hinauszögert, strengt sich der Meditierende unwillkürlich mehr an: Als Glied einer Leistungsgesellschaft neigt er ohnehin dazu, zu viel Willen und Energie einzusetzen, um „gut" zu meditieren und seine Ziele zu erreichen. Zu viel Einsatz verkrampft jedoch. Das kann sogar

Schmerzen zur Folge haben. Auf jeden Fall engt es den Horizont ein bis zum Verlust der Offenheit.
Dieser Vorgang ist alltäglich und tiefgreifend zugleich. In ihm macht sich nämlich die Dynamik der grundlegenden Verfehlung des Menschen bemerkbar, der lernen musste, sich eine Welt zu erbauen und zu erhalten, um leben zu können. Diese Dynamik kommt zum Tragen, wenn das Gebet etwas Verkrampftes, ja Verbissenes bekommt. Und sie kommt zum Tragen in der Vorstellung vom Ziel des Übens. Es ist doch verwunderlich, dass es eine solche Vorstellung überhaupt gibt von einer Sehnsucht, die vermeintlich über alles hinausgeht. Inhaltlich besteht sie meist in einer Art Auflösung des Selbst in einem Ozean intensivster Glücksgefühle. Ignatius würde hier von „Trosterfahrungen" sprechen. Sie können sehr bedeutsam für einen Menschen sein. Sie stärken den Menschen auf dem spirituellen Weg und schwächen sein Streben nach Erfüllung durch irdische Güter. Sie können ihn aber auch dazu verleiten, sich für jemand Besonderen zu halten, sein Ich schwächen und ihn seinem Alltag und seinen Beziehungen entfremden. Ozeanische Erfahrungen sind also zwiespältig. Ignatius empfiehlt daher, dass der Getröstete „bestrebt [sei], sich zu demütigen und sich zu erniedrigen, soviel er nur kann, indem er bedenkt, wie wenig er zur Zeit der Trostlosigkeit ohne diese besondere Gnade vermag"[98]. Der existenzielle Beter befolgt diese Empfehlung, indem er sich bemüht, das Gefühlserleben als solches wahrzunehmen, sobald er merkt, wie die Erfahrung ihn überschwemmt und sein Denken in den Glücksgefühlen kreist. Auf diese Weise verschafft er sich Abstand dazu. Er ähnelt darin dem Menschen in Jesu Gleichnis vom Schatz im Acker (Mt 13,44), der zufällig einen Schatz entdeckt und um seinetwillen auf alles Haben verzichtet. Auch wenn solche ozeanischen Erfahrungen eine Gotteserfahrung begleiten können, sie sind nicht deren Kern. Sie sind nicht das Ziel. Das wahre Ziel liegt jenseits aller Vorstellungen und Empfindungen auf dem Grund des Nüchtern-Werdens: Es besteht in der Person-

---

98 Ignatius, GÜ 324.

werdung des Menschen, in seiner Gründung im Sein, in der Freiheit gegenüber dem Haben. Wer daher solche ozeanischen Erfahrungen in seinem Gebet sucht, folgt damit der Dynamik seiner eigenen unbewussten Weltkonstruktion, die solche Glückszustände haben möchte, um sich nicht bewusst sein zu müssen, was unangenehm, beängstigend oder leidvoll erscheint. Damit werden jedoch das Sein und seine Quelle verfehlt. Es ist „mehr vom selben" dieser verfehlenden Dynamik, „mehr vom selben"[99] zu wahrer Erfüllung untauglichen Streben. Echtes existenzielles Beten nimmt in seiner Methode die Einheit mit der Quelle des Seins darin vorweg, dass es im Bewusstsein sein lässt, was ist, ohne etwas verändern, verbessern, wegkriegen oder herbeiziehen zu wollen: Wenn ich bewusst bin, was ich bin, d. h., was ich von mir jeweils merke, verwirkliche ich mein Sein hier und jetzt. Ich bin, wenn ich traurig, unruhig, aufgekratzt usw. und mir dessen bewusst bin: „Denn es handelt sich darum, alles zu leben" (Rilke), all dessen bewusst zu sein, was ich bin. Das Unbefriedigende dabei ist das Ringen damit, dass dieses Sein jetzt und hier nicht den eigenen Vorstellungen entspricht und diese nicht gelassen werden können, solange der Grund sich nicht mitteilt, aus dem alles kommt und der alles versöhnt. Der johanneische Jesus gibt der Samariterin am Jakobsbrunnen, die ihn nach der richtigen Gebetsweise fragt, zur Antwort, dass Gott, der ja Geist sei, der weht, wo er will, und nicht zu begreifen ist, *im Geist und in der Wahrheit* angebetet werden müsse (Joh 4,25), d.h. offen, ohne Vorstellung und dessen bewusst, was ist. Wo der in seiner eigentümlichen Eigenwelt gefangene Mensch Vorstellungen von seiner Erfüllung braucht, um sie anstreben zu können, entwickelt der existenzielle Beter Haltungen: Offenheit, Empfänglichkeit, demütiges Loslassen von allem, was das bewusste Sein dessen, was er hier und jetzt ist, behindert, Geduld in Vertrauen und Hoffnung, die Liebe, die die Unsicherheit erträgt, bis das Gericht über das falsche Selbst ergeht. Rumi, der

---

99 Siehe Anm. 42.

große mittelalterliche persische Mystiker und Poet, hat diese Haltung verglichen mit der eines Gastwirtes:

„Ein Gasthaus ist dieses menschliche Dasein.
Jeden Tag eine Neuankunft.
Eine Freude, ein Kummer, eine Gemeinheit,
ein kurzes Achtsamsein
kommen als unerwarteter Gast.
Heiße alle willkommen und mach's allen schön!
Auch wenn sie ein Haufen Leiden sind,
die dir brutal alle Möbel rausfegen.
Egal. Behandle jeden Gast mit Respekt.
Vielleicht schafft gerade er dir Platz
für ganz neue Wonnen.
Den dunklen Gedanken, der Scham,
der Boshaftigkeit –
öffne allen mit Lachen die Tür
und lade sie ein, deine Gäste zu sein.
Sei dankbar für jeden, der kommt,
denn jeder wurde als Führer von oben geschickt."[100]

Wer Gott im Geist und in der Wahrheit anbeten möchte, ist auf Führer zu seiner Wahrheit angewiesen. Wer die Rüpel und dunklen Gestalten gleich abweist, hat sich ihrer möglichen Wegweisung beraubt. Also gilt es, sie da sein zu lassen: Phänomene wie Unlust, Unruhe, viele Gedanken, Zweifel, ob das Üben etwas bringt, Unfähigkeit, bei einem Meditationsgegenstand zu bleiben, Ärger, Langeweile, Öde, Gedankenfluten ... Manchmal kommt es heftiger: Gefühle wie Angst, Schuld, Scham, Aggression oder gar körperliche Schmerzen treten auf, Gäste im Rumi'schen Gasthaus des existenziellen Betens sind auch sie. Die Herausforderung besteht darin, sich erstens auf deren Wahrnehmung zu konzentrieren, statt sich zum von diesen Empfindungen imprägnierten Denken verleiten zu lassen und sich damit immer weiter ins Hochwasser der Gefühle zu begeben. Das ist nicht leicht, da Kognition und Gefühlserle-

---

[100] Rumi, Die Musik, die wir sind, S. 33.

ben die zwei Seiten der Münze Emotion sind und daher eng zusammenhängen. Zweitens gilt es, dabei entspannt und gewaltfrei auch gegenüber sich selbst zu bleiben. Auch das ist schwer zu verwirklichen, denn es ist kein in unserer Gesellschaft verbreitetes Wissen, dass Schmerzen und unangenehme Gefühlslagen, geschweige denn das Sterben, zum Leben gehören und Wege zur Erkenntnis der eigenen Wahrheit sind.[101]

Was Rumi so erheiternd und mitreißend beschrieben hat, sind Haltungen, die nur durch geduldiges und ausdauerndes Üben zu erlernen sind. Immer wieder heißt es aufstehen und neu anfangen. Sie sind ja nichts Geringeres als Einübung in die Nachfolge Jesu. Folgende drei Bedingungen sind für sie von wesentlicher Bedeutung (Lk 14,25–33):

1. Besitzverzicht: sich dem Leben stellen
2. sein Kreuz tragen: entkoppeln
3. die Familie verlassen: sich in Frage stellen lassen[102]

Die Suche nach der bleibenden Erfüllung ist also in Weg und Ziel so ganz anders als unsere Vorstellungen und Gewohnheiten. Deswegen braucht die Übung des Betens im Geiste des Vaterunsers immer wieder auch eine Begleitung ihrer Methodik.

Diese ist eng verbunden mit der **Begleitung der Themen**, mit denen der Übende im Gebet ringt, einer dritten Ebene der Begleitung. Die Methode existenziellen Betens ist ja eine Einladung an die Seele, sich zu öffnen. So können wichtige Themen ins Bewusstsein gelangen. Manche kennt der Beter zwar, doch kann er überrascht werden von der Bedeutung und Dynamik, die sie durch das Meditieren nun für ihn bekommen. Andere waren ihm bisher gar nicht bewusst. Manchmal poppen solche Themen auf, manchmal brauchen sie einen längeren Prozess, in dem sie ans Licht kommen. In diesem Fall kündigen sie sich an: Wenn z. B. im Gespräch über das Meditieren von einer unwillkürlichen körperlichen Bewegung bei der Me-

---

101 Sebastian Kleinschmidt, Schmerz als Erlebnis und Erfahrung. Deutungen bei Ernst Jünger und Viktor von Weizsäcker, in: ders.: Spiegelungen, S. 87–103.
102 Siehe ausführlich dazu: Dickerhof (2016), S. 181–220.

ditation, von einem plötzlichen Schweißausbruch, einem überraschenden Wechsel der Stimmung berichtet wird, dann lohnt sich oft die Mühe des Sich-Erinnerns, was denn unmittelbar zuvor den Geist des Betenden beschäftigt hat. Oder jemand erzählt ganz betroffen und in immer neuen Anläufen vom Krebstod einer Nachbarin, obwohl die Beziehungen zur Verstorbenen eher distanziert waren. Ja, das ist schlimm, aber so schlimm? Die Frage ist, was das eigene Thema hinter solchen Geschehnissen ist. Die offenbaren Phänomene können von noch unbewusstem Material hervorgerufen werden und damit Bote dessen sein, was den Meditierenden in seiner Tiefe beschäftigt. Ein Geschehen beansprucht einen Menschen umso stärker, je mehr es wie ein Schlüssel ins Schloss seiner inneren unbewussten Themen passt. Folgender Witz, der in Klerikerkreisen wohl zu Trost und Warnung aller Prediger erzählt wird, verdeutlicht das: „Nach der Messe kommt ein Mann in die Sakristei und lobt den Pfarrer: Auf Grund von dessen Predigt werde er sein Leben ändern. Der Pfarrer fragt ganz beglückt und auch etwas geschmeichelt, welcher Gedanke ihn denn besonders angesprochen habe. Der Mann: ‚Als Sie sagten: Jetzt komme ich zum zweiten Teil meiner Ausführungen.' Pfarrer: ‚???' Der Mann erklärt: ‚Da wusste ich, jetzt ist es höchste Zeit für mich, zum zweiten Teil meines Lebens zu kommen.'" Eine Floskel des Pfarrers, aber unser Mann ist davon getroffen. Für ihn hat sie Bedeutung. Er weiß sofort, was die Bedeutung ist und was zu tun ist. Das muss nicht immer so sein. Es kann sich aber klären, wenn der Betroffenheit Raum und Zuwendung gegeben wird.

Das begleitende Gespräch ist dafür ein Ort. Der Betroffene kann in der geschützten, durch Interesse, Empathie und Annahme seitens des Begleiters geprägten Atmosphäre des persönlichen Gesprächs sein Erleben in Worte bringen. Das allein sorgt bereits für mehr Ordnung in seinem Inneren. Der Begleiter fragt nach, wo ihm etwas undeutlich geblieben ist. Sein Augenmerk liegt allerdings weniger auf den Fakten als auf den inneren Bewegungen, vor allem den Gefühlen, die mit dem Erlebnis hier und jetzt verbunden sind. Damit können noch im

Dunkel liegende Vorgänge des Herzens in den Fokus der Aufmerksamkeit gelangen. Die emotionalen Reaktionen der Begleitperson können dem Begleiteten helfen, seine eigene Gefühlslage zu klären. Einfälle und Fantasien der Begleitperson können ein Baustein sein für einen anderen Blick des Begleiteten auf sich selbst. Darüber hinaus ist von Bedeutung für den Gesprächsprozess, dass in ihm auch Schweigen erlaubt ist. Das nimmt den Druck, Konversation machen zu müssen und etwas Geist- oder vermeintlich Hilfreiches gewissermaßen zu erfinden. Die erlaubte Stille trägt zu einer Gesprächsatmosphäre bei, die sowohl entspannt ist als auch Tiefe zulässt. Dazu verhilft manchmal die Verabredung, Stille zu halten, so dass der Begleitete sich in ihr auf seine innere Bewegung fokussieren kann, ihr nachspürt, während er bewusst atmet, und einfach unzensiert ausspricht, was ihm dabei einfällt.[103] So können Begleiter und Begleiteter einander begegnen. Und erleben dabei, dass erfülltes Leben in dieser Welt möglich ist, auch wenn nicht alle Probleme gelöst und alle Spannungen beseitigt sind. Das vermittelt die Gelassenheit, den Trost und die Stärke, im Geiste der Begegnung weiterzugehen.

Begleitung auf diesen drei Ebenen ist für existenzielles Beten wohltuend und hilfreich – und sie stiftet Gemeinschaft. Das erlebe ich in den Grundübungen im Ashram Jesu oder bei Ashramtagen. Die Teilnehmenden erleben einander im Sitzen und darüber hinaus in der Stille. Jeden zweiten Tag ist Raum, in der Gruppe mitzuteilen, wie es mit dem Meditieren gerade geht. Die Runde ist gedacht als eine persönliche Unterweisung jedes Übenden auf der methodischen Ebene. Doch dabei bleibt es nicht: Im Laufe der Tage wächst das Vertrauen durch die Erfahrung, angenommen zu sein. Die Einzelnen lassen dann auch ihre persönlichen Themen mit einfließen. Offenbar möchten Menschen gerne mitteilen, was sie bewegt, wenn der Raum ihnen genügend Annahme und Sicherheit bietet. Das existenzielle Beten legt dafür ein Fundament. Es ermöglicht Begegnung.

---

103 Gendlin; Wiltschko, Focusing in der Praxis.

3. Mein Leben: geführt

Bei einem Schulgottesdienst, den ich in den Anfängen meines Arbeitens als Priester in den achtziger Jahren des letzten Jahrhunderts zu halten hatte, kam in einem der vorgegebenen Texte oder Gebete der Satz vor, dass Gott die Geschichte und unser Leben führt. Ein Kollege sagte mir hinterher, dass dieser Gedanke ihm ganz fremd sei. Auch glaube er nicht, dass jemand mit diesem Gedanken etwas anfangen könne. Der Mensch sei der Macher der Geschichte und dafür auch verantwortlich. Mir wurde dadurch bewusst, dass auch mir eine Führung Gottes fernlag und in meinem Leben damals keine Rolle spielte. Ich wollte nicht verneinen, dass der Abfolge der Ereignisse des Lebens ein Sinn innewohnt, so dass sie den Menschen zu einem Ziel geleiten. Eine Erfahrung war mir das aber nicht.

Dabei ist es lange geblieben. Vor einigen Jahren fiel mir, anlässlich eines Geburtstages zurückblickend, jedoch auf, dass es in meinem Leben trotz allem auch eine Entwicklung zu mehr Gelassenheit, Offenheit, innerer Freiheit, vielleicht Ansätzen von Liebe gibt, die auch anderen aufgefallen war. Erstaunlich. Dann hätten die vielfältigen, erwünschten und unerwünschten Geschehnisse des Lebens doch eine Resultante in Richtung „Ich bin und ich liebe". Diese Möglichkeit bestärkt mich darin, bei Schwierigkeiten aller Art, bei gesundheitlichen Problemen, in Konflikten ... grundsätzlich die Spannung auszuhalten und Ruhe zu bewahren und einen Schritt erst dann zu machen, wenn er mir klargeworden ist. Denn ich vertraue zunehmend darauf, dass, was immer mir widerfährt, es mich in der genannten Richtung weiterwachsen lässt. *Was kann uns scheiden von der Liebe Christi?*, fragt auch Paulus. *Bedrängnis oder Not oder Verfolgung, Hunger oder Kälte, Gefahr oder Schwert? ... In alldem tragen wir einen glänzenden Sieg davon durch den, der uns geliebt* und, so möchte ich hinzufügen, sich für uns hingegeben hat und gestorben ist. Damit ist auch uns der Weg vorgezeichnet, auf dem wir zur selben zuversichtlichen Antwort gelangen, die Paulus gibt: *Denn ich bin*

gewiss: Weder Tod noch Leben, weder Engel noch Mächte, weder Gegenwärtiges noch Zukünftiges noch Gewalten, weder Höhe oder Tiefe noch irgendeine andere Kreatur können uns scheiden von der Liebe Gottes, die in Christus Jesus ist, unserem Herrn (Röm 8,35–39).
Mich interessierte, wie es anderen heute mit dem Gedanken einer Führung Gottes geht. Ich habe deshalb die Adressaten des Newsletters, den der Ashram Jesu regelmäßig versendet, gebeten, mir Texte zu schicken, „in denen Ihr von Begebenheiten erzählt, die Ihr als Führung Gottes versteht", und habe so viele Zuschriften erhalten, dass ich die meisten hier gar nicht unterbringen kann und etliche davon auch nur auszugsweise. Die Antworten spiegeln die verschiedenen Dimensionen wider, die das Thema hat.

3.1 Gottes Führung schafft eine Gelegenheit zum Danken

G. berichtet von einem „sanften und zugleich nachdrücklichen Widerstand, als ich völlig gedankenverloren direkt vor einen Bus laufen wollte". Als sie einmal mit dem Fahrrad unterwegs war, entlang einer Reihe parkender Autos, musste sie an Autotüren denken, die in die Bahn des Radfahrers hinein geöffnet werden, als „Millisekunden später, völlig unvorhersehbar, genau diese Situation entsteht, der ich deshalb ausweichen konnte". Sie kennt innere Impulse, „verrückte" Geistesblitze, die sie vorbereiten, in einem von ihr nicht bestimmbaren Zusammentreffen von Ereignissen ihren kleinen Beitrag zu liefern, der spürbar mithilft, das große Gefüge zu einem glücklichen Ergebnis zu führen. Oder die Erfahrung, dass sich etwas fügt, etwas gut ausgeht und ein Mehrwert entsteht, den aller guter Wille und alles Engagement so nicht hätten erreichen können: Eines Abends verließ G. ein Konzert ungeplant früher; auf einer unbelebten, ansteigenden Seitenstraße traf sie auf einen halbseitig gelähmten Rollstuhlfahrer, der sich abmühte, „zu Fuß" heimzukommen. Das bestellte Taxi war nicht gekommen und ohne fremde Hilfe war er auch nicht in der Lage, wieder mit der Gruppe Kontakt aufzunehmen, mit der er den Abend verbracht hatte. G. konnte sofort ein Taxi rufen. Im Nachgang zu diesem Erlebnis fühlte sich G. wie ein Werkzeug, das seine Erfüllung findet, wenn es sich frei verfügbar von Gott einsetzen lässt.

Eine solche Gelegenheit zu ergreifen kann allerdings auch Überwindung diverser Widerstände kosten: „Eines Abends im Klinik-Dienst", schreibt die Kinderärztin D., „bekam ich mit: Da war noch ein vier Monate altes Kind auf meiner Station aufgenommen worden, nur zum ‚Ausschlafen' nach einer Narkose für eine Kernspin-Augen-Untersuchung außerhalb. Grund: Das eine Auge war zu klein. Eigentlich sollte jedes neue Kind auf Station einmal ‚gesehen werden'. Aber: Es war ja gar nicht ‚mein Kind'. Und es war schon nach Ende meiner Arbeitszeit. Doch wer sonst sollte es anschauen? Wem ‚gehörte' es eigentlich? Wer war dafür zuständig? Der Augenarzt war extern. Die Anästhesisten auch. Die Radiologen ebenso. Also blieb nur ich. Doch ich wollte mich ja auch nicht unbefugt in fremde Zuständigkeiten einmischen! Innere Stimme aus dem Off: ‚Jedes Kind gehört einmal angeschaut, und jetzt bist Du nun mal da: Auf!' Also gut, ich ging hin, sah beim ersten Blick von der Tür aus, dass das Kind einen auffällig großen und seltsam geformten Kopf hatte. Ich fragte die Mutter ein wenig, die angab, was alles schon länger nicht stimme, und in letzter Zeit wurde dies und jenes schlimmer oder trat neu auf ... Sie hatte aber wenig Gehör damit gefunden. Ich ging näher heran und fasste so nebenbei gezielt auf die Fontanelle (noch offene Schädelnähte), die ungewöhnlich groß war und prall – wie es nicht sein darf. Offenbar war das noch niemandem aufgefallen. Ich fragte, ob schon mal ein Ultraschall des Köpfchens gemacht worden sei? Nein, nie. Sofort meldete ich für den nächsten Morgen vor der Entlassung einen Ultraschall des Köpfchens an. Am Folgetag rief mich der Ultraschall-Kollege an: Das Kind hatte einen ausgeprägten Hydrocephalus (Wasserkopf), schon mit Hirndruckzeichen. Es folgte noch am selben Tag eine CT-Untersuchung des Schädels und unmittelbar darauf eine entlastende Operation. Einige Wochen später fand sich die Ursache: eine seltene, aber sehr schwere Infektion, die zu solchen Erscheinungen (das „kleine Auge" war nur ein Teil-Befund) und leider auch bleibenden Schäden führt. Aber immerhin konnte man jetzt eine Behandlung beginnen und ein Fortschreiten der Erkrankung verhindern. Im Nachhinein war ich beschämt, dass ich gezögert hatte, in das Zimmer zu gehen; denn ohne dies wäre das Kind wohl am nächsten Morgen einfach entlassen worden. Ich kam mir vor, als hätte ‚Gott mich da hingeschickt', um das Kind ‚herauszufischen' – und bin dankbar, dass ich diese Stimme gehört sowie ernst genommen habe und ihr gefolgt bin."

Loslassen der eigenen Vorstellungen, Wünsche und Bedenken – bei D.: „nicht zuständig", „Feierabend" – kostet Selbstüberwindung, die in einem Wunder im Alltag endet, das Staunen und Dankbarkeit auslöst.

E. R.s Geschichte beginnt mit einer Enttäuschung – und endet damit, dass ihr ein ganz und gar unerwartbarer Weg zu mehr Wohlbefinden eröffnet wird: „Du erinnerst Dich", schreibt sie mir, „dass ich mir bei meinem Aufenthalt [im Ashram Jesu] im Sommer letzten Jahres am zweiten Tag einen Bänderriss am Sprunggelenk geholt habe und abbrechen musste. Am Wehr hinter dem Haus ist es passiert. Natürlich war ich enttäuscht, ‚im Zweiten dann' hab ich versucht, zu hören, ob da eine Botschaft für mich ist. Ich habe nichts erkennen können.

Als nach ca. sechs Wochen der Fuß so weit war, dass ich wieder normale Schuhe anziehen konnte, musste ich die Erfahrung machen, dass ich in keinen Schuh mehr passte. Schon länger war Schuhekaufen ziemlich frustrierend, weil ich breite Füße habe, aber so war es noch nie. Schließlich hat mir ein orthopädischer Schuhmacher einen Therapieschuh verpasst und den Tipp gegeben, ob ich nicht über einen Arzt probieren wolle, einen Zuschuss von der Krankenkasse zu bekommen. Dieser Tipp und die Achtsamkeit des Arztes, den ich aufsuchte, haben dazu geführt, dass eine Zufalls-Diagnose einer Krankheit zustande kam, die ich wohl schon länger in mir trage und die jetzt endlich behandelt werden kann. All das verdanke ich letztlich dem Bänderriss bei Euch."

Bei der negativen Bewertung eines unerfreulichen Ereignisses – des Bänderrisses und der vorzeitigen Abreise aus dem Ashram – muss es nicht bleiben, wenn die betroffene Person wie E. R. „im Zweiten versucht zu hören", also sich wieder öffnen kann für einen möglichen Sinn.

Von einer inneren Vorbereitung auf ein Ereignis ganz anderer Art spricht Magdalena Wenig, die mir erlaubt hat, ihren Namen zu nennen. Sie schickte meiner Kollegin Petra Maria und mir am 9. September 2019 folgenden Brief:

„Lieber Bertram, liebe Petra,

ich habe das Bedürfnis euch wissen zu lassen, warum ich mich schon lange nicht mehr gemeldet habe. Ich hatte am Heiligabend 2016 – während der Kinderkrippenfeier in der Pfarrei – einen Schlaganfall, bin linksseitig gelähmt und sitze im Rollstuhl. Seitdem habe ich emotional und spirituell mehrere Achterbahnfahrten hinter mir. Ich war voller Aggression und Zorn meinem Gott gegenüber, dann durfte ich die Erfahrung machen, dass er zumutet, mich aber nicht alleine lässt, und inzwischen darf ich entdecken, dass das Leben Erfahrungen bereithält, die ich ohne den Schlaganfall wahrscheinlich nicht entdeckt hätte. Und ich bin sicher, dass mich die Erfahrungen, die mir in den Ashram-Aufenthalten – besonders während meiner Auszeit – geschenkt wurden, darauf vorbereitet haben, ohne zu ahnen, was auf mich zukommen wird. Überhaupt glaube ich, dass ich vorbereitet wurde, das wird mir im Zurückblicken immer bewusster. Mich begleitet schon länger und immer wieder die biblische Frage: ‚Musste nicht all das geschehen?'

Lieber Bertram, liebe Petra, während ich das geschrieben habe, habe ich wieder einmal eine Runde geweint. Das gehört zu mir und ich erlebe es inzwischen als befreiend. Ich danke euch beiden für alles, was ich im Ashram erleben durfte, für eure Begleitung, euer Dasein!

Ganz liebe Grüße
Magdalena"

Dieser Brief enthält Worte, die Raum brauchen, um nachklingen zu können: halbseitig gelähmt! Das ist kein Pappenstiel. Welche Einschränkung des Lebens. Ständig ist man mit ihr konfrontiert, ständig braucht man die Hilfe anderer. Und dennoch kann Magdalena schreiben: „Inzwischen darf ich entdecken, dass das Leben Erfahrungen bereithält, die ich ohne den Schlaganfall wahrscheinlich nicht entdeckt hätte." Was sie erlebt hat, verbindet sie mit der Frage „Musste nicht all das geschehen?", die Jesus an die Jünger auf dem Weg nach Emmaus richtet. Doch Magdalena lässt etwas weg. Der ganze Vers lautet nämlich: *Musste nicht der Christus das erleiden und so in seine Herrlichkeit gelangen* (Lk 24,26)? Hat ihr alltägliches Leiden in der Tiefe mit Auferstehung und Herrlichkeit zu tun?

3.2 Das Geschenk eines Symbols

Wir tragen etwas in uns, eine Suche, eine dunkle Ahnung, aber wir können es nicht greifen. Es ist da, es ist wichtig, aber es entzieht sich uns. Da ist es ein Geschenk, wenn wir dieses Unbekannte in einem Symbol erfassen können. Es macht uns etwas Bedeutsames anschaulich, hält es uns lebendig, begünstigt die Auseinandersetzung damit und lässt uns weitergehen.

Anja stellt uns unter der Überschrift „Wie das Igelchen mein Herz für eine tiefe Liebe zu allem, was lebt, öffnete" folgende Geschichte zur Verfügung:

„Es gab eine Phase in meiner Kindheit, da bin ich sonntags alleine in die Kirche gegangen. Ich kann nicht mehr sagen, warum, aber es war sehr bedeutungsvoll für mich. Der liebe Gott war für mich damals sehr konkret. Er war der, den ich bitten konnte, mir diesen oder jenen wichtigen Wunsch zu erfüllen oder mir beizustehen. Mit der Pubertät habe ich meinen Glauben verloren. Der Kindergott funktionierte nicht mehr, einen Erwachsenengott habe ich nicht gefunden. Also bin ich aus der Kirche ausgetreten. Ich sah zwar, dass der ‚Verein' Kirche auch eine sehr gute und wichtige Arbeit tat. Mir fehlte aber der wichtigste Anfangsgrund, der Glaube an einen Gott, um weiter ‚Vereinsmitglied' zu sein. Das war lange Zeit stimmig für mich.

Dann, mit über fünfzig, kam ich in eine existenzielle Krise. Bei der Arbeit scheiterte die Zusammenarbeit mit einer Mitarbeiterin. Es kam zu einem schlimmen Machtkampf. Am Ende ging es um meinen oder ihren Kopf. Alles, alle Arbeitskontakte, alle Beziehungen zu den Kollegen und Mitarbeitern, der Seelenfriede aller, besonders aber ihrer und meiner, litten jämmerlich darunter.

Ein paar Jahre zuvor hatte ich wieder begonnen, Yoga zu machen. Dadurch begann ich, mich mit dem Buddhismus zu beschäftigen und darüber auch wieder mehr und mehr mit dem Christentum. In meiner Not ging ich manchmal in eine Kirche, um dort zur Ruhe zu kommen oder zu weinen. Auch an den Messen nahm ich manchmal teil. Das weckte eine tiefe Sehnsucht in meinem Herzen. Jedes Mal, wenn ich aus dem Gottesdienst kam, kam ich ins Leben zurück wie aus einer andern, vielleicht wie aus einer tieferen Welt. Vom dreieinigen Gott konnte ich den Heiligen Geist deutlich spüren und auch ganz ja zu ihm sagen. Jesus fand ich oft seltsam, aber interessant. Und Gott? Nein, Gott kann ich nicht sehen, fühlen oder verstehen. Vielleicht hadere ich auch mit dem Gottesbild der Kirche. Die Worte passen nicht für mich. Und trotzdem suche ich ihn.

Eine sehr tiefe Beziehung zum Heiligen Geist habe ich dann in der Begegnung mit einem Igelchen erfahren. Es war eine ganz alltägliche Sache, und trotzdem war sie für mich auch ein Wunder. Vorletzten Winter fanden Nachbarskinder in unserem Garten tagsüber in der Wiese ein Igelchen, auf der Seite liegend, noch atmend, etwa eine Woche alt. Mein Mann und ich haben dieses Igelchen aufgenommen. Mit viel Sorge um sein Wohlergehen und viel Pflege haben wir es über den Winter gebracht. Das Igelchen wollte leben, war schüchtern, brauchte Futter von uns und wollte zugleich seine Ruhe und Freiheit. Es war so schwach und gleichzeitig so stark und selbstständig. Das Igelchen und ich haben uns in diesem Winter, bevor es in den Winterschlaf gegangen ist, oft angeguckt. Ich meine, dass ich dabei etwas von seiner Seele gesehen habe. Und in mir ist eine tiefe Liebe entstanden, zu diesem Igelchen, aber zugleich auch zu all den tausend Wesen in der Natur. Ich habe diese Liebe als bedingungslos und allumfassend erfahren und empfinde sie als ein Geschenk, als ein Wunder. Auf meinem Schreibtisch steht ein Foto von dem Igelchen. Wir haben es gemacht, bevor wir es nach dem Winterschlaf wieder in die Natur zurückgebracht haben. Wie es dem Igelchen seitdem ergangen ist, weiß ich nicht. Ich denke, es ist seinen Weg gegangen. Wenn ich das Bild anschaue, spüre ich aber vor allem die Liebe wieder und denke, das ist es, was zählt, mehr als alles andere. Und gerne möchte ich mich von dieser Liebe führen lassen. Ich begreife sie als einen Teil meiner Suche nach Gott. Ob ich Gott finden werde, weiß ich nicht."

Das Igelchen wird zum Symbol für Anjas Sehnsucht, die Erfahrung einer bedingungslosen und allumfassenden Liebe, und zugleich macht es diese Liebe gegenwärtig und erfahrbar.

Offenbar werden die richtigen Symbole zufällig gefunden: So war's beim Igelchen, so ist es in der Begebenheit, die Elisabeth Jakobsmeyer erlebt hat. Elisabeth, inzwischen selbst Rentnerin, führt die lange Tradition der Glaubenstage für Frauen aus dem Bistum fort mit einem Treffen, bei dem „der rote Faden Deiner Liebesgeschichte, Gott, mit mir, der sich durch jeden Tag des Lebens zieht", Thema sein soll. Für die gestaltete Mitte im Veranstaltungsraum müht sie sich um ein Symbol für dieses Thema, hat Ideen, verwirft sie, hat keinen Erfolg, bis sich zufällig Folgendes ereignet: „Als ich zurück zu meinem Platz gehe, fällt mein Blick auf ein Osterei, das seit Ostern – wie in jedem Jahr – an einem Relief an meiner Zimmerwand hängt. Blitzartig wird mir klar: Das ist der „rote Faden" für die Mitte. Das Osterei selbst ist aus Glas gefertigt, und in dem Glas ist ein roter Faden, gestrickt in Ei-Form, angebracht. Das gesamte Ei hängt an einem roten Satinband. Ein ‚Wunder' des Findens, des ‚Be-greifens' ein paar Tage nach dem Pfingstfest 2019. Mir ‚gehen die Augen auf'. Ich bin nur glücklich, ich staune und sofort ist mir die Tiefe dieses Symbols klar. Der Tod, der jeden Menschen treffen wird, lässt ‚durchblicken'. Jedes Leben, im Zeichen des roten Fadens [von Gottes Liebe] gestrickt, ist ein-

malig und unverwechselbar, eben ein Unikat. Wir sind umgeben von Gottes Liebe – unsichtbar wie das Glas – aber wunderbar gehalten und im Ei-Symbol sind alle Menschen zum Leben in der Fülle und im Licht Gottes bestimmt."
Der Tod wird uns Menschen ganz öffnen für eine Liebe, die uns bereits jetzt umgibt, für die wir aber immer wieder verschlossen sind. Und dennoch ist sie der rote Faden in unserem Leben, der unser „Ei" ausbrütet und zur Fülle dieser Liebe hin reifen lässt. „Die Veranstaltung war ein ‚Segen'", schreibt Elisabeth. Sie hat etwas in Bewegung gebracht bei den Teilnehmerinnen. Die, meistens ältere Frauen, haben dies gespürt und sie konnten sich selbst erstaunlich öffnen. Der Tod ist nicht das Ende der Liebesgeschichte Gottes mit uns Menschen, sondern ihre Erfüllung.

Für Frank Speelmans wird durch das Ereignis, das er uns berichtet, die Welt durchsichtig auf ihren Grund hin, so dass er darin Ja zu sich und seiner Krankheit sagen kann. Das löst eine Veränderung aus. Frank schreibt:

„Zurzeit mache ich eine längere Therapie in einer Klinik wegen einer schweren depressiven Episode. Der Weg nach unten ist manchmal nicht begrenzt. Wie ein Baby keinen Zeitbegriff hat, so fühle ich oft keinen Anfang und kein Ende. Eine Art Ewigkeit.

In diesem Zustand begegnete mir vor nicht allzu langer Zeit auf dem Bahnsteig des Frankfurter Hauptbahnhofs eine Frau, eine Schwarzafrikanerin. Sie hatte zwei riesige Koffer, eine schwere Tasche und einen kleinen Jungen dabei und sprach nur französisch. Ich folgte dem Impuls, ihr zu helfen, und sie bat mich, sie zur Haltestelle des FlixBus zu bringen. Der Kleine fiel mir auf. Er war nicht älter als vier Jahre, sehr konzentriert und die Ruhe selbst, obwohl seine Mutter völlig überfordert war. Schweigend folgte mir der Junge und sah mich an, als denke er über mich nach und lege sich einen Plan zurecht. Ich schleppte Mutter, Kind und Gepäck zur Station. Mein eigener Bus wartete bereits. Die Frau ging mir auf die Nerven, denn sie missachtete meine eigene Eile. Noch immer stand der Junge inmitten des Durcheinanders und betrachtete mich seelenruhig. Irgendwann war dann das Problem gelöst und ich wollte gehen. Der Junge protestierte und stellte sich mir in den Weg. Er zeigte auf eine Tüte Gummibärchen, die ich sichtbar in der Tasche hatte. Das war ein wirklich schöner Moment. Ich gab ihm welche und kam noch rechtzeitig zu meinem Bus. Auf der Heimfahrt in Sturm und Hagel war ich bei dem Jungen. Er hatte etwas in Gang gesetzt. Es gibt manchmal, wenn auch selten, Dinge, die wir mit allem wissen, was wir haben. Mit dem Kopf, dem Herzen, in guten und schlechten Stunden. Das sind die wenigen Schätze, die uns bleiben. Der kleine Junge hat mir nichts gezeigt. Aber seit diesem Abend weiß ich doch etwas über Gott. Er wird für mich erlebbar als Verbindung, als Klebstoff, als Kitt, als Nahtstelle zwischen Schmerz und Seligkeit, zwischen Himmel und Hölle. Er fügt mich zusammen als ein Ganzes. Ich bin glücklich über die Momente, in denen ich das spüre. Sie kommen, da ich sie nun einmal kenne, immer wieder und mehren sich.

Woran erkenne ich Gottes Führung? Wir sind so gebaut, dass wir immerzu Sinn erzeugen wollen. Wir machen aus zwei Informationen unweigerlich eine dritte und verbinden sie ebenso schnell mit einer vierten. Dabei helfen wir uns oft mit Vergleichen. Alles kann man in Gleichungen erklären und es beschreiben mit ‚es ist wie …'. Es kommt im Grunde nichts dabei heraus. Manchmal aber erleben wir Unvergleichliches. Etwas, das in seinem Erleben genügt, auf nichts anderes verweist und keine Erklärung will. Und wiederum nur manchmal offenbart sich darin ein Erleben von Verbindung mit dem Ganzen. Ich kenne nur zwei Begriffe, die kein Gleichheitszeichen mit sich führen: Gott und Liebe. ‚Wenn ich es mit nichts gleichsetzen kann.' Daran erkenne ich Gottes Führung.

In der Klinik töpfern wir. Ich mache Teetassen wie die Japaner, zerbreche sie, klebe sie wieder zusammen und vergolde die Bruchstellen."

Eine Begegnung auf dem Frankfurter Hauptbahnhof. Frank, gefangen in der Nacht der Depression ohne Anfang und ohne Ende, wird unvermittelt erreicht von einer Frau mit viel Gepäck und Kind. Er eilt ihr zu Hilfe. Die Aktion nimmt bizarre

Züge an, da die überforderte, die Hilfe eher behindernde Frau nervt und keine Rücksicht auf den Helfer nimmt, der seinen Bus auch erreichen will. In dieser Situation wirkt der kleine Junge, der dabei ist, wie ein Fremdkörper aus einer anderen Welt: gesammelt, die Ruhe selbst, nachdenklich. Frank fühlt sich von ihm aus Augen betrachtet, die tief in seine Seele blicken. Schließlich kommt es über die Gummibärchen noch zu einem schönen Moment zwischen den beiden. Am Ende ist alles gut, auch Frank erreicht noch seinen Bus. Die Begebenheit enthält mindestens zwei Bruchlinien. Eine läuft durch Frank selbst: Der in Depression Gefangene kann plötzlich zum aus ihr befreiten Akteur werden. Die zweite liegt in der Episode: Sie verläuft zwischen der aufgeregten Welt der Frau und dem in sich ruhenden, weisen Kind. Das Erlebnis wird für Frank zum Symbol Gottes und zu einer Erkenntnis, die er „mit allem weiß, was er hat", mit Kopf und Herz, eine Gewissheit, die in guten und schlechten Stunden gilt und nicht mehr verloren geht: Gott ist die Nahtstelle „zwischen Schmerz und Seligkeit, zwischen Himmel und Hölle". Er ist dort, wo die Gegensätze sich berühren. Er ist nicht einfach Seligkeit, Himmel, Gesundheit, sondern die Grenze zwischen Ruhe und Chaos, zwischen Licht und Finsternis. Er umfasst die Teile und macht den Menschen ganz. Darum werden die Ränder der zerbrochenen japanischen Teetassen, die Grenzen der Bruchstücke, die wir sind, vergoldet. Und das Erfahrene ist unvergleichlich. Es gibt keine Worte, die es auch nur vergleichsweise ausdrücken könnten: „Wenn ich es mit nichts gleichsetzen kann", wenn es jede Erwartung, jede Vorstellung überholt, dann handelt es sich um Gott, der die Liebe ist.

Nicht immer wird ein Ereignis sogleich als Symbol erkannt. Doch das Ereignis bewegt und beschäftigt innerlich und allmählich lichtet sich der Nebel und es wird klar, was es einem sagen will. So ist es Elisabeth F. ergangen: Auf einer Wandertour mit einer Freundin schlägt das Wetter um. Es beginnt in Strömen zu regnen und zu hageln. Die beiden laufen zurück zum eben passierten Dorf, um dort eine Möglichkeit zu finden, sich unterzustellen. Da ruft ihnen eine Frau von der Terrasse ihres Hauses aus zu, ob sie sich nicht wegen des Unwetters bei ihr unterstellen wollten. „Das nahmen wir gerne an. Auf der Terrasse angekommen, bot uns die Frau – um uns die Wartezeit zu verkürzen – einen wunderbaren, frisch aufgebrühten Cappuccino mit Milchschaum an" – und erfüllte damit den kurz zuvor gehegten Wunsch nach einem Kaffee, der aber wegen nicht vorhandenem Café in diesem Dorf nicht zu realisieren gewesen war. Als wäre der Wunsch der beiden gehört worden. Schön das Ganze, eine Freude – aber damit ist die Begebenheit für Elisabeth nicht erledigt: „Diese Geschichte beschäftigte mich noch am nächsten Tag: Immer wieder kam mir die Frau in den Sinn. Ich dachte darüber nach, warum sie uns wohl eingeladen hatte und was ihre Beweggründe gewesen sein mögen. Ich versuchte, mich an ihre Stelle zu setzen, und überlegte, ob ich ebenso wie sie gehandelt hätte: zwei wildfremde Wandernde, die an meinem Haus vorbeigehen, einzuladen, ihnen Schutz bei mir zu gewähren und einen Kaffee anzubieten.

Als ich mich am nächsten Tag morgens zum Meditieren hinsetzte, kam mir unvermittelt wieder das Bild der Frau vor mein inneres Auge. Als ich kurz zu der Situation hinfühlte, überkam mich ein kurzes heftiges Schluchzen. Darauf folgte ein nächstes Bild: Wir hatten vor Jahren bei einem Urlaub in Irland für eine Nacht einen Platz für unser Zelt gesucht und bei einem alten, halb zerfallenen Bauernhaus angeklopft. Eine alte Frau öffnete und bot uns außer einem Platz für unser Zelt Tee und sogar Kekse an. Und wieder überkam mich ein kurzes, heftiges Schluchzen. Und noch ein drittes Mal mit der auftauchenden Erinnerung an eine weitere Begebenheit ähnlicher Art.

Normalerweise denke ich über solche Ereignisse, die während der Meditation passieren, nicht groß nach. Ich nehme sie einfach an als eine Botschaft über einen Prozess in meinem Innern, wo sich etwas löst. Weil mir aber während dieser Meditation gleich dreimal hintereinander ähnliche Bilder hochkamen, dachte ich doch noch ein wenig darüber nach, und mir kam in diesem Zusammenhang eine weitere Begebenheit in Erinnerung: Ich hatte wenige Tage zuvor eine Kollegin dabei beobachtet, wie sie einer jungen, verwahrlost wirkenden Frau –

ohne zu zögern – einen Euro in die Hand drückte, als diese sie anbettelte, während wir zusammen an einer Tram-Haltestelle warteten. Ich hatte der jungen Frau nichts gegeben, weil ich mich in solchen Situationen immer in einem Widerstreit unterschiedlicher Gedanken, Überlegungen und Gefühle wiederfinde und deshalb oft nichts gebe. Und wenn, dann gebe ich vielleicht ein paar kleine Münzen. Die Großzügigkeit, mit der meine Kollegin, ohne zu zögern, einen ganzen Euro gab, war mir nachgegangen und hatte mich beeindruckt.

Wenn ich mir all diese Erlebnisse zusammen anschaue und in einen Zusammenhang bringe, so merke ich, dass ich berührt davon bin, wie sehr ich immer wieder von Gott gesehen und beschenkt werde. Wie ich in meinem momentanen Bedürfnis von einem Menschen wahrgenommen werde und wie ich Antworten auf meine unausgesprochenen Fragen und Bedürfnisse bekomme.

In meiner Herkunftsfamilie war Sparsamkeit ein sehr hoher Wert. Diese große Sparsamkeit, die heute für mich eigentlich nicht mehr notwendig ist, hemmt mich in vielen Situationen. Ich hoffe, dass mir diese Erlebnisse im Leben und im Beten vielleicht nach und nach dazu helfen, dass ich beim nächsten Mal, wenn ein Mensch mit einem klaren Bedürfnis an mich herantritt, spontaner sein kann und – ohne lange zu überlegen und nachzudenken, ob das jetzt an dieser Stelle angebracht, gerechtfertigt oder gut ist oder auch nicht – einfach mitfühlend und großherzig das tun kann, was in diesem Moment gerade das Naheliegende ist."

Dass fremde Menschen Elisabeth in ihrer jeweiligen Bedürftigkeit erkennen und sich ihr gegenüber großzügig erweisen, wird für sie zu einem Symbol für Gott, der sie sieht und beschenkt. Das Alltagsgeschehen offenbart Gott. Das lässt sie nicht unverändert. Durch das Erleben der Großzügigkeit anderer wird sie mit dem aus ihrer Erziehung übernommenen, aber nicht mehr zu ihren heutigen Verhältnissen passenden Gebot der Sparsamkeit konfrontiert. Wie Perlen auf einer Kette fallen ihr plötzlich mehrere Begebenheiten ein, die alle in dieselbe Kerbe treffen, dieselbe Wunde berühren: erlebte Wohltat großzügigen Beschenkt-Werdens versus Sparsamkeit, am eigenen Leib erlebt und bis heute weitergeführt. Diese unerwartete Begegnung mit der bedingungslosen Freigebigkeit anderer berührt sie sehr, sie muss mehrfach aufschluchzen, und gleichzeitig tut es ihr gut, weil sich etwas löst, was hart geworden war. Sie erkennt in ihren heilsamen Tränen, wie sehr sie immer wieder von Gott beschenkt wird und wie sehr sie in ihrem Zwang zur Sparsamkeit blockiert ist. Und wie weit sie von sich selbst entfremdet ist und entfernt von einer natürlich überfließenden Liebe, die sich aus ihrer Fülle heraus einfach verschenken muss. Es löst sich etwas, und sie gewinnt ein Stück ihrer inneren Freiheit zurück. Das Symbol gewinnt eine sie verwandelnde Kraft.

3.3 Führung Gottes – ein Prozess innerer Wandlung

Viele der Zuschriften, die ich zum Thema der Führung Gottes erhalten habe, erzählen von einer oft schon lange währenden Störung im Alltag, einem Konflikt, einer Spannung, die sich immer wieder in unguten Begegnungen manifestiert, oder von etwas Schwerem, das auf einem selbst liegt und das man nicht abschütteln kann. Durch die lange Dauer der Störung müssen die Protagonisten einen inneren Weg gehen, der sie in tieferen Kontakt mit sich selbst bringt und sie verwandelt. Am vorläufigen Ende dieses Weges steht etwas Lösendes. In folgendem Erlebnis kann Ernestine[104] die Führung Gottes erblicken:

„Die Beziehung mit C., von der ich erzählen will, begann mit vielen guten, intensiven Gesprächen und schien sich in Richtung einer Freundschaft zu entwickeln.

Unser beider Begrenzungen ließen das jedoch nicht zu.

C. verletzte mich immer wieder in mein Seelenmark hinein, denn ohne es zu wissen oder zu ahnen, traf er ganz gezielt meine ‚wunde' Stelle – bei Siegfried war sie zwischen den Schulterblättern, bei Achilles an der Ferse –, von der ich nicht wirklich etwas wusste. Vielleicht tat ich Ähnliches, ohne es

---

104 Name vom Autor geändert.

zu wissen. Hier liegt der zweite wunde Punkt: Ein wirkliches Gespräch über diese Verletzungen gab es nie und gibt es bis heute nicht. Im Laufe der Jahre habe ich viel aus diesem Leiden gelernt: Ich weiß heute um meine wunde Stelle und kann sie schützen. Ganz realistisch schätze ich meinen Anteil am Leid in dieser Beziehung genauso groß ein wie den seinen. Ein modus vivendi schien sich einzustellen, wir kamen ziemlich gut miteinander klar.

Ziemlich. Immer wieder bohrte irgendetwas in mir und bog unsere Gespräche in eine Richtung, die ich eigentlich nicht wollte. Scheußlich. Er wehrte sich prompt mit einem Stich in meine wunde Stelle. Warum tat ich das?

Ich erkannte: ‚Ich will Vergeltung für das mir zugefügte Leid, ich will Rache. Ich kann ihm nicht vergeben!!!'

Das war eine entsetzende Erkenntnis. Ich bemühte mich um eine Lösung des Problems, ohne Erfolg. Dann entdeckte ich neu die Vaterunser-Bitte: Vergib uns unsere Schuld, wie auch wir vergeben unseren Schuldigern. Und ich betete, vergeben zu dürfen.

So zu Beginn der Fastenzeit merkte ich im Gebet: Gott hat mich erhört. Ich betrachtete das alles mit großer Aufmerksamkeit und auch mit ziemlichem Vorbehalt. Tatsächlich verlaufen die Treffen mit C. seitdem anders als vorher. Nichts pikt mich mehr zu provozieren. Ich hake nicht mehr fest, er schuldet mir nichts. Er ist frei. Und ich bin es auch."

Die Verletzungen aus der Beziehung mit C. enthüllen Ernestine in einem Jahre währenden Prozess ihre wunde Stelle. Sie lernt sich selbst besser kennen. Doch ihre Rachewünsche bleiben ihr zunächst noch verborgen. Deren Offenbarung beginnt, als sie merkt, dass im Gespräch mit C. etwas in ihr die Regie übernimmt und dem Gespräch eine Spitze gibt, die sie bewusst gar nicht will. Ernestine muss an diesem Phänomen drangeblieben sein. Nur so konnte sie ihre Wahrheit entdecken: Ich will mich rächen. Sie ist entsetzt darüber, möchte vergeben und muss feststellen: Sie kann es nicht. Im Vaterunser entdeckt sie neu, dass um die Fähigkeit zu vergeben gebetet werden muss, dass Vergebung also nicht allein eine Sache des Menschen und seiner Anstrengung ist. Das entlastet sie, und sie kann mit ihrer Ohnmacht in der Spannung von Rache- und Vergebungswunsch aushalten. Das bereitet den Boden für die Befreiung, die sie erfährt. Doch anscheinend sieht Ernestine nicht nur das Ergebnis als geführt an, sondern den ganzen schmerzhaften Prozess: die scheußlichen Szenen in der Beziehung mit C., das schmerzliche Innewerden der eigenen wunden Stelle und ihrer Rachewünsche, die ihr Verhalten gegen ihren Willen bestimmten, und schließlich das Erleben der Unfähigkeit zur Vergebung. Sie wird verwandelt durch den gesamten Weg: „Ich hake nicht mehr fest, er schuldet mir nichts. Er ist frei. Und ich bin es auch."

Für D. gewann eine Be-drückung, die sie schon aus ihrem Alltag kannte, in einer Intensivzeit der Meditation eine solche Dynamik, dass sie diese nun auch körperlich sehr intensiv spürte: Sie empfand sich in einer Weise gebeugt, die schwer auszuhalten war. Die Frage steht im Raum, wie sie mit der nun überdeutlich spürbar gewordenen Lebenseinengung weiter umgehen kann. Sie erzählt: „Auf der Heimfahrt, ca. 6 Stunden, war ich in ungewohnt heftiger Weise erfüllt von einer starken Unruhe mit dem Impuls: ‚Du musst nochmal Kontakt aufnehmen mit …!', einer Supervisorin, bei der ich im vergangenen halben Jahr im Hinblick auf meine Aufgaben mehrere sehr intensive und wirkungsvolle Coaching-Stunden erlebt hatte. Wegen Rollenvermischungen hatten wir jedoch einvernehmlich beschlossen, diese gemeinsame Arbeit vorerst zu beenden. Das war für mich nicht ganz leicht, aber einsichtig." Ihre Supervisorin fällt ihr ein, die kennt sie, hat gute Erfahrungen mit ihr gemacht, ja, sie ist die passende Ansprechpartnerin in dieser Situation. Doch sie und D. haben das Coaching aus Vernunftgründen ja eingestellt – und sich diesbezüglich voneinander klar verabschiedet. D. schreibt weiter: „So reagierte ich innerlich auf den Impuls, mich nochmals an sie zu wenden, mit Abwehr: ‚Das geht doch nicht! Wir haben es anders ausgemacht! Sei doch zufrieden: Es war ein guter Abschluss, du hast schon so viel gelernt, hast gerade gute Exerzitien gehabt usw.' Die Unruhe blieb, äußerst intensiv. Anderthalb Stunden vor der Ankunft gab ich nach: ‚Also gut, ich nehme nochmal Kontakt auf.' Schlagartig war die Unruhe weg: beinahe Frieden." D. tut hier etwas Neues. Sie gibt der scheinbar so vernünftig daherkommenden Strenge nicht nach, sondern erlaubt sich vielmehr, ihrem tiefen Wunsch nach einer weiterführenden Verständigung mit dieser Supervisorin zu folgen. „Was dann kam, war über etliche Monate eine für alle sehr mühsame Zeit, weil ich selbst gar nicht klar fassen, geschweige denn benennen konnte, was mein Anliegen überhaupt war?! Ein knappes Jahr später hatte sich nach gemeinsamem Ringen eine ganz andere Spur aufgetan, die klar zeigte: mein Impuls (SEIN Impuls?!) war richtig gewesen: dies war nur die Brücke." Die eigentliche Wunde, für die das Erleben der Beengung und des Gebeugt-Seins nur ein Symbol war, zeigte sich nach einem knappen Jahr gemeinsamer Arbeit. Die „unmögliche, verbotene" Kontaktaufnahme mit der Person der Supervisorin erwies sich als der Weg dahin, den D. rückblickend als Wink Gottes versteht. D. schreibt heute: „Mittlerweile ist Jahre später ein ganz anderer, vielfältiger und intensiver Prozess daraus geworden, der durch Suche, harte Arbeit, unerwartete Verknüpfungen und sehr gute Erfahrungen hindurch zu einer ‚Aufrichtungs-Bewegung' geführt hat, einem spürbaren Mehr an Leben und Freiheit, das sich auch über mich hinaus weiter auswirkt. Für all dies bin ich zutiefst dankbar." Ein wichtiger Schlüssel in diesem Prozess war für D. offensichtlich, ihre streng und vernünftig daherkommenden Prinzipien zu durchbrechen. Die fühlbar gewordene Beengung trieb sie dazu. Ohne deren Not wäre sie gar nicht an den Punkt gelangt, die Vereinbarung mit der Supervisorin in Frage zu stellen. In gewisser Hinsicht musste sie loslassen: Dass sie Hilfe braucht, zwingt sie dazu. Der entscheidende Punkt ist jedoch: Sie stimmt dem Loslassen zu, sie will es – und erfährt „beinahe Frieden". Im Rückblick versteht sie ihre Zustimmung als von Gott ermöglicht, als Gehorsam gegenüber einem Impuls, der von Gott ausgeht. Damit wird die Tür aufgetan zu einem „vielfältigen und intensiven Prozess..., der durch Suche, harte Arbeit ... zu einer ‚Aufrichtungs-Bewegung' geführt hat". Der Gehorsam gegenüber Gott lockt und kostet etwas, nämlich das Ringen darum, zu sein, zu sich zu stehen, sich aufzurichten – und den Widerstand dagegen auszuhalten. Das hat D. ein „mehr an Leben und Freiheit" geschenkt, das auch für andere fruchtbar wird. „Sehr erstaunt stelle ich fest, wie meine eigenen erweiterten Erfahrungen und Einsichten in all meinen Lebensfeldern – bei Einzelnen wie bei Gruppen – wirksame Impulse in Richtung auf mehr Echtheit und Lebendigkeit hin setzen: einfach dadurch, dass ich versuche, meine Erfahrungen zu benennen und zu vertreten! Das löst in denen wiederum ähnliche Prozesse aus!"

Ihr innerer Weg hat D. zu Dankbarkeit geführt: Das Ergebnis ist trotz harter Arbeit ein wachsendes Geschenk, so kostbar, dass es alle Mühen dankbar bejahen lässt.

Auch die Ordensfrau Veronika[105], langjährige Leiterin ihrer Gemeinschaft, berichtet von einem mühevollen inneren Prozess, der ausgelöst wurde durch Spannungen in der Beziehung zu ihrer Nachfolgerin im Leitungsamt:

„Nach einigen Jahren in der Leitungsverantwortung meiner Gemeinschaft habe ich mich bewusst nicht mehr zur Wahl gestellt. Ich war sicher: Dieser Schritt steht jetzt an. Nach einer Auszeit kehrte ich wieder in meine Gemeinschaft zurück. Ich fühlte mich von der Last der Verantwortung befreit.

In meiner Beziehung zu meiner Nachfolgerin entwickelten sich Spannungen. Sie belasteten mich; an manchen Tagen so sehr, dass sie meine gewonnene Freiheit überlagerten. Trotz aller immer wieder von neuem gefassten Vorsätze blieben die Begegnungen verkrampft und angespannt. Diese Realität zeigte sich auch in meinen Meditationszeiten. Ich spürte Ohnmacht, Aggression, Wut, Schuld und kämpfte dagegen an ... Die Frage „Wozu noch meditieren?" drängte sich mir auf und beherrschte mich."

Was Veronika hier berichtet, ist so wichtig, dass ich mir erlaube, den Erzählfluss zu unterbrechen: Sie versucht mit Willen und Vorsatz die Beziehung zu heilen. Sie nimmt sich zusammen. Dass die Koppelung von Übel und dem Versuch, es

---

[105] Name vom Autor geändert.

durch Gewalt gegen sich selbst wegzukriegen, auf die wir hier treffen, die Begegnungen weder unverkrampft noch entspannt machen kann, liegt auf der Hand. Dieselbe Koppelung wirkt auch in der Meditation: Veronika kämpft gegen ihre negativen Empfindungen an. Obwohl die Meditation nicht nur kein Vergnügen ist, sondern eine lästige, scheinbar sinnlose Quälerei, hält sie durch und nach langer Zeit geschieht etwas:
„Nach gut einem Jahr vollzog sich eine Wandlung, die ich erst allmählich merkte: In der Meditation blieb ich nicht mehr an der Oberfläche im Äußeren hängen; meine Wahrnehmung tastete sich bis in mein Inneres vor und blieb dort: bei meinen Aggressionen, meiner Wut, meiner Ohnmacht, meinem Schuldgefühl. Ich spürte sie, aber sie hatten mich nicht mehr im Griff."

In diesen wenigen Sätzen ereignet sich ganz viel: Statt im Kokon der Gefühle, in Gedanken aus Kommentaren, Situationsanalysen, Lösungsideen und in Szenen und Bildern der Begegnungen, also an der „Oberfläche im Äußeren" hängenzubleiben, tastet sich Veronikas Wahrnehmung in ihr Inneres vor. Das kann sie nur, weil sie die Koppelung von negativ bewerteten Gefühlen und Diese-wegkriegen-Wollen oder gar -Müssen aufgibt, also annimmt, was wirklich ist, auch wenn es ihren Vorstellungen komplett widerspricht. Sie lässt ihr Muster los und lässt da sein, was da ist und wie es da ist. So kann sie in der Wahrnehmung ihrer Gefühle bleiben. Und auf diese Weise entsteht ein Raum der Freiheit: Die Gefühle haben sie „nicht mehr im Griff". Was geschieht dann?

„Und allmählich lösten sich die angespannten Begegnungen. Wir können uns inzwischen in einer offenen Atmosphäre begegnen, unsere unterschiedlichen Meinungen meistens ohne Aggressionen äußern, auch Konflikte ansprechen und nach Möglichkeit eine Klärung herbeiführen.

Rückblickend wurde mir bewusst: Solange ich in meinen Verletzungen und Aggressionen verharre, ja diese festhalte, geschieht keine Veränderung. Sie geschieht dann, wenn ich sie bewusst wahrnehme, sie in meinem Inneren spüre und zugleich mich öffne für die notwendige Veränderung. Auch den Zeitpunkt der Veränderung kann ich nicht bestimmen oder herbeiführen; ich kann einzig und allein aushalten und durchhalten und mich öffnen für das Geschenk der Wandlung. Erneut erlebte ich den Aus-Weg aus einer belastenden Situation: Die Belastung nicht festhalten, sie aus der Hand geben, sie loslassen, sie überlassen und mich öffnen und annehmen, was und wie es von Gott her auf mich zukommt."

Veronika wird selbst verwandelt in diesem Prozess. Sie gibt die Koppelung auf, die so tief verankert zu ihrer Identität gehört: sich anstrengen, um sich in Ordnung zu bringen, wo man nicht so ist, wie man sein sollte. Das steckt in uns allen. Und Veronikas Verwandlung verwandelt die Beziehung zu ihrer Nachfolgerin. Sie trägt im Miteinander Früchte.

Für Ben[106] wird das fast zehnjährige Aushalten-Müssen mit einem Kollegen, mit dem keine Zusammenarbeit möglich ist, zu einem Prozess der Selbst- und Gotteserkenntnis. Er schreibt: „Ich will nicht im Einzelnen aufzählen, wie die Begegnungen mit dem Kollegen waren, ich habe sie als brutal, verlogen, rücksichtslos und kompromisslos empfunden und die Wahrnehmung meines Kollegen als vollkommen anders als meine, ja als realitätsverzerrt.

Da hat es mir wenig geholfen, dass der Rest meiner Fachgruppe, wenn auch nicht so massiv, ebenfalls Probleme mit dem Kollegen hatte und sich bedroht gefühlt hat. Zahllose Gespräche mit der Leitung halfen nichts. Die Lage wurde zunehmend aussichtsloser und die Hoffnung auf eine Lösung in gutem Kontakt musste ich begraben. Was blieb, war ein Sich-aus-dem-Weg-Gehen mit vorprogrammierten Explosionen an Punkten, an denen die Arbeit sie nicht zuließ. Dem Chef blieb schließlich nichts anderes übrig, als uns beiden klarzumachen, dass einer von uns würde gehen müssen, wenn wir die wichtigen Dinge nicht gemeinsam geregelt kriegten. Die Gleichsetzung hatte mich damals sehr geärgert. Gleichwohl habe ich das strategische Denken des Chefs verstanden.

---

106 Name vom Autor geändert.

Der Konflikt, eher die Konfrontation, endete erst, als ich mich erneut an die Leitung wenden musste mit der Bitte, zwischen mir und meinem Kollegen zu vermitteln. Auf Anfrage einer anderen Stelle wurde der Kollege zu dieser abgeordnet. Der Chef, der ebenfalls einen guten Teil der Schärfe und Wahrnehmungsverzerrung meines Kollegen kennen lernen musste, so dass sich meine Version der Geschichte für ihn bestätigte, steht sehr entschieden hinter der Abordnung. Diese fühlt sich dennoch nicht wie ein Sieg für mich an, zumal Abordnungen zeitlich begrenzt sein können. Ich sehe die Sache als ein Scheitern, da ich eine Kommunikation mit dem Kollegen abbrechen musste.

Schön ist, wie sehr die gesamte Arbeitsgruppe nach dem Ausscheiden des Kollegen zusammenarbeitet und die Interaktionen und Begegnungen zunehmen, da jeder aus der Gruppe befreit ist von der Bedrohung, die von dem Kollegen ausging. Allerdings auch hier ein Wermutstropfen: Sämtliche Kolleginnen haben mich enttäuscht, als ich Hilfe gegenüber dem Kollegen benötigt habe.

Worin sehe ich die Führung Gottes?

Es ist die Ent-täuschung, die ich geschenkt bekommen habe.

Die starke Spannung war förmlich ein Motor, mich mehr und mehr mit mir auseinanderzusetzen, dabei immer wieder auf Granit zu stoßen, aber dann doch irgendwie tiefer zu kommen. Das eindeutige Narzissmusproblem meines Kollegen hat mich gezwungen, mich mit meinem Narzissmusproblem auseinanderzusetzen. Ich will nicht sagen, dass ich das bewältigt habe, aber ich erkenne es immerhin mehr und spüre mich genau da auch von Gott gehalten, wo ich mich bedroht fühle. Die Frucht dieser Konfrontation ist ein tieferes In-Gott-Ruhen, In-mir-Ruhen, auch wenn ich dafür einiges von meiner Leichtigkeit einbüßen musste und manchmal gedacht habe, ich zerbreche daran. Im langen Prozess von Hilflosigkeit habe ich gelernt, dass es immer mehrere Versionen einer Geschichte gibt, die auch irgendwie ihre Gültigkeit haben, und durch die Enttäuschung habe ich mehr zu einer Realität gefunden, in der ich nicht im Mittelpunkt stehe und mehr Raum zum Atmen ist.

Und dennoch bin ich froh, dass anscheinend die Zeit vorbei ist, in der ich einen solchen Lehrmeister brauchte, und hoffe, dass ich die doch sehr alten, in mir bereits angelegten Themenfelder zur Genüge erkannt und, noch viel wichtiger, erfahren und durchlebt habe.
Ich würde sagen ein Gottesgeschenk wie eine Zitrone: sauer, aber gesund."

Auch hier hören wir von einem langwierigen und nicht einfachen Prozess des Aushalten-Müssens in einem letztlich nicht besprechbaren und eskalierenden Konflikt, der nur durch Versetzung eines der Konfliktpartner schließlich beendet werden konnte. Die Unlösbarkeit zwingt zur Auseinandersetzung mit sich selbst und fördert den eigenen Narzissmus zu Tage. Eine Ent-täuschung, „wie eine Zitrone: sauer, aber gesund", Ende einer Täuschung, als solches ernüchternd, „sauer" eben, und doch zugleich befreiend: „durch die Ent-täuschung habe ich mehr zu einer Realität gefunden, in der ich nicht im Mittelpunkt stehe und mehr Raum zum Atmen ist." Die Enttäuschung beendet die Täuschung. Die eigentümliche Welt mit dem eigenen Ich als ihrem Schöpfer und Erhalter in der Mitte muss nicht länger für die Wirklichkeit gehalten werden. Ihr Eigentümer muss nicht länger an dem festhalten, was nicht stimmt. Er wird aus der Mitte befreit und bekommt mehr Raum zum Atmen. Für Ben besteht die Führung Gottes darin, dass er die Täuschung des Menschen über die Realität beendet und ihn zum Selbstsein befreit.

Der langanhaltende, unlösbare Konflikt, den Ben erlebt hat, und die lebenslange Beeinträchtigung, um die sich der Beitrag von Elisabeth drehen wird, Phänomene, denen auszuweichen nicht geht, weil sie nicht aufhören, sich immer wieder bemerkbar zu machen, erweisen sich als Lernchancen. Das ursprüngliche „Entweder-oder", das Missliebiges spontan auslöst, wird verwandelt zu einem „Sowohl-als-auch", dem lebensbejahenden Prinzip der Seele.

Bei Elisabeth war es so, dass sich während des Studiums ziemlich unvermittelt ein Schreibkrampf einstellte, der ihr Leben bleibend bestimmen sollte. Er behinderte sie immer wieder, bei den Examina zum Beispiel sowie in allen öffentlichen Schreibsituationen. Sie fühlte sich stigmatisiert und schämte sich.

Sie versuchte alles, um ihn zu überwinden: „Durch eine tiefenpsychologische Therapie lernte ich eine Menge über mich selbst, doch eine Antwort auf mein Problem fand ich nicht... Habe ich gebetet? Und ob ich gebetet habe! Niemals betet man so innig, wie wenn man Gott um Befreiung von einem Leid und um Heilung bittet. Plötzlich greift man zu ganz kindlichen Formen des Bittens. Aber das heißt noch lange nicht, dass das Erbetene auch eintritt." Die erhoffte Spontanheilung blieb aus.

In der Praxis experimentierte sie inzwischen mit ihrer manuellen Motorik und fand schließlich eine ungewöhnliche Schreibhaltung, mit der sie aber zurechtkam und -kommt. Doch „die empfindliche Stelle blieb und damit die Verwundbarkeit. Was sich ändern konnte, war meine eigene Haltung zu dem Unabänderlichen in mir ... Das Handicap führte mich immer wieder an meine Grenze. Und es ging nur weiter, wenn ich zu mir stand, statt zu resignieren. So war in jeder Schreibsituation ein neuer Akt der Selbstbejahung, ein ‚Durchgehen' gefordert ... Sehr hilfreich war, was mir ein Dominikaner sagte, mit dem ich über die Bedeutung von Heilungswundern sprach: ‚Das eigentliche Wunder besteht nicht in der Heilung, sondern in der Erfahrung der Nähe Gottes in der Krankheit.' Dies eröffnete mir eine neue Sicht. Ich erkannte, dass jede Widrigkeit eine segensreiche Seite hatte.

Mein Handicap war und blieb ein wiederkehrendes unangenehmes und schmerzliches Hindernis auf meinem Lebensweg. Heute sehe ich darin eine große Chance, durch die ich lernte, mich selbst zu akzeptieren, liebevoll mit mir umzugehen und an meiner Einschränkung zu wachsen. Auch mein Vertrauen in die Güte der Wirklichkeit geht mit dieser Erfahrung einher. Die Paradoxie von Stärke, die sich in der Schwäche zeigt, im eigenen Leben annehmen zu müssen und endlich zu wollen, hat mich wesentlich zu der werden lassen, die ich bin.

So würde ich jetzt sagen: Der Widerstand war der Punkt, an dem mir ‚Gott' vielleicht am nächsten kam und mich vor die Entscheidung stellte: Selbstverneinung oder Selbstbejahung."

Unterstützt durch die Ermutigungen von Seiten anderer Menschen, Beispiele, Zeugnisse – vor allem durch die intensive Beschäftigung mit Jesus –, wirkte das leidlich Verquere besonders in Momenten der Weichenstellung richtungsweisend und segensreich für mein Leben." Der Punkt des Loslassen-Müssens und endlich Loslassen-Wollens der eigenen Vorstellungen vom eigenen Leben und von eigener Stärke war der Ort, an dem ‚Gott' ihr am nächsten kam – als der oder das, was in dieses Loslassen einwilligen lässt. Die Behinderung, ihr Lehrmeister, führt sie zu dem doppelten Ziel, diejenige zu werden, die sie ist, und die Güte der Wirklichkeit zu erkennen und ihr zu vertrauen. Biblisch gesagt: Das angenommene Kreuz wird zum Ort der Verwandlung und der Auferstehung.

Es fällt nicht schwer, in all diesen Krisenbewältigungsprozessen die Dynamik und die Haltungen des existenziellen Betens wiederzuerkennen. Das Leben selbst, insbesondere seine Krisen, legen existenzielles Beten nahe: Sie lehren, dass auch das Widrige im Leben angenommen, das Kreuz getragen werden kann. Dazu hilft auch die Gemeinschaft. Es hilft der Glaube, dass Gott nicht gegen mich ist, sondern mein Begleiter und Führer durch diese schwierige Zeit. Und umgekehrt erschließt das existenzielle Beten das Sinnpotential der Widrigkeiten und lehrt den Weg ihrer Bewältigung. Es schließt den Alltag auf als geführt, hin zu dem Ziel, tiefer einzutauchen in die Erkenntnis des wahren Selbst und die Liebe des wahren Gottes. Es ist dies ein Weg, der langwierig ist und steinig, manchmal auch schmerzlich, der Geduld braucht und der doch alle Schwierigkeiten vergessen lässt, sobald sein Ziel erreicht wird: die Begegnung mit dem Grund aller Wirklichkeit. Diese hinterlässt Freiheit, Seligkeit in Nüchternheit, wahres Selbstsein, durchströmt von einem lebendig machenden Geist der Liebe.

Einer der zentralen Punkte auf diesem Weg ist sicherlich, spontan negativ Bewertetes und dessen Vermeidung oder Abwehr zu entkoppeln, d. h., die so selbstverständliche Vorstellung aufzugeben, dass gelingendes Leben, Glück, Erfüllung, Heil, Freude und Frieden mit dem Erfolg unseres Strebens verbunden sind. Anders gesagt: Erfüllung besteht nicht darin, dass es dem Menschen gelingt, alles, was ihn stört oder ihm unangenehm erscheint, wegzukriegen und alles zu erreichen, was er sich wünscht. Das ist mehr von der Art „Entweder-oder", das zur Bewältigung des Lebens nicht taugt, weil es das Annehmen dessen, was ist, verweigert.

Wie tief diese Koppelung sitzt, von der man lange Zeit nicht einmal etwas ahnt, macht uns Marianne[107] deutlich:

„Ich arbeitete (und arbeite immer noch) als Diätassistentin in einer Universitätskinderklinik. Warum wurde ich Diätassistentin? Ich war fasziniert von den Möglichkeiten der Ernährungstherapie: Eine ausreichende Versorgung mit Vitamin C verhindert Skorbut, eine ausreichende Zufuhr von Vitamin B_1 Beri-Beri.[108] Es gibt eine angeborene Stoffwechselstörung, da droht den Kindern eine geistige Behinderung, wenn sie nicht eine besondere Diät einhalten. Halten sie diese Diät ein, entwickeln sie sich völlig normal. Heute sehe ich, dass mein Denken damals sehr auf optimal, gesund und funktionieren ausgerichtet war. Als ich 1990 angefangen habe zu arbeiten, habe ich auch vorwiegend Kinder mit Erkrankungen betreut, bei denen ich mit voller Überzeugung behaupten konnte: Wenn die empfohlene Ernährungstherapie eingehalten wird, geht es dem Kind besser!

Aber seit einigen Jahren werden in unserer Klinik vorwiegend sehr schwer kranke Kinder behandelt, die durch eine Ernährungstherapie nicht mehr wirklich ganz gesund werden können. Eine Patientin litt an einer angeborenen Muskelerkrankung, konnte nicht mehr sprechen, war beatmet und wurde sowohl über die Vene als auch per Schlauch in den Magen ernährt. Immer wieder entwickelten sich neue Komplikationen. Irgendwann sagte eine Krankenschwester dann: ‚Hat der liebe Gott denn noch keinen Platz für sie im Himmel?'

---

107 Name vom Autor verändert.
108 Bezeichnung für verschiedene Krankheitsbilder, insbesondere Nervenentzündungen, Ödeme und Herzerweiterung, die alle auf Mangel an Vitamin B_1 zurückgehen.

Damit war die Frage ausgesprochen, die ich mir eigentlich lieber nicht stellen wollte: Was machte ich? Von meinem Ideal, durch optimale Ernährung Leiden zu verhindern, war ich meilenweit entfernt. Ich war frustriert und traurig, ich berechnete nur noch die Inhaltsstoffe und die Flüssigkeitsmengen von Nährlösungen, die entweder über die Vene oder über den Darm appliziert wurden, konnte aber in meiner Wahrnehmung den Patienten eigentlich nicht helfen, weil ich ihnen nicht zu dem aus meiner Sicht richtigen Leben in einem gesunden Körper mit der Möglichkeit der Teilhabe an allem, was ich für lebenswert hielt, verhelfen konnte.

Es gab zwei Familien, die Kinder dieser Familien hatten beide die gleiche angeborene Stoffwechselstörung mit schlechter Prognose, sie waren beide geistig behindert, konnten nicht sprechen und nicht laufen. Diese Kinder mussten häufig stationär aufgenommen werden, weil sie erbrachen, die Nahrung nicht vertrugen oder sich andere Komplikationen einstellten. Ich kannte die Familien seit der Geburt der Kinder. Mit diesen beiden Familien habe ich am meisten mitgelitten, weil so gar nichts besser zu werden schien.

Was geschah dann?

Beide Elternpaare haben mir erzählt, wie glücklich sie mit ihrem kranken Kind sind. Sie haderten nicht damit, dass ihr Kind krank war, sondern freuten sich über jedes Lachen und jeden Tag, den sie mit dem Kind verbringen konnten. Das Einzige, was sie traurig machte, war, wenn sie von den Ärzten nicht ernst genommen wurden oder es im Klinikalltag mal wieder nicht so gut lief.

Nach diesen Gesprächen war ich mit meiner Tätigkeit wieder versöhnt. Meine Aufgabe ist es, solange diese Kinder leben, sie so gut wie möglich entsprechend ihrer Stoffwechselstörung mit den entsprechenden Nährstoffen zu versorgen, alles andere habe ich nicht zu entscheiden.

War es eine Führung Gottes? Für mich steht Gott auch für das Leben, und meine Beziehung zu Gott ist damit meine Beziehung zum Leben. Meine Beziehung zum Leben war falsch gewesen, weil ich zu viel Wert auf Gesundheit, optimale Versorgung des Körpers und damit optimales Funktionieren des Körpers gelegt hatte. Die Gespräche mit den Eltern haben mir gezeigt, dass meine Sicht auf das Leben nicht richtig war, weil ich die zum Leben gehörenden Themen Krankheit und Leiden verhindern wollte." Es bedurfte der Begegnung mit den Eltern, die die Krankheit und Behinderung ihrer Kinder angenommen haben mussten. Sowohl litten sie darunter, besonders wenn sie von den Ärzten nicht ernst genommen wurden, als auch „freuten sie sich über jedes Lachen und jeden Tag, den sie mit dem Kind verbringen konnten". Die Annahme und das daraus mögliche „Sowohl-als-auch" hatten ihre Sicht des Lebens verändert. Sie wussten, dass Krankheit und Leiden zum Leben gehören und nur mit dem Leben selbst zu vermeiden sind. Die Annahme von Krankheit und Leiden hatte ihnen jedoch ganz andere Sinn- und Glückspotentiale des Lebens erschlossen, als sie in den ärmlichen landläufigen Vorstellungen vom Glück als Wohlstand, Erfolg, Spaß, Gesundheit, Karriere ... vorgesehen sind. Mariannes Geschichte hält uns vor Augen, wie lange der Weg ist, über wie viele Erfahrungen und Stationen er verläuft, bis schließlich die Botschaft ankommen kann, dass Leiden zum Leben gehört und die bisherige Sichtweise sich verändert, um das Leben, wie es wirklich ist, bewältigen zu können: dass man lernen muss, es anzunehmen, und dass diese Annahme die Tür dafür öffnet, die Freude des „Ich bin" zu erleben mitten im Leid.

3.4 Der Alltag als Ort von Gottes Führung

Die Rede von der Führung Gottes erweckt Missverständnisse. Zwei unterschiedliche Betrachtungsweisen der Geschichte prallen hier aufeinander. Machen wir uns das am Exodus der Israeliten aus Ägypten klar: Viele Personen, Ägypter und Hebräer, Kleine und Große wie der Pharao und Mose haben in dieser Geschichte gehandelt. Sie alle, ihr Tun und Lassen, ihre Interaktionen, ja ihre jeweiligen persönlichen Geschichten sind verwoben in dem historischen Geschehen, das schließlich in den Auszug der hebräischen Sklaven mündete. Eine Rolle dabei haben auch

Naturereignisse gespielt, z. B. eine Heuschreckenplage. In der historischen Betrachtungsweise wird das Geschehen im Paradigma von Ursache und Wirkung bzw. von Handlungsmotiven und -folgen betrachtet. Für ein Handeln Gottes lässt es keinen Platz. Denn Gott verursacht nicht Ereignisse, wie der elektrische Strom das Aufleuchten einer Glühbirne verursacht. Wäre das so, würde Gott zum Glied einer innerweltlichen Ursachenkette. So lassen sich aber Absolutheit und Transzendenz Gottes nicht aufrechterhalten. Es ist auch nicht so, dass Gott die Personen führt wie ein Puppenspieler seine Marionette: Denken wir zurück an Jesus und seine atemberaubende Freiheit (S. 65). Das ist die eine Betrachtungsweise der Geschichte als Geschehen in einem Netz innerweltlicher Ereignisketten. Eine andere ist, das Geschehen im Paradigma von Menschensehnsucht über alles hinaus und ihrer Erfüllung zu betrachten. Am Sinai wird den geflohenen Sklaven klar, dass ihr Exodus mehr ist als Migration aus unmenschlichen Lebens- und Arbeitsbedingungen durch eine risikoreiche Gegenwart in die Zukunft eines gelobten Landes: Er ist Offenbarung und Anteilgabe Gottes. Im Bund mit Jahwe erhalten sie die Verheißung, *unter allen Völkern mein [Gottes] besonderes Eigentum [zu] sein. Mir [Gott] gehört die ganze Erde, ihr aber sollt mir als ein Königreich von Priestern und als ein heiliges Volk gehören* (Ex 19,5f). In dieser Verheißung erhält die menschliche Unruhe, die sich durch nichts beruhigen kann, einen Namen: Zugehörigkeit und Erhebung zu Gott *als Priester und heiliges Volk*. Das Neue Testament bestätigt die Verheißung: *Der Gott und Vater unseres Herrn Jesus Christus ... hat uns aus Liebe im Voraus dazu bestimmt, seine Söhne [und Töchter] zu werden durch Jesus Christus und zu ihm zu gelangen nach seinem gnädigen Willen, zum Lob seiner herrlichen Gnade* (Eph 1,3.5f). Diese Verheißung des Grundes aller Wirklichkeit durchwaltet alle Wirklichkeit. Folglich bekommt alles, was in dieser Welt geschieht, gleichsam ein Gefälle auf die Erfüllung dieser Verheißung hin. Dieses Gefälle der Geschichte auf ewiges Leben hin verstehen diejenigen, die der Verheißung glauben, als Handeln Gottes in der Welt. So auch die Israeliten: Ihnen ist durch den Weg aus der Sklaverei durch die Wüste ins Gelobte Land etwas von der Erfüllung der Verheißung, mit Gott in besonderer Weise verbunden zu sein, aufgeleuchtet, so dass sie diesen Exodus im Nachhinein als Handeln Gottes deuten: *Ich habe das Elend meines Volkes in Ägypten gesehen und ihre laute Klage über ihre Antreiber habe ich gehört. Ich kenne sein Leid. Ich bin herabgestiegen, um es der Hand der Ägypter zu entreißen und aus jenem Land hinaufzuführen in ein schönes, weites Land, in ein Land, in dem Milch und Honig fließen* (Ex 2,7f). Gott handelt in der Geschichte, insofern diese auf ein Ziel ausgerichtet ist: Ewiges Leben.

Das Handeln Gottes wird im Aufblitzen seines Ziels in geschichtlichen Erfahrungen immer wieder erlebt, z. B. in Fügungen, wie sie G. vom Rollstuhlfahrer, Anja vom Igelchen, Elisabeth vom zufällig gefundenen Symbol, die Kinderärztin vom widerwilligen Anschauen des Wasserkopfkindes erzählt haben. Der Glaube, dass Gott die Geschichte zur Erfüllung führt, fördert menschliche Gemeinschaft: die Bundesurkunde des Sinaibundes, das mosaische Gesetz, ist eine mit den Schwachen und Armen sehr solidarische Sozialcharta, die ihre Befolgung immer wieder durch die Erinnerung an die Befreiung in die anfanghafte Einheit mit Gott motiviert: *Gedenke, dass du Sklave warst im Land Ägypten und dass dich der HERR, dein Gott, mit starker Hand und ausgestrecktem Arm von dort herausgeführt hat* (Dtn 5,15; 15,15; 16,12; 24,18; 24,22). Die frühen christlichen Gemeinden waren *ein Herz und eine Seele. Keiner nannte etwas von dem, was er hatte, sein Eigentum, sondern sie hatten alles gemeinsam* (Apg 4,32). Der Glaube hat heilsame Auswirkungen bis in die Gesundheit des Menschen hinein: Nicht nur Jesus heilte Menschen, auch die Apostel (z. B. Apg 3,6). Und auch heute ereignen sich Heilungen, spektakuläre wie in Lourdes, aber auch „alltägliche" wie Versöhnung, das Aufgehen einer Lebensperspektive, die Öffnung des Herzens, die Befreiung zu sich selbst, die Erfahrung, dass sich etwas löst... – mit Auswirkungen auch auf das Leibliche.

Diese heilsamen Wirkungen des Handelns Gottes in unserer Welt bleiben allerdings vielfach stecken: In den Herzen der Befreiten wohnen Vertrauen und Skepsis weiterhin nebeneinander. Im

Turmbau (Gen 11) der auf Wohlstandsmehrung und Zerstreuung ausgerichteten globalen Welt geht die Bedeutung Gottes unter. Sodann ist Gottes Heil gebrochen durch das Böse, das zur Welt gehört und aus der Grundverfehlung des Menschen stammt, der überdies auch Böses tut, um die Ziele seiner egomanen Welt zu erreichen. Darum bleibt die Erfüllung der Sehnsucht Verheißung. Die Erfüllung steht aus, auch wenn sie immer wieder anfanghaft erfahren wird. Es wird nicht alles heil und gesund, es gibt Stachel, die zeitlebens bleiben: Das hat Elisabeth von ihrem Schreibkrampf berichtet, das kennt jeder von den unheilvollen Auswirkungen seiner zwanghaften Eigenwelt, das hat A. Beisser mit seiner Kinderlähmung erfahren (S. 153). Darum weiß auch Paulus: *Mir [wurde] ein Stachel ins Fleisch gestoßen: ein Bote Satans, der mich mit Fäusten schlagen soll, damit ich mich nicht überhebe. Dreimal habe ich den Herrn angefleht, dass dieser Bote Satans von mir ablasse. Er aber antwortete mir: Meine Gnade genügt dir; denn die Kraft wird in der Schwachheit vollendet* (2 Kor 12,7–9a). Mancher Stachel sitzt so tief, dass er trotz aller Bemühung, aller Therapien, Exerzitien … nicht zu überwinden ist. Sein Schatten liegt auf dem Leben und beeinträchtigt es. Er stört und kann zerstören. Aber auch hier ist nicht Wegkriegen-Wollen oder Ablenkung die Lösung: Die Zusage, *meine Gnade genügt dir; denn die Kraft wird in der Schwachheit vollendet*, ist Ermächtigung, mit dem Stachel zu leben. Auch wenn andere auf mich herunterschauen und mich verspotten, ist mein Leben aus der Sicht Gottes noch lange nicht wertlos. Verhielt es sich so nicht auch mit Jesus am Kreuz? Die Lösung liegt im Annehmen des Stachels, im Annehmen des Kreuzes, das der Stachel darstellt. Dies ist trotz der dabei erlebten *Schwachheit* der eigenen Kräfte möglich, weil die Kraft dazu von Gott kommt, dessen *Kraft* sich *in der Schwachheit vollendet*. Wie das Manna in der Wüste wird sie immer nur für einen Tag gegeben (Ex 16,20). So muss an jedem neuen Tag der Stachel im Gebet neu angenommen und die Kraft dazu von Gott empfangen werden.

Paulus erkennt außerdem den Sinn des Stachels: *damit ich mich nicht überhebe*. Selbstüberhebung, sich selbst zum Gott seiner Welt machen, der das Recht auf die Bestätigung der anderen hat, die unter ihm stehen, zerstört nicht nur Gemeinschaft und verhindert wirkliche Begegnung. Selbstüberhebung verfestigt die Koppelung von spontaner Bewertung und entsprechendem Verhalten und schließt aus von der Erfüllung, die auf dem Grund der Ernüchterung verborgen ist. Sie ist das größte Übel. Dass der *Stachel* die Erfahrung ewigen Lebens nicht verhindert, ist z. B. in der Begegnung mit Behinderten zu erleben oder bei Menschen, die sterben, wie Frau B. (S. 201f).

Doch stehen wir, was das Annehmen der Wirklichkeit angeht, in einem ständigen Kampf. Die Wirklichkeit stellt offenbar eine Grenze für uns dar. Das sehen wir schon an unseren spontanen Alltagsgebeten: In ihnen bitten wir Gott zumeist darum, dass uns dies oder das gelingt oder wir oder unsere Lieben vor Unangenehmem bewahrt bleiben; mit anderen Worten: Es soll geschehen, was wir uns wünschen und vorstellen. Wir dürfen so beten, weil wir Gott anvertrauen können, wie es uns ums Herz ist. Eine nicht-erfüllte Bitte lehrt uns allerdings, dass unser Ziel nicht in der Erfüllung aller Wünsche besteht, sondern der Himmel ist. Alles Irdische vergeht. Es ist ein Versprechen, das nur im bleibenden Himmlischen, das das Irdische durchdringt, eingelöst werden kann. Ignatius von Loyola schlussfolgert daraus im „Prinzip und Fundament" seiner Geistlichen Übungen, dass der Mensch die Dinge auf der Oberfläche der Erde „so weit zu gebrauchen hat, als sie ihm auf sein Ziel hin helfen, und sie soweit lassen muss, als sie ihn daran hindern. Darum ist es notwendig, uns allen geschaffenen Dingen gegenüber gleichmütig (indifferent) zu verhalten ... Auf diese Weise sollen wir von unserer Seite Gesundheit nicht mehr verlangen als Krankheit, Reichtum nicht mehr als Armut, Ehre nicht mehr als Schmach, langes Leben nicht mehr als kurzes, und folgerichtig so in allen übrigen Dingen. Einzig das sollen wir ersehnen und erwählen, was uns mehr zum Ziele hinführt, auf das hin wir geschaffen sind."[109] Wir sind geschaffen auf die Einheit mit Gott hin. Schon heute, auch in ungemütlichen Zeiten, können wir unser Leben aus ihr vollziehen. *Wir wissen aber, dass de-*

---

[109] Ignatius von Loyola, GÜ 23.

nen, die Gott lieben, alles zum Guten gereicht ... (Röm 8,28f). *Alles ...*, also auch Widriges, Böses, Schuld. Auf welche Weise uns *alles zum Guten gereicht*, das haben die Erfahrungen z. B. von Ernestine, Ben und D. deutlich gemacht: Menschliche Freiheit kann sich nur im Rahmen des ihr Vorgegebenen vollziehen. Es ist eine konkrete geschichtliche Situation – Ort, Zeit, Umstände, handelnde Personen ... –, die eine Antwort verlangt und dazu die Freiheit anruft. Auch wenn diese die vorgegebene Situation verändern möchte, muss sie sie erst einmal angenommen haben; sonst geht die Handlung an der Situation, wie sie ist, vorbei, trifft ins Leere oder hat schlimme Folgen. Außerdem ist es gerade die Annahme des jeweils Vorgegebenen, die den Raum der Freiheit eröffnet: Diesen Prozess haben wir als existenzielles Beten, als Tragen des täglichen Kreuzes kennengelernt. Alles, was einem Menschen im Leben widerfährt, wird durch existenzielles Beten zur Gelegenheit des „Gesprächs" mit Gott, der ihn durch das Vorgegebene anruft. „Gott will in allem Begegnung feiern, im Guten und im Elend, und erwartet die anbetende und liebende Antwort."[110] Wem „Brot ... wichtig, die Freiheit ... wichtiger, am wichtigsten aber die ungebrochene Treue und die unverratene Anbetung [ist]"[111], d. h., wer das existenzielle Beten in Offenheit übt, der darf die Gewissheit des Paulus teilen: *Weder Tod noch Leben, weder Engel noch Mächte, weder Gegenwärtiges noch Zukünftiges noch Gewalten, weder Höhe oder Tiefe noch irgendeine andere Kreatur können uns scheiden von der Liebe Gottes, die in Christus Jesus ist, unserem Herrn* (Röm 8,38f).

„Dann wird das Leben frei in der Freiheit, die wir so oft gesucht haben"[112], fährt Delp fort. Die Zwangsjacke des So-und-so-sein-Müssens, des Dies-und-das-haben-Müssens kann abgelegt werden. Der zu sich Befreite darf er selbst sein. Seine Existenz hat die Einfachheit, Leichtigkeit und Zweckfreiheit, von der Jesus in der Bergpredigt spricht:

---

110 Kassiber vom 17.11.1944, in: Alfred Delp, 1962, S. 50.
111 Alfred Delp, Gesammelte Schriften, S. 236.
112 Kassiber vom 17.11.1944.

Sorgt euch nicht um euer Leben, was ihr essen oder trinken sollt, noch um euren Leib, was ihr anziehen sollt! Ist nicht das Leben mehr als die Nahrung und der Leib mehr als die Kleidung? Seht euch die Vögel des Himmels an: Sie säen nicht, sie ernten nicht und sammeln keine Vorräte in Scheunen; euer himmlischer Vater ernährt sie. Seid ihr nicht viel mehr wert als sie? Wer von euch kann mit all seiner Sorge sein Leben auch nur um eine kleine Spanne verlängern? Und was sorgt ihr euch um eure Kleidung? Lernt von den Lilien des Feldes, wie sie wachsen: Sie arbeiten nicht und spinnen nicht. Doch ich sage euch: Selbst Salomo war in all seiner Pracht nicht gekleidet wie eine von ihnen. Wenn aber Gott schon das Gras so kleidet, das heute auf dem Feld steht und morgen in den Ofen geworfen wird, wie viel mehr dann euch, ihr Kleingläubigen! Macht euch also keine Sorgen und fragt nicht: Was sollen wir essen? Was sollen wir trinken? Was sollen wir anziehen? Denn nach alldem streben die Heiden. Euer himmlischer Vater weiß, dass ihr das alles braucht. Sucht aber zuerst sein Reich und seine Gerechtigkeit; dann wird euch alles andere dazugegeben. Sorgt euch also nicht um morgen; denn der morgige Tag wird für sich selbst sorgen. Jeder Tag hat genug an seiner eigenen Plage (Mt 6,25–34). Plage bleibt also jeder Tag unseres Lebens. Immer ist Spannung auszuhalten. Sie ist auch nicht dadurch wegzukriegen, dass man die Sorge um Essen und Trinken, Anziehen, Zerstreuung, Wunscherfüllung morgen noch oben draufpackt. Dem zu seinem wahren Selbst Befreiten ist ein anderes Leben möglich: Mit den Vögeln des Himmels verbinden sich Leichtigkeit und Unbekümmertheit. Unkraut ist frei von ihm fremden Zwecken und Ansprüchen: Es ist einfach da, fragt nicht nach Erlaubnis oder Gefallen. Es ist aus sich selbst – und deshalb berührt die schlichte und ungekünstelte Pracht seiner zarten, unscheinbaren Blüten den Betrachter so sehr. Es muss nichts erreichen, nichts beweisen, nichts inszenieren. Wer aus sich selbst heraus lebt, erfährt sein Leben als Geschenk. Wer dem Verdanktsein vertraut, dessen Leben bekommt die Schönheit und Anmut des Einfachen, wie es die Berliner Künstlerin Doris Kollmann in ihrer Zeichnung „Gras" (Abb. 5) ausdrückt. Sie schreibt dazu: „Gras, das so zerbrechlich scheint und doch unsere Erde allerorten bedeckt, das Futter für viele Tiere ist, und doch so unscheinbar und verletzlich, wenn man denn einen einzelnen Grashalm in die Hand nimmt. Und von einer zarten Schönheit! Das Zeichnen der Gräser an vielen Tagen hintereinander führte mich zu der Einsicht, dass nicht immer das Spektakuläre die entscheidenden Impulse gibt, und dass die Richtung des Wahrnehmens geändert werden kann. Nicht das, was sich mir aufdrängt, ist unbedingt das, was ich wirklich brauche, sondern das, was ich aufnehme, wenn ich ruhig schaue, Zeit habe, genau hinzusehen."

Abbildung 5: Doris Kollmann, „Gras", Zeichnung 2019

Vor einiger Zeit habe ich wieder das Buch „Schweigen" des katholischen japanischen Schriftstellers Shūsaku Endō (1923–1996) gelesen, der darin die grausame Ausrottung des Katholizismus im Japan des 17. Jahrhunderts romanhaft verarbeitet. Dabei hat sich mir die Strophe eines Liedes besonders eingeprägt, das die Christen dort singen. Sie singen es auch auf dem Weg zu Folter und Hinrichtung:

„Lasset uns wandern,
lasset uns wandern,
zum Tempel des Paradieses
lasset uns wandern!"[113]

Diese einfachen Zeilen haben mich sehr berührt. Niemand sollte auf Folter und Hinrichtung zugehen müssen. Und doch geschieht es. Auf unseren Tod gehen wir alle zu, und was der Weg dorthin für uns bereithält, das wissen wir nicht. Aber ganz gleich, was das sein wird: Das Entscheidende ist das Wandern. Ja, mehr noch: Wandern ist die einzige Tätigkeit, die in dem Lied überhaupt vorkommt. Leben, Glauben ist Wandern. Dreimal erfolgt die Einladung dazu. Es geht um Wandern.

Wandern ist nicht Hetzen und nicht Bummeln. Der Wanderer lernt mit der Zeit, dass es am besten geht im eigenen Rhythmus und im eigenen Tempo. Dies zu finden und einzuhalten ist auf einer lebenslangen Wanderung unumgänglich.

Auf dem Weg befindet sich der Wanderer zwischen Ausgangspunkt und Ziel. Der Ausgangspunkt, das irdische Leben, die vergängliche Welt, bringt sich immer wieder zu Bewusstsein und gerät dennoch in Distanz. Sie verliert an Bedeutung. Das Ziel, das der Wanderer nicht suchen kann, zieht ihn zu sich als sehnsüchtige Liebe, wie der Stern die Magier zu Maria mit dem Kinde zog. So gehört er zu beiden Welten, zur irdischen, die er verlässt, und zur himmlischen, in der er noch nicht ganz angekommen ist. Er lebt in einer Spannung, in der der Klang des Ziels hier und jetzt zu vernehmen ist, wenn die

---

113 Shūsaku Endō, Schweigen, S. 92.

Spannung bewusst gehalten wird: eine reine Präsenz, die sein Leben mit Liebe und Sinn erfüllt.

Was mir an diesem Lied weiter gefällt: Der Wanderer ist nicht allein. Er gehört zu einer Gruppe. Die Aufforderung zu wandern wird nicht von außen und mit erhobenem Zeigefinger an diese herangetragen. Die Gruppe weiß, dass das Leben Wandern ist. Aber das fällt nicht immer leicht. Deswegen laden die Weggefährten einander dazu ein und machen sich Mut. Viele wandern. Man findet sie in der unmittelbaren Umgebung und trifft sie zu allen Zeiten und in allen Weltgegenden. Sie stehen anderen Menschen bei, ermutigen, korrigieren …

Schließlich wird vom Ziel der Reise gesprochen. Sie geht zum „Tempel des Paradieses". Das klingt geheimnisvoll. „Tempel des Paradieses". Auch fremd. „Paradies" ist eine Entgegensetzung zu unserem irdischen Leben. Wo dieses von Last und Mühe und Hinfälligkeit geprägt ist, wo „Lust gerade keine Ewigkeit"[114] kennt, wo Nöte aller Art, Versuchungen, Böses oder Tod es heimsuchen, ist demgegenüber das Paradies der Ort, an dem sich der ursprünglich im Garten Eden gewollte, reine und unverdorbene Anfang erfüllt und end-gültig wird. Deswegen ist jeder Schritt der Wanderung ein Loslassen in Liebe, ein Hinein-Sterben in den Grund aller Wirklichkeit, der Liebe ist, um schließlich im letzten Schritt des Lebens, dem leiblichen Tod, von aller Sünde gereinigt und zur Liebe ganz geöffnet zu werden: *Denn du bist kein Gott, dem das Unrecht gefällt; ein Böser darf nicht bei dir weilen. Nicht bestehen die Stolzen vor deinen Augen; du hassest alle, die Unrecht tun. Du lässt die Lügner zugrunde gehn, Mörder und Betrüger sind dem* HERRN *ein Gräuel. Ich aber darf dein Haus betreten dank deiner großen Güte* (Ps 5,5–8).

Was werden die Wanderer im „Tempel des Paradieses" finden? Gott natürlich. Im Tempel wohnt Gott. *Ich sah und siehe: Die Herrlichkeit des* HERRN *erfüllte den Tempel des* HERRN. *Und ich fiel nieder auf mein Gesicht* (Ez 44,4). *Wir werden ihn sehen, wie er ist* (1 Joh 3,2). Da Leben und Wach-

---

114 Friedrich Nietzsche, Also sprach Zarathustra, Teil IV, S. 404.

sen jedoch nie aufhören, ist dieser Gott unerschöpfliche Fülle. Fülle über Fülle, Gnade über Gnade (Joh 1,16). Er ist der Grund allen Seins und zugleich der unendliche Horizont allen Werdens. Er ist das Milieu, in dem wir uns immer nüchterner, immer einfacher, immer mehr zu uns selbst befreit, zu uns immer mehr entleerender Liebe öffnen.

Wenn die Wanderer im Tempel des Paradieses angelangt sein werden, wird jeder ganz und gar bei sich selbst angekommen sein. So ist er eins mit Christus. Die Schöpfung wird zu einer Gemeinschaft, die die unbelebte Natur, Pflanzen, Tiere und Menschen umfasst. Die Menschheit wird zu einer Einheit unterschiedlicher Personen mit je eigenem Gesicht, miteinander geeint in derselben Liebe. Diese Gemeinschaft *ist sein [Christi] Leib, die Fülle dessen, der das All in allem erfüllt* (Eph 1,23). *Gott wollte mit seiner ganzen Fülle in ihm wohnen, um durch ihn alles auf ihn hin zu versöhnen. Alles im Himmel und auf Erden wollte er zu Christus führen, der Frieden gestiftet hat am Kreuz durch sein Blut* (Kol 1,19f).

Epilog

Begonnen hat das Buch mit einer Geschichte des Suchens: der Legende von den Sterndeutern. Enden soll es mit einer Geschichte vom Gefunden-Werden, mit der Geschichte einer Berührung, die einem Blinden die Augen öffnet. Diesem Gefunden-Werden wohnt eine Dynamik inne, durch die sich das Sehend-Werden im Einlassen auf den Alltag vollendet. Ich spreche vom 9. Kapitel des Johannesevangeliums, das vom „Erleuchtet-Werden" des (blinden) Menschen handelt.

Als Klinikseelsorger konnte ich beobachten, dass manche Patienten das Krankenhaus „repariert" verließen: Es funktionierte wieder alles. Andere gingen geheilt. Wichtiger als das Funktionieren des Körpers wurde ihnen eine Erfahrung in der Zeit ihrer Krankheit, als sie an ihrer Grenze aushalten mussten, welche ihnen erlaubte, ihre Einschränkungen anzunehmen und versöhnt mit ihnen zu leben. Unsere Geschichte spielt mit diesen beiden Ebenen: Ein Blindgeborener scheint „repariert" zu werden. Seine *Augen werden geöffnet*. Doch hat der Text Anderes und Wichtigeres im Auge als das leibliche Sehen:
Unterwegs sah Jesus einen Mann, der seit seiner Geburt blind war. Da fragten ihn seine Jünger: Rabbi, wer hat gesündigt? Er selbst oder seine Eltern, sodass er blind geboren wurde? Jesus antwortete: Weder er noch seine Eltern haben gesündigt, sondern die Werke Gottes sollen an ihm offenbar werden. Solange ich [Jesus] *in der Welt bin, bin ich das Licht der Welt* (1–5). Der Frage der Jünger liegt eine Auffassung zu-

grunde, die in der Torah grundgelegt ist, dass es nämlich dem Menschen generell nach seinem Tun ergeht. Jesus, das Licht der Welt, distanziert sich davon. Er sieht den Menschen im Licht Gottes. Und er sieht mehr als das, was äußerlich erscheint. Er erfasst nicht nur, dass der Bettler am Wegesrand blind geboren wurde, sondern spürt in dessen Not auch seine Offenheit und ein Verlangen über alles hinaus. Und der Blinde muss sich „gesehen", verstanden und angenommen gefühlt haben. Es „passt" zwischen den beiden Menschen. Nur so kann Jesus es wagen, den ihm Fremden zu „behandeln". Nur so kann dieser die „Behandlung" zulassen, um die er nicht gebeten hat: *Als er [Jesus] dies gesagt hatte, spuckte er auf die Erde; dann machte er mit dem Speichel einen Teig, strich ihn dem Blinden auf die Augen und sagte zu ihm: Geh und wasch dich in dem Teich Schiloach! Das heißt übersetzt: der Gesandte. Der Mann ging fort und wusch sich. Und als er zurückkam, konnte er sehen* (6f). Im Teich Schiloach kann der Blinde abwaschen, was ihn bisher hinderte, die Wirklichkeit so zu sehen und anzunehmen, wie sie ist. So wie Jesus *unterwegs* ist (1), wird auch der Geheilte auf einen Weg gesandt: Im Durchwandern seines Lebens wird er Schritt für Schritt zu der Person gewandelt, die er ist. Er wird immer mehr geöffnet und gelangt zu immer größerer Freiheit.

Unser Text begleitet diese Entwicklung. Die Begegnung mit Jesus bewirkt eine Veränderung, die tiefgreifend ist: Seine Bekannten erkennen ihn kaum wieder: *Die Nachbarn und jene, die ihn früher als Bettler gesehen hatten, sagten: Ist das nicht der Mann, der dasaß und bettelte? Einige sagten: Er ist es. Andere sagten: Nein, er sieht ihm nur ähnlich* (8–9).

Worin diese Veränderung besteht, zeigt sich darin, dass der Geheilte anders mit dem Erlebten umgeht als die Pharisäer und seine Eltern. Diese wollen ihre Welt durch die Ungeheuerlichkeit des Geschehenen nicht antasten lassen: *Es war aber Sabbat an dem Tag, als Jesus den Teig gemacht und ihm* [dem Blindgeborenen] *die Augen geöffnet hatte. Auch die Pharisäer fragten ihn, wie er sehend geworden sei. Er antwortete ihnen: Er legte mir einen Teig auf die Augen und ich wusch mich und jetzt sehe ich. Einige der Pharisäer sagten: Dieser Mensch [Jesus] ist nicht von Gott, weil er den Sabbat nicht hält. Andere aber sagten: Wie kann ein sündiger Mensch solche Zeichen tun? So entstand eine Spaltung unter ihnen. Da fragten sie den Blinden noch einmal: Was sagst du selbst über ihn? Er hat doch deine Augen geöffnet. Der Mann sagte: Er ist ein Prophet. Die Juden aber wollten nicht glauben, dass er blind gewesen und sehend geworden war. Daher riefen sie die Eltern des von der Blindheit Geheilten und fragten sie: Ist das euer Sohn, von dem ihr sagt, dass er blind geboren wurde? Wie kommt es, dass er jetzt sieht? Seine Eltern antworteten: Wir wissen, dass er unser Sohn ist und dass er blind geboren wurde. Wie es kommt, dass er jetzt sieht, das wissen wir nicht. Und wer seine Augen geöffnet hat, das wissen wir auch nicht. Fragt doch ihn selbst, er ist alt genug und kann selbst für sich sprechen! Das sagten seine Eltern, weil sie sich vor den Juden fürchteten; denn die Juden hatten schon beschlossen, jeden, der ihn [Jesus] als den Christus bekenne, aus der Synagoge auszustoßen. Deswegen sagten seine Eltern: Er ist alt genug, fragt ihn selbst (14–23)!*

Die Pharisäer interessieren sich nicht für die Person des Geheilten. Auch die Geschichte ihrer Heilung wollen sie nicht an sich heranlassen. Ihnen geht es nur um die Bewertung des Geschehens und damit um die Einordnung in ihre Welt. Da nicht sein kann, was darin nicht sein darf – dass Jesus der Christus ist –, und sie sich darüber verstreiten, stellen sie die Heilung selbst in Frage und laden die Eltern vor. Diese klammern sich an die Fakten, durch deren Widersprüchlichkeit sie sich jedoch nicht in Frage stellen lassen. Sie sind vor allem auf ihre Sicherheit bedacht und wollen mit dem, was an ihrem Sohn geschehen ist, nichts zu tun haben. Im Untergrund lauert bei Pharisäern und Eltern gleichermaßen die Angst. Diese bestimmt ihr Verhalten.

Demgegenüber ist der Geheilte von auffallender und wohltuender Klarheit: Er sagt, was er erfahren hat, ganz einfach, nüchtern und schnörkellos: so war's. Er hat es nicht nötig, das

Geschehen einzuordnen oder etwas daraus zu machen. Er kann die Wirklichkeit erleben, wie sie ist. Und sie hat für ihn mit Gott zu tun. Aus seiner Klarheit ist zu erschließen, dass sein Herz gereinigt und zur Ruhe gekommen ist – im Gegensatz zu den Herzen der Pharisäer: Sie machen „mehr vom selben", wobei die nicht eingestandene Angst das Ergebnis diktiert: *Da riefen die Pharisäer den Mann, der blind gewesen war, zum zweiten Mal und sagten zu ihm: Gib Gott die Ehre! Wir wissen, dass dieser Mensch ein Sünder ist. Er antwortete: Ob er ein Sünder ist, weiß ich nicht. Nur das eine weiß ich, dass ich blind war und jetzt sehe. Sie fragten ihn: Was hat er mit dir gemacht? Wie hat er deine Augen geöffnet? Er antwortete ihnen: Ich habe es euch bereits gesagt, aber ihr habt nicht gehört. Warum wollt ihr es noch einmal hören? Wollt etwa auch ihr seine Jünger werden? Da beschimpften sie ihn: Du bist ein Jünger dieses Menschen; wir aber sind Jünger des Mose. Wir wissen, dass zu Mose Gott gesprochen hat; aber von dem da wissen wir nicht, woher er kommt* (24–29).

Bewundernswert, dieser Geheilte, wenn man bedenkt, dass er bis eben noch ein von Geburt an blinder Bettler war, gewiss kein diskussionserfahrener und gewiefter Intellektueller. Seine Klarsichtigkeit bezieht sich auch auf die soziale Realität: Durch seine geöffneten Augen sieht er, wie das „Wissen" der Pharisäer vor allem die Funktion hat, ihnen und ihrer Welt Halt zu geben, so dass sie sich nicht in Frage stellen lassen müssen. Er erfasst ihr bodenloses Herumtaumeln, wenn sie zum zweiten Mal erfragen, was sie schon beim ersten Mal nicht hören wollten. Der Blindgeborene hat nicht nur eine erstaunliche Klarheit erlangt. Den Pharisäern, die die Macht haben, über seine Zugehörigkeit zur Synagoge zu entscheiden, widersteht er in einer Freiheit, Selbstgewissheit und Kraft, von der man sich fragen muss, woher er sie hat. Jesus und ihn bezeichnet unser Text übrigens als „Menschen": Sie sind die Einzigen darin, die er als Personen erweist: ihrer selbst bewusst und innerlich frei.

Der nächste Textabschnitt, in dem der Geheilte *die Weisheit dieser Welt* der Pharisäer als *Torheit vor Gott entlarvt* (1 Kor 3,19), offenbart eine weitere Facette der Verwandlung, die mit dem Blindgeborenen vor sich gegangen ist: *Der Mensch antwortete ihnen: Darin liegt ja das Erstaunliche, dass ihr nicht wisst, woher er [Jesus] kommt; dabei hat er doch meine Augen geöffnet. Wir wissen, dass Gott Sünder nicht erhört; wer aber Gott fürchtet und seinen Willen tut, den erhört er. Noch nie hat man gehört, dass jemand die Augen eines Blindgeborenen geöffnet hat. Wenn dieser nicht von Gott wäre, dann hätte er gewiss nichts ausrichten können* (30–33). In den von den Pharisäern erzeugten großmächtigen Nebelschwaden – *Jünger des Mose, zu* [dem] *Gott gesprochen hat* – konturiert der Geheilte unbeirrt das kleine Einmaleins des Glaubens Israels und zieht daraus den naheliegenden und einfachen Schluss, dass Jesus von Gott sein müsse, da er sonst hätte *gewiss nichts ausrichten können.*

Die geöffneten Augen des Geheilten wissen Gott am Werk in dem, was mit ihm geschehen ist, den wahren Gott, der ganz einfach ist und wohltuend und nah und doch größer als alle Bilder und Projektionen, anders als der in ein System gebrachte Gott der Theologen und der Gott der das Äußere kontrollierenden Pharisäer.

Durch das Gefunden-Werden des Blinden durch Jesus haben sich vor allem drei Dinge verändert: sein Herz wurde gereinigt, so dass er die Wirklichkeit immer unverstellter und immer unmittelbarer sehen kann. Er kommt Schritt für Schritt mehr bei seinem wahren Selbst an, das frei aus seinem Grund lebt, voll Mut und Kraft. Und er erkennt etwas von Gott, dem geheimnisvollen Grund aller Wirklichkeit, dessen Gegenwart ihm immer spürbarer wird. Das Gefunden-Werden entwickelt eine immer weitere Öffnung der ganzen Person und Stärkung ihres Verlangens über alles hinaus.

Umso weniger passt der sehend Gewordene in die Welt der Dogmen, Riten und Autoritäten seiner Religion. Wo ihren Führern die Argumente ausgehen, schlägt die Stunde der Entwertung und des Machtmissbrauchs: Nachdem der Geheilte seine begründete Ansicht über das Wirken Gottes in seiner Heilung vorgetragen hat, entgegnen ihm die Pharisäer: *Du bist ganz und gar in Sünden geboren und du willst uns belehren? Und sie stießen ihn hinaus* (34). Der Ausschluss aus der Synagoge kam dem Tod nicht nur des bisherigen religiösen, sondern auch des bürgerlichen Lebens gleich: Die Mitglieder der Synagoge durften mit einem Ausgestoßenen nicht verkehren, ihm keine Arbeit geben, nicht mit ihm Handel treiben, er konnte nichts einkaufen und war zum Betteln verdammt.

Der durch das Öffnen der Augen eröffnete Weg führt den Blinden nun in eine neue Grenzsituation. In ihr wird er dem sich entäußernden Jesus, der ebenfalls hinausgestoßen werden wird – ans Kreuz auf Golgota–, noch mehr gleich. Und so vollendet sich die Berührung des Blinden, indem er nun auch Jesus erkennt, der ihn zuvor erkannt hatte: *Jesus hörte, dass sie ihn hinausgestoßen hatten, und als er ihn traf, sagte er zu ihm: Glaubst du an den Menschensohn? Da antwortete jener und sagte: Wer ist das, Herr, damit ich an ihn glaube? Jesus sagte zu ihm: Du hast ihn bereits gesehen; er, der mit dir redet, ist es. Er aber sagte: Ich glaube, Herr! Und er warf sich vor ihm nieder* (35–38). Der Blinde begegnet nun in Jesus dem Menschensohn, dem Menschen schlechthin, dem ganz Person gewordenen Menschen, dem Woraufhin des eigenen Daseins, das zu werden er *gesandt* und auf dem Weg ist. Dieser Weg besteht im Aushalten an den Grenzen und einem schrittweisen Offenwerden. So kann der auf ihm Wandernde gefunden und berührt werden und darin sein bisheriges Verständnis von sich selbst und der Welt sterben lassen. So wird er immer mehr dazu befreit, aus seinem Grund heraus zu leben: die Liebe zu leben, die das Geheimnis aller Wirklichkeit i s t .

Dank

Ich bin mir dessen bewusst, dass ich dieses Buch nur schreiben konnte durch vielerlei Begegnungen, Erfahrungen und Inspirationen während meines ganzen bisherigen Lebens. Allen gegenüber, die dabei eine Rolle gespielt haben, empfinde ich eine wirkliche Dankbarkeit und Verehrung. Stellvertretend für sie möchte ich denen ausdrücklich danken, die beim Schreiben dieses Buches unmittelbar mitgewirkt haben: Das sind zunächst alle Personen, die mir auf meine Bitte hin ihre Erfahrung mit der Führung Gottes zur Verfügung gestellt haben. Wenn ich auch nur einen geringen Teil der eingegangenen Texte berücksichtigen konnte, so haben alle mich persönlich ermutigt und getröstet. Sodann danke ich P. Erhard Kunz SJ, der mir nicht nur ein theologischer Lehrer war, sondern auch ein wichtiger „Lebemeister" ist. Seiner Lektüre des Manuskriptes verdanke ich eine plausiblere Abfolge der Kapitel und eine deutlichere Akzentuierung der Liebe Gottes im Geschehen des Lebens und der Geschichte. Es ehrt mich, dass P. Kunz meinem Buch auch ein Geleitwort beigegeben hat. Ferner danke ich Dr. Waltraud Nagell, Internistin und Psychoanalytikerin, für Hinweise aus beziehungsanalytischer Sicht. Es hat mich gefreut, dass sie viele Übereinstimmungen des Blicks eines Spirituellen mit dem einer Therapeutin feststellen konnte. Mir scheint, dass Spiritualität ein tiefenpsychologisches Verständnis des Menschen braucht. Umgekehrt kann Spiritualität Erfahrungen von Personwerdung in der Therapie in Beziehung setzen zum Grund aller Wirklichkeit und damit erhellen, dass jene Bedeutung vor einem unbedingten Horizont haben, in dem es um das Ganze unseres Lebens und der Wirklichkeit geht. Mein Dank geht an Petra Maria Hothum, meine Kollegin im Ashram Jesu, die mir sowohl den Rücken freigehalten hat, damit ich immer wieder am Manuskript arbeiten konnte – ein Prozess von vier Jahren –, als auch an etlichen Stellen meine ungelenken Formulierungen in ein lesbareres Deutsch übersetzte. Dr. Ulrike Rötten hat dankenswerterweise ihre Fachkompetenz bei meinen Zeilen zur Ernährungsumstellung zur Verfügung gestellt. Dr. Petra Bracht danke ich für die Idee des Buchtitels. Und schließlich danke ich dem Echter Verlag, insbesondere Heribert Handwerk, der sich alle Mühe gegeben hat, aus dem Manuskript ein ansprechendes Buch zu machen.

Mir war, als „müsse" ich dieses Buch schreiben. Nun, da es vollendet ist, danke ich von Herzen dem, der es mich schreiben ließ.

Kirchenintern geht es in diesen Jahren vor allem um den Erhalt der Organisation und um strukturelle Reformen, die sicher notwendig sind. Wichtiger erscheint mir allerdings, neu zu verstehen, welche Bedeutung das Christliche für unser Leben heute hat und wie wir ansetzen können, etwas von der Freiheit des „Ich bin und ich liebe" in unserem Leben zu erfahren: beim existenziellen Beten im Sinne des Vaterunsers in demütigem Vertrauen auf die freilassende Liebe, die der Grund aller Wirklichkeit ist.

Ashram Jesu, den 23. Oktober 2020

Literatur

Allmen, Fred van: Buddhismus, Stuttgart 2007
Augustinus, Aurelius: Die Bekenntnisse. Hrsg J. Bernhart, München 1994
Bäumer, Bettina (Hrsg.): Upanishaden. Die Heiligen Schriften Indiens meditieren, München 1997
Beisser, Arnold: Wozu brauche ich Flügel?, Wuppertal 2003
Benedikt XVI.: Jesus von Nazaret, Band II, Freiburg 2011
Bhagavad Gita, hrsg. von Michael von Brück, Frankfurt und Leipzig 2007
Borchert, Wolfgang: Draußen vor der Tür, Reinbek bei Hamburg 1956
Bovon, François: Das Evangelium nach Lukas, in: Evangelisch-Katholischer Kommentar zum Neuen Testament, 4 Teilbände, Neukirchen-Vluyn 2009, zitiert als EKK III/<Nr. des Teilbandes>
Bracht, Petra: Die Gesundheitsformel, München 2019
Bracht, Petra; Leitzmann, Claus: Klartext Ernährung. Die Antworten auf alle wichtigen Fragen, München 2020
Brecht, Bert: Die Dreigroschenoper: der Erstdruck 1928. Mit einem Kommentar hrsg. von Joachim Lucchesi, Frankfurt am Main 2004
Brecht, Bert: Liebesgedichte, Insel-Taschenbuch 2002
Buber, Martin: Ich und Du, in: ders., Das dialogische Prinzip, Gerlingen 1962

Buddhadāsa Bhikkhu: Ānāpānasati. Die sanfte Heilung der spirituellen Krankheit, Hrsg.: Buddhistische Gesellschaft München e. V., Books on Demand 2002

Delp, Alfred: Kämpfer. Beter. Zeuge. Letzte Briefe. Beiträge von Freunden, Freiburg u.a. 1962

Delp, Alfred: Gesammelte Schriften, hrsg. von Roman Bleistein, Band 4 – Aus dem Gefängnis, Frankfurt am Main 1984

Der Ochs und sein Hirte, hrsg. von Daizohkutsu R. Ohtsu, Stuttgart 1999^8

Dickerhof, Bertram: Der spirituelle Weg, Würzburg 2016

Domin, Hilde: Gesammelte Gedichte, hrsg. von Nikola Herweg und Melanie Reinhold, Frankfurt 2009

Endō, Shūsaku: Schweigen, Wien 2015

Gendlin, Eugene T.: Ein Prozess-Modell, Freiburg-München 2016^2

Gendlin, Eugene T.; Wiltschko, Johannes: Focusing in der Praxis. Eine schulenübergreifende Methode für Psychotherapie und Alltag, Stuttgart 1999

Gnilka, Joachim: Das Evangelium nach Markus, in: Evangelisch-Katholischer Kommentar zum Neuen Testament, 2 Teilbände, Zürich-Einsiedeln-Köln 1979, zitiert als EKK II/<Nr. des Teilbands>

Goethes Gespräche, hrsg. von Wolfgang Herwig, 5 Bände, Zürich 1965–87

Grillmeier, Alois: Jesus Christus im Glauben der Kirche, Band I, Freiburg 1990

Harvey, Andrew: Die Lehren des Rumi. Weisheiten des Herzens, München 2004^2

Ignatius von Loyola: Geistliche Übungen. Übertragung und Erklärung von Adolf Haas, Freiburg 1967^2; zitiert als GÜ <Randnummer>

Jaspers, Karl: Philosophie II. Existenzerhellung, München 1994

Johannes vom Kreuz: Die dunkle Nacht. Die Gedichte, Einsiedeln 1983^3

Karrer SJ, Otto (Hrsg.): Des heiligen Ignatius von Loyola Geistliche Briefe und Unterweisungen, Freiburg 1922

Kath. Akademie in Bayern: Sonderheft „Zur Debatte" zu den biblischen Tagen 14.–16.04.2014 „Auferstehungstexte im Neuen Testament"

Kleinschmidt, Sebastian: Spiegelungen, Berlin 2018

Kunz, Erhard: Gott finden in allen Dingen, Frankfurt 2008
Leitzmann, Claus; Keller, Markus: Vegetarische und vegane Ernährung, Stuttgart 2019
Lüdemann, Gerd: Die Auferstehung Jesu. Historie–Erfahrung–Theologie, Göttingen-Wien-Köln-Weimar 1994
Luz, Ulrich: Das Evangelium nach Matthäus, in: Evangelisch-Katholischer Kommentar zum Neuen Testament, 4 Teilbände, Patmos-Verlag 2002, zitiert als EKK I/<Nr. des Teilbands>
Metz, Johann Baptist: Unterbrechungen. Theologisch-politische Perspektiven und Profile, Gütersloh 1981
Nietzsche, Friedrich: Also sprach Zarathustra, München 2011[13]
Nouwen, Henri: Jesus, Sinn meines Lebens. Briefe an Marc, Freiburg 1988
Osuna, Francisco de: Versenkung. Weg und Weisung des kontemplativen Gebetes. Freiburg 1984[2]
Otto, Rudolf: Das Heilige, Breslau 1920[4]
Rilke, Rainer Maria: Briefe an einen jungen Dichter. Hrsg. Karl-Maria Guth, Berlin 2016
Rumi: Das Lied der Liebe. Die Weisheit göttlicher Liebe in den Versen des größten Sufi-Dichters, hrsg. von Jonathan Star und Shiva Sharam, München 2005
Rumi: Die Musik, die wir sind, Freiamt 2014[5]
Steinkamp, Hermann: Seelsorge als Anstiftung zur Selbstsorge, Münster 2005
Storm, Theodor: Meistererzählungen, in: Manesse Bibliothek der Weltliteratur, Zürich o.J.
Strauß, David Friedrich: Das Leben Jesu kritisch bearbeitet, 2 Bände, WBG Academic 2012, unveränderter Nachdruck der Ausgabe von 1835
Thich Nhat Hanh: Es ist nichts zu tun, Berlin 2013
Thich Nhat Hanh: Das Herz von Buddhas Lehre, Freiburg 2013[8]
Watzlawick, Paul; Weakland, John H.; Fisch, Richard: Lösungen. Zur Theorie und Praxis menschlichen Wandels, Bern 2009[7]
Wengst, Klaus: Das Johannesevangelium, Stuttgart 2004[2]
Wright, Nicholas Thomas: The Resurrection of the Son of God (Christian Origins and the Question of God, Band 3), Fortress Press 2003

Der Umwelt zuliebe verzichten wir bei diesem Buch auf Folienverpackung.

Bibliografische Information der Deutschen Nationalbibliothek
Die Deutsche Nationalbibliothek verzeichnet diese Publikation
in der Deutschen Nationalbibliografie; detaillierte bibliografische
Daten sind im Internet über ‹http://dnb.d-nb.de› abrufbar.

1. Auflage 2021
© 2021 Echter Verlag GmbH, Würzburg
www.echter.de

Umschlag: Vogelsang Design, Jens Vogelsang, Aachen
(Bild: Shutterstock / Thoom)
Innengestaltung: Crossmediabureau
Druck und Bindung: CPIbooks – Clausen & Bosse, Leck

ISBN
978-3-429-05599-8
978-3-429-05143-3 (PDF)
978-3-429-06526-3 (ePub)

Der spirituelle Weg

Der spirituelle Weg, den Bertram Dickerhof als das Ergebnis eines mehr als 40 Jahre währenden „Selbstversuchs" vorstellt, ist ein alle Bereiche durchdringender Lebens-Weg.

Grundlage ist ein Innehalten und Hören auf die eigene Wirklichkeit, die sich auf einen Grund hin öffnet, in dem „alles verankert" ist. Das so erfahrene neue Leben gilt es durch Entscheidungen und Handlungen wirklich werden zu lassen.

Basierend auf einem intensiven Austausch eines Christen mit anderen Weltreligionen, insbesondere dem Buddhismus, Hinduismus und Sufismus, gibt das Buch spirituell Suchenden Orientierung und kann zur Verständigung zwischen den Religionen und damit zum Frieden in einer aus ihren Fugen geratenen Welt beitragen.

Bertram Dickerhof
Der spirituelle Weg
Eine christlich-interreligiöse Lebensschule
288 Seiten · 14 × 22,5 cm · Broschur

ISBN
978-3-429-03928-8
978-3-429-04849-5 (D) (PDF)
978-3-429-06268-2 (D) (ePub)

Das Buch erhalten Sie in Ihrer Buchhandlung.

echter verlag
www.echter.de